U0908637

海派经济学

Journal of Economics of Shanghai School

主办单位

中国政治经济学学会
上海财经大学海派经济学研究院
上海对外经贸大学马克思主义学院

支持单位

世界政治经济学学会
全国马克思主义经济学说史学会

目录

论　文

信　息

CONTENTS

Paper

Information

习近平新时代中国特色社会主义经济思想与建构“四重多维一体”的政治经济学体系

张蓝月　王　丰

内容提要　党的十八大以来,习近平总书记多次强调学好用好政治经济学。他在主持中央政治局第二十八次集体学习时指出,要在坚持马克思主义政治经济学的基本原理和方法论的基础上,同我国经济发展实际相结合,不断形成新的理论成果。而坚持历史与逻辑、实证与规范、理论与实践相统一,是马克思主义政治经济学基本原理和方法论的重要特色。以马克思主义政治经济学为“体”的习近平新时代中国特色社会主义经济思想鲜明地彰显了这一特色,形成了历史逻辑、理论创新、价值追求、实践指向的“四重”研究范式,进而构建了以“新发展理念”为经济理论框架、以“七个坚持”为经济发展方案的“多维”经济学说体系,也为探索和构建中国特色社会主义政治经济学体系提供了可资参考的范本。

关键词　习近平新时代中国特色社会主义经济思想　理论框架　实践方案　四重多维一体　中国特色社会主义政治经济学

中图分类号　D616

一、文献综述

2017 年的中央经济工作会议提出了“习近平新时代中国特色社会主义经济思想”,引起学术界的高度关注,就其思想的形成过程、内容体系、基本特征、理论贡献、实践应用展开了研究。习近平新时代中国特色社会主义经济思想是党的十八大以来推动我国经济发展实践的理论结晶,具有深厚的实践基础和科学的理论来源。因此,有学者从习近平在梁家河上山下乡期间、在河北正

收稿日期:2019—11—20

作者简介:张蓝月,西南大学马克思主义学院博士生,主要研究方向为思想政治教育;王丰,西南大学马克思主义学院副教授、广西社科联马克思主义理论研究和建设工程基地特约员,主要研究方向为政治经济学。

基金项目:本文系中央高校基本科研业务费专项资金项目“‘一带一路’倡议视域中资本主义世界体系演变研究”(SWU1909308)和中央高校基本科研业务费专项资金资助项目“高校辅导员‘三全育人’模式研究”(SWU1709307)的阶段性研究成果。

定工作期间、在福建工作期间、在浙江工作期间、在上海工作期间、作为党的十七届中央领导集体的核心成员时期，以及党的十八以来对经济问题的探索与实践方面，全面梳理了习近平新时代中国特色社会主义经济思想的形成过程（韩保江，2018；郭冠清，2018）；也有学者从马克思主义政治经济学的思想脉络和发展创新中探讨习近平新时代中国特色社会主义经济思想的形成与发展（祝志勇，2018；崔友平，2018）。

就其内容体系而言，学术界形成了“窄派”“中派”“宽派”三种不同观点，“窄派”观点认为，“新发展理念”就是习近平新时代中国特色社会主义经济思想的理论框架（王东京，2017；姚金海，2018；洪银兴，2018），或者认为该思想体系的内涵集中体现在“七个坚持”（周文、方茜，2018）。“中派”观点，是将第一种观点中的“新发展理念”和“七个坚持”结合起来，形成了一个相互联系的完整体系，并被视为习近平新时代中国特色社会主义经济思想的内容体系（韩保江，2018；郭冠清，2018）。“宽派”观点则认为，习近平新时代中国特色社会主义经济思想是不断发展的，目前事实上强调了坚持中国特色社会主义政治经济学的八个重大原则，即科技领先型的持续原则、民生导向型的生产原则、公有主体型的产权原则、劳动主体型的分配原则、国家主导型的市场原则、绩效优先型的速度原则、结构协调型的平衡原则、自力主导型的开放原则（程恩富，2016）。习近平新时代中国特色社会主义经济思想的内容体系应该构建在更宽的理论视野基础上进行阐释（王祖强，2018）。如有学者认为“一个主义”“两个实现”“三个自信”[①]“四个全面”“五大理念”是“习近平经济思想”的“魂”（张占斌，2016）；其思想体系包括客观基础、逻辑起点、经济发展理论、经济布局理论、经济制度理论、经济体制理论、现代化经济体系理论和国际发展理论（白暴力、方凤玲，2018）；也有人认为它是逻辑前提论、发展规律论、发展道路论、发展战略论、发展政策论的统一（王朝科，2019）；有人进而将它扩展为战略目标论、基本国情论、生产力发展论、人民中心论、新发展理念论、经济改革重点论、经济新常态论、转型创新论、“四化”同步论、全面小康论、国内外联动发展论、人类命运共同体论、开放发展论、党的领导保障论的集合（鞠立新，2017）；还有人认为它是经济发展目标的新表述、经济发展趋势的新判断、发展理念理论的新集成、发展动力理论的新探索、发展道路理论的新概括、经济制度理论的新拓展、体制经济理论的新突破、国际经济理论的新倡议（王立胜，2017）。因此，习近平新时代中国特色社会主义经济思想具有重要的指导意义和实践价值。它包含一系列事关我国经济发展的重要观点、重大判断和重大举措，由此形成了适应引

---

① 引自张占斌，2016，“习近平经济思想与当代中国特色社会主义政治经济学的发展”，《政治经济学评论》，第7期。2016年7月1日，习近平总书记在庆祝中国共产党成立95周年大会上已明确为“四个自信”。

领经济新常态的经济政策框架(胡鞍钢、张新,2018);有助于我国把握经济发展主要矛盾的新变化(郝洪全,2018)、确立新时代宏观经济调控体系(高培勇,2018)、推进供给侧结构性改革(韩保江,2018)、着力提高经济质量和效益(裴长洪,2015)、指导金融发展(石建勋、王盼盼,2018)及其与实体经济的均衡发展(黄阳平、李文宽,2018)、建立现代化经济体系(顾海良,2018)、发展更高层次开放型经济(黄晓凤、何剑等,2018)、应对经济全球化新趋势(裴长洪、刘洪愧,2018)。

可见,习近平新时代中国特色社会主义经济思想呈现出既立足新时代中国经济发展实际,又主动参与全球经济治理和构建广泛的利益共同体;既蕴含强烈的问题意识,又具有坚定的自信;既重视先进发展理念引领,又具有重大经济战略安排;既坚持经济发展的基本规律,又遵循经济发展的基本价值;既坚持社会主义基本方向,又重视对其他国家的经验借鉴等鲜明特征(贾绘泽,2018)。它是历史与思想、理论与实践的逻辑统一(刘伟,2018);体现了马克思主义时代观(侯为民,2018),充满了创新思维(王立胜,2016);是创新性、真理性、人民性、时代性、导向性、实践性、开放性、绿色性、辩证性和生动性(杨卫、郑佳,2018;权衡,2018)的统一。习近平新时代中国特色社会主义经济思想拓展了马克思主义政治经济学在21世纪发展的新视野、提升了中国特色社会主义政治经济学的新境界、引领了中国特色社会主义经济发展的新实践、发展了马克思主义关于党建理论的新学硕、丰富了马克思主义方法论的新内涵、贡献了具有全球性价值的中国新方案,推进全面建成社会主义现代化强国(钱路波、张占斌,2018;逄锦聚,2018)。

综上所述,学术界对习近平新时代中国特色社会主义经济思想展开了较为深入的研究,总结了其内容体系、基本特征和方法论,为深化习近平新时代中国特色社会主义经济思想体系的研究提供了丰富的素材。以马克思主义作为指导思想和理论遵循的习近平新时代中国特色社会主义经济思想具有与时俱进的理论品质,随着我国改革发展的实践不断迈向纵深,习近平新时代中国特色社会主义经济思想也必定会不断丰富,因此,不宜以上述“宽派”观点为准绳,即将习近平新时代中国特色社会主义经济思想看作各种具体理论的总和;也不宜以“窄派”的观点为标准,以为习近平新时代中国特色社会主义经济思想只是“五大发展理念”。我们也不宜简单视该思想体系仅仅是各种特性的叠加,或者是前文提及的历史、逻辑和实践的统一,而忘记特征的总和性及其价值追求。我们将遵循2017年中央经济工作会议对习近平新时代中国特色社会主义经济思想内容体系的界定,进而勾勒出它所具有的“四重多维一体”的政治经济学说雏形。

二、习近平中国特色社会主义经济思想以“马学”为“体”确立了思想主线

习近平新时代中国特色社会主义经济思想是马克思主义政治经济学中国化的最新成果。马克思主义政治经济学不同于西方经济学，它绝不单纯地研究生产，而是注重研究生产中的社会关系，并明确了自身的阶级属性——代表无产阶级的利益。而西方经济学力图撇开阶级立场，构建“纯粹经济学”，这无异于自欺欺人，因为无论是过去的古典经济学还是当下西方主流经济学，抑或是非主流的福利经济学等理论学说，无不站在维护资产阶级利益的立场上，犹如马克思、恩格斯在《共产党宣言》所说：“过去的一切运动都是少数人的或者为少数人谋利益的运动。无产阶级的运动是绝大多数人的、为绝大多数人谋利益的运动。”对此，习近平总书记强调：“坚持以人民为中心的发展思想，是马克思主义政治经济学的根本立场。”马克思主义政治经济学的根本立场，决定和表明了习近平新时代中国特色社会主义经济思想的基本立场，即人民立场。

立场决定主线，人民立场决定了习近平新时代中国特色社会主义经济思想的人民逻辑主线。从最初苏联编写的《政治经济学教科书》，到新中国成立以来国内学术界编写的各类《政治经济学(社会主义部分)》以及《中国特色社会主义政治经济学》著作和教材，虽然都强调了研究社会主义生产关系，但未提出社会主义政治经济学的主线，而以所有制结构为基础探究社会主义经济的运行规律；即便是邓小平高度评价的作为“马克思主义基本原理和中国社会主义实践相结合的政治经济学初稿”的《中共中央关于经济体制改革的决定》(党的十二届三中全会上通过)也是以所有制结构为基本范式的。习近平总书记曾在《社会主义市场经济和马克思主义经济学的发展与完善》《对发展社会主义市场经济的再认识》两篇文章中，从批判西方主流经济学、完善马克思主义政治经济学和推进社会主义市场经济建设出发，提出了理论学说和经济活动都应该“以人为出发点并以人为落脚点”。党的十八大以来，伴随着习近平总书记关于以人民为中心重要思想的成熟，人民逻辑的经济学理念得到不断完善，并在实践中成为习近平新时代中国特色社会主义经济思想的主线，开辟了中国特色社会主义政治经济学的新境界。

确立“人民逻辑”的思想主线，是习近平新时代中国特色社会主义经济思想与其他经济学说的根本区别所在。西方经济学遵循的是“资本逻辑”，其核心观点就是从学理上阐释、实际中指导资本如何获取剩余价值或者超额剩余价值，即对内通过剥削形式的隐蔽化强化剩余价值生产，对外通过维持等级制的资本主义世界体系攫取剩余价值。遵循“人民逻辑”，将体现“新发展理念”的实践旨归；将反映为人民谋幸福和为民族谋复兴的中国共产党人的初心和

使命，强化“党对经济工作的集中统一领导”；将有效落实“以人民为中心的发展思想”；将促动经济发展由数量扩张向质量提升的转型，“把握引领经济发展新常态”；将引导政府工作着力点的转换，“凸显和更好发挥政府作用”；将推动满足人民美好生活需要的“供给侧结构性改革”，适应我国经济发展主要矛盾的变化；将聚焦为谁干、怎么干的问题，“以问题导向部署经济发展新战略”；将有利于坚守基本政治立场，“推行正确的工作策略和方法”。这些内容正是习近平新时代中国特色社会主义思想的组成部分。所以，由马克思主义政治经济学根本立场决定的“人民逻辑”，贯穿于以上述“新发展理念”和“七个坚持”为内涵的习近平新时代中国特色社会主义经济思想脉络之中，并指导新时代中国特色社会主义经济发展实践。

三、习近平中国特色社会主义经济思想以“四重”研究范式为基础构建了理论框架

西方经济学是以研究稀缺资源的配置与利用为对象的，它习惯于在经济活动的表面现象上做文章，而选择性忽视物的背后的人与人之间的生产关系，轻易地撇开了历史过程、规范分析及其价值判断，因此，它的许多理论命题都存在一定的偏颇甚至错误，在实践中也引起过诸多问题。而新中国成立以来的马克思主义政治经济学中国化过程中，尤其是在构建中国特色社会主义政治经济学的历程中，虽然继承了注重社会关系研究的马克思主义传统，但也囿于马克思经济学手稿提出的生产、交换、分配、消费的四环节理论框架。随着新时代中国特色社会主义市场经济的改革完善，有效推进了政府和市场两种机制的有机结合，宏观调控能力持续提升；依旧运用马克思分析资本主义经济的框架分析新时代中国特色社会主义经济建设，难免影响了理论彻底性和现实针对性。

习近平新时代中国特色社会主义经济思想则是从历史逻辑、理论创新、价值追求、实践指向四个层面构建了“新发展理念”理论框架。习近平总书记强调，新发展理念不是凭空得来的，是在深刻总结国内外发展的经验和教训基础上形成的。

第一，以“四重”研究范式建构“创新发展”理念。新中国成立以来，从毛泽东强调的“两弹一星”，到邓小平提出的“科学技术是第一生产力”，再到江泽民提出的“科教兴国”，以及后来胡锦涛提出的“建设创新型国家”，是“创新发展”理念形成的历史逻辑；而将“创新发展”作为“发展第一动力”，置于新发展理念之首，则是继承中的理论创新。“创新发展”追求跨越所谓的“中等收入陷阱”，使得人民获得感更加充实；尤其是在全球化转型的时代方位中，以创新发展理念指导实践，必然要求我们紧紧抓住经济竞争的关键、消

费升级的方向、供给侧结构性改革的短板，建立自主创新的制度机制优势，统筹部署创新链，推动核心技术、高端产业、新兴业态蓬勃发展，提高科技进步对经济增长的贡献率。

第二，以“四重”研究范式建构“协调发展”理念。新中国成立以来，从毛泽东提出要处理好农轻重、沿海与内地、经济与国防等关系，到邓小平就物质文明与精神文明、先富和后富、东部与中西部地区等关系，强调经济要素互相协调发展的必要性，再到江泽民在党的十四届五中全会上就12个触及整体发展的关键问题做出解释时，指出区域之间、城乡之间务必保持均衡发展，后来到胡锦涛提出要树立全面协调可持续发展的科学发展观，成了“协调发展”理念形成的历史逻辑。习近平总书记将“协调发展”视为“发展目标与发展尺度的统一”“发展两点论和重点论的统一”“发展平衡与不平衡的统一”“发展短板与潜力的统一”的四大统一，则是继承中的理论创新。“协调发展”落脚持续健康发展的价值追求；其在实践上，是解决经济主要矛盾“三大结构性失衡”的重要手段。

第三，以“四重”研究范式建构“绿色发展”理念。新中国成立以来，从毛泽东发出的“绿色祖国”“祖国园林化”“地上森林”，到邓小平首次将自然环境和生态资源保护法制化，再到江泽民实施人民群众参与度最高的生态建设工程“封山植树、退耕还林”项目，到后来胡锦涛首次在政治报告中明确使用“生态文明”的概念，成为“绿色发展”理念形成的历史逻辑。习近平总书记将“绿色”作为一种生产力，并在“工业化、信息化、城镇化、农业现代化”四化协同中增加“绿色化”形成五化协同思想，则是继承中的理论创新。“绿色发展”体现了人与自然和谐的价值追求；在实践中，指导我们大力优化产业结构、淘汰落后产能、调整能源结构，遵循“减量化、可循环”的原则，构建以环境资源作为生产力发展内在要素，实现经济、社会、生态可持续的生产力发展新模式，即绿色发展体系。

第四，以“四重”研究范式建构“开放发展”理念。新中国成立以来，从毛泽东强调“向外国学习”，到邓小平将“长期对外开放作为一项基本国策”固定下来，再到江泽民实施“引进来”和“走出去”相结合战略，到后来胡锦涛基于科学发展观提出统筹推进“国内发展和对外开放”和“对外开放必须立足于国内发展”的观点，成为“开放发展”理念形成的历史逻辑。习近平总书记提出“发展更高层次的开放型经济”理念，并要求“积极参与全球经济治理和公共产品”“提高全球经济治理中的制度性话语权”则创新了“开放发展”的基本内涵；以实现构建人类命运共同体的价值追求；指引我们做好“一带一路”建设、亚投行和丝路基金等跨国机构建设以及建立包容、普惠、平衡、共赢的经济全球化新机制，推动形成全面开放新格局。

第五，以“四重”研究范式建构“共享发展”理念。新中国成立以来，从毛泽东的“共同的富”“共同的强”，到邓小平提出“共同富裕”的社会主义原则，再到江泽民开始从经济层面论及“人民群众共享经济发展成果”，后来到胡锦涛将“共享发展”作为执政理念写入党的全会文件，成为“共享发展”理念形成的历史逻辑。习近平总书记则把“共享”理念提升到社会主义制度内生性要素的高度，彰显党对社会主义发展目的规律性认识的拓展深化，创新和丰富了“共享发展”理念；也体现了追求社会公平正义的价值取向。“共享发展”理念也必将要求从顶层设计到具体政策落实好“两个同时、两个同步”，即“在经济增长的同时实现居民收入同步增长，在劳动生产率提高的同时实现劳动报酬同步提高”；关键是全力“填平洼地”，切实完成“精准扶贫”以及社会事业发展、民生保障等“补齐短板”的工作。

习近平新时代中国特色社会主义经济思想运用“四重”分析工具创立和丰富了“新发展理念”。而我们主张将“新发展理念”作为习近平新时代中国特色社会主义经济思想甚至是中国特色社会主义政治经济学的理论框架，原因就在于：一是如前文所述，按照马克思经济学手稿提出的四个环节为理论体系框架，实际上没有摆脱资本主义经济运行的分析框架。二是利用西方经济学的框架来抒写社会主义经济理论，更显牵强附会。三是新发展理念是一个完整且严密的逻辑理论体系。其中，创新发展解决经济发展动力问题，在理论框架体系中首先聚焦生产方式的研究，运用和深化马克思的劳动价值理论，回答如何提高生产力及其支撑性的社会主义体制机制完善、创新问题。协调发展解决经济发展原则问题，在理论框架体系中就是借鉴西方供求理论、生产理论、均衡理论、货币与银行理论、IS-LM 模型，创新马克思的社会总资本与再生产理论、资本循环与周转理论、虚拟经济与实体经济协调发展理论，阐释社会主义经济总量与结构、供给结构与需求结构的协调平衡问题。绿色发展解决经济发展的方式问题，在理论框架体系中应借鉴西方经济增长理论、可持续发展理论，创新马克思的地租理论和社会主义经济发展观，阐释如何将绿水青山变为金山银山。开放发展解决经济发展的路径问题，在理论框架中，就是借鉴西方国际贸易理论、国际经济理论，深化马克思的世界理论，研究马克思拟在“六册结构”计划“对外贸易”和“国际市场”中准备探索的“国际关系(条件)”和“生产方式的外部基础与条件”，由此探索构建人类命运共同体的理论与实现路径，不断创新社会主义经济对外开放理论、经济全球化转型理论。共享发展解决经济发展评价或者发展目的的问题，在理论框架体系聚焦对西方经济学中生产要素及其分配理论的批判、注意通货膨胀理论，创新马克思的剩余价值理论、资本积累理论、经济危机理论、收入分配理论和社会主义分配理论，阐释和构建新时代中国特色社会主义的收入分配理论。

习近平新时代中国特色社会主义经济思想理论框架为构建中国特色社会主义政治经济学提供了借鉴和基础，两者的关系如图 1 所示。

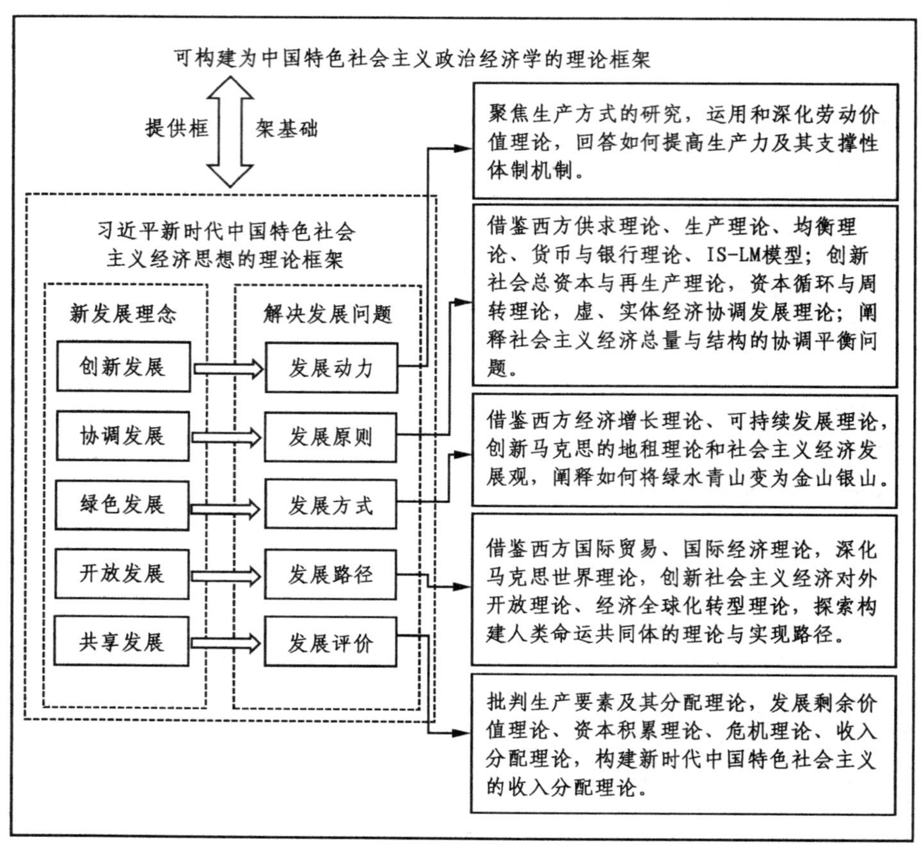

图1　理论框架及其逻辑关系图

四、习近平中国特色社会主义经济思想以理论学说为支撑制定了“多维”实践方案

如果说习近平新时代中国特色社会主义经济思想基于“四重”研究范式丰富了“新发展理念”的内涵，说明了“新发展理念”作为习近平新时代中国特色社会主义经济思想甚至是中国特色社会主义政治经济学的理论框架；那么，“理论框架”决定了“七个坚持”的经济发展对策，以实现理论与实践的相统一。“七个坚持”包括坚持加强党对经济工作的集中统一领导；坚持以人民为中心的发展思想；坚持适应把握引领经济新常态；坚持使市场在资源配置中起决定性作用，更好发挥政府作用；坚持适应我国经济发展主要矛盾变化完善宏观调控；坚持问题导向部署经济发展新战略；坚持稳中求进的正确工作策略和方

法。

第一，坚持加强党对经济工作的集中统一领导是为经济发展掌舵定向的根本政治保证。习近平总书记将加强党对经济工作的集中统一领导置于“七个坚持”之首，是经济建设最具特色的中国方案。尤其是在国内经济发展进入新常态、经济结构性矛盾突出和世界经济全球化转型的错综复杂的经济形势下，党对经济工作的集中统一领导有助于凝聚经济发展共识、保持战略定力，沿着社会主义方向持续健康发展。加强党对经济工作的集中统一领导是对中国特色社会主义经济发展领导力量的最好诠释，结合习近平总书记有关“更好地发挥政府作用”“完善宏观调控”的表述，实际上展开和创新了马克思拟订在“六册结构”计划“国家”册中准备研究的“经济制度在国家形式上的概括”；具体实践方案体现在：每五年召开的党代会对经济发展战略的安排、中央全会和中央政治局会议对经济形势的专题研究、每年年底召开的中央经济工作会议总结本年度经济发展情况和部署下一年经济工作、每年中央财经领导小组召开若干次专题性经济形势与经济决策讨论会。

第二，坚持以人民为中心的发展思想有助于落实发展目的，推动经济民生建设。习近平总书记在较早时期发表的论文中，对马克思主义经典作家“以人为本”的思路多有阐释，并在“十三五”规划建议中进行了话语体系变革，直接用“以人民为中心”代替了“以人为本”的表述，回答了新时代“为谁发展”的问题。坚持以人民为中心的发展思想的具体方案，就是应当全面调动人的积极性，为各类经济主体，如劳动者、企业家提供发挥作用的平台；调整收入分配格局，完善税收、转移支付和社会保障等再分配调节机制；在此基础上，消除贫困、改善民生，通过“精准扶贫”等实践形态一以贯之；坚持“精准扶贫”就是坚持以人民为中心发展思想的重要实践方案。

第三，坚持适应把握引领经济新常态是全面科学理解与引领经济发展迈向更高阶段的“金钥匙”。2008 年国际金融危机后，世界经济政治格局发生深刻变化，我国经济发展进入了“三期叠加”的新常态。习近平总书记在 2014 年底召开的中央经济工作会议上系统地阐述了经济工作要“认识新常态、适应新常态、引领新常态”，为解决中国经济“怎么看”“怎么干”提供了明确的路线图，形成了系列完整的经济高质量发展方案。理论框架决定“怎么干”的总体思路，即围绕经济提质增效、转型升级的目标，中国特色社会主义经济建设首先统筹推进“三大战略”“四大板块”的区域发展措施，拓展经济发展新空间。其次，从加快推动服务业和消费升级换档、扩大有效投资，到推进“三去一降一补”、农业供给侧结构性改革、振兴实体经济、促进房地产市场平稳发展，实现经济高质量发展。

第四，坚持使市场在资源配置中起决定性作用，更好地发挥政府作用。习近平总书记就市场和政府关系强调，“二者是有机统一的，不是相互否定的，不能把二者割裂开来、对立起来”。他在《对发展社会主义市场经济再认识》中就曾详细论证二者之间的辩证关系，即，要发挥“党的领导的政治优势”和“市场经济优化资源配置的经济优势”，“从政治角度来观察经济问题”“从经济角度来观察政治问题”，也就是习近平总书记提出的经济政治化和政治经济化相结合的观点。尤其是在新时代，市场和政府两个主体对于满足人民日益增长的美好生活需要均不可或缺。因为人们对物质文化生活需要从物质的范围和量上的要求已经升级为以质量、法治、公平、正义、安全、社保、环境为代表的物质文化和制度政策产品的需要，而制度政策产品的供给主要靠政府。因此，政府不仅要在市场失灵时提供基本的物质和文化公共产品，而且在制度政策产品供给上必须充当主角。这就要求中国特色社会主义建设加快推进国家治理现代化，建立和完善更好满足人民日益增长的美好生活需要的现代国家治理体系和宏观经济调控体系。

第五，坚持适应我国经济发展主要矛盾变化完善宏观调控，为推进经济持续健康发展提供中国新主张和新方案。经济发展主要矛盾变化与社会主要矛盾变化不同，“社会主要矛盾”是社会、政治、经济、文化、生态环境各方面矛盾的总和；“经济主要矛盾”主要表现为需求与供给之间的矛盾。自新中国成立以来，“供需矛盾”经历了“短缺时期”“过剩时期”，并进入“结构性供需失衡期”，且结构性供需失衡矛盾的主要方面不在需求结构，而在供给结构方面。西方国家曾在20世纪70年代陷入“滞胀”后，一度采用了供给学派的理论，该理论主张通过减税刺激投资和生产；但实际效果并不理想，以美国为例，虽然短期内降低了企业成本、拉动了经济发展，但没有解决美国经济的结构性问题，反而加剧了生产过剩和结构性矛盾。习近平总书记针对我国经济发展主要矛盾的变化，提出了与以往各学派不同的理论主张，即“供给侧结构性改革”。这里的“改革”强调的是长期性的宏观体制机制改革，包括财税体制、审批体制改革以降低企业制度性成本，金融体制改革防范和化解金融风险，要素市场体制改革化解产能过剩，价格形成机制改革引导资源优化配置，以及短期“逆经济风向”的货币与财政政策宏观调控，适度扩大总需求，维持短期总量均衡；实现中长期改革的“治本良药”与短期的宏观经济“调节调理”结合起来，推动经济持续健康发展。

第六，坚持问题导向部署经济发展新战略，是直面我国发展重大问题、重塑经济发展模式的实践路径。习近平新时代中国特色社会主义经济思想直面两个重大问题，即国内经济发展能否跨越所谓的“中等收入陷阱”，国际经济政治交往能否避免所谓的“修昔底德陷阱”。直面和解决第一个问题，就是要完善现代经济体系建设，着力实施创新驱动发展战略、区域协调发展战略、经济结构协调发展战略、生态环境协调发展战略、乡村振兴战略、军民融合发展战略；直面和解决第二个问题，就是要实施“一带一路”倡议，实现高质量发展的国际大局，重塑中国经济与世界经济的互动发展新模式。

第七，坚持正确工作策略和方法，稳中求进，保持战略定力、坚持底线思维，推进经济工作稳步前进。习近平新时代中国特色社会主义经济思想不仅提出为什么发展、需要什么样发展、应该怎么样发展，而且回答了如何实现发展的问题。“稳中求进”的工作总基调，便是如何实现发展的方案。2014年12月，习近平总书记在党外人士座谈会上指出，“稳的重点要放在稳住经济运行上，进的重点是深化改革开放和调整结构”①。2019年1月，习近平总书记在省部级主要领导干部坚持底线思维着力防范化解重大风险专题研讨班上，再次强调了要“保持战略定力”，对经济形势保持清醒认识，推动经济发展沿着正确方向前进，并“坚持底线思维”，未雨绸缪，精准研判，妥善应对经济领域可能出现的重大的风险。习近平总书记在这次会议上，进一步明确了“稳”的重点是稳就业、稳金融、稳外贸、稳外资、稳投资、稳预期工作、稳房地产市场，保持经济运行在合理区域。“进”的重点是抓住战略机遇，深化改革推动结构转变，提高要素配置和全要素生产率，推进经济向高质量发展方式转变。

习近平新时代中国特色社会主义经济思想以马克思主义政治经济学为指导，以“四重”研究范式为方法论，贯穿了“人民逻辑”的思想主线，构建了以“新发展理念”为主线的理论体系；这是在继承传统的社会主义经济理论学说的基础上，重塑了自新中国成立以来的中国特色社会主义政治经济学的理论框架，也有利于推进马克思关于“六册结构”计划在当代的完成。习近平新时代中国特色社会主义经济思想又以“新发展理念”理论框架为基础延展出“七个坚持”经济发展方案，实现了理论与实践高度统一，形成了一个起始范畴、逻辑主线、理论框架、实践方案自洽的、严密的、科学的政治经济学体系。

参考文献

[1]白暴力、方凤玲，2018，习近平新时代中国特色社会主义经济思想体系探索（下），《上海经济研究》，第7期，第5—14页。

[2]崔友平，2018，从马克思主义政治经济学到习近平新时代中国特色社会主义经济思想，《东岳论丛》，第11期，第13—19页。

[3]方茜、周文，2018，习近平新时代中国特色社会主义经济思想的现实背景、实践基础与显著特征，《经济纵横》，第11期，第52—59页。

[4]方凤玲、白暴力，2018，习近平新时代中国特色社会主义经济思想体系探索（上），《上海经济研究》，第6期，第16—24页。

[5]高培勇，2018，理解和把握新时代中国宏观经济调控体系，《中国社会科学》，第9期，第26—36页。

[6]郭冠清，2018，论习近平新时代中国特色社会主义经济思想，《上海经济研究》，第

① 中共中央召开党外人士座谈会，《人民日报》，2014年12月6日第一版。

10期，第5—18页。

[7]韩保江，2018，“供给侧结构性改革”的政治经济学释义——习近平新时代中国特色社会主义经济思想研究，《经济社会体制比较》，第1期，第10—18页。

[8]洪银兴、刘伟、高培勇、金碚、闫坤、高世楫、李佐军，2018，“习近平新时代中国特色社会主义经济思想”笔谈，《中国社会科学》，第9期，第4—73页。

[9]郝全洪，2018，关于我国经济发展主要矛盾变化的思考——学习习近平新时代中国特色社会主义经济思想，《教学与研究》，第9期，第15—20页。

[10]黄晓凤、何剑、邓路，2018，习近平新时代开放型经济思想及其世界意义，《广东财经大学学报》，第4期，第4—14页。

[11]侯为民，2018，习近平新时代中国特色社会主义经济思想的历史维度与理论内涵，《思想战线》，第2期，第84—92页。

[12]韩保江，2018，论习近平新时代中国特色社会主义经济思想，《管理世界》，第1期，第25—38页。

[13]刘伟，2018，习近平新时代中国特色社会主义经济思想是历史与思想、理论与实践的逻辑统一，《中国高校社会科学》，第2期，第15—20页。

[14]逄锦聚，2018，习近平新时代中国特色社会主义经济思想的时代价值和理论贡献，《社会科学辑刊》，第6期，第17—27页。

[15]裴长洪、刘洪愧，2018，习近平经济全球化科学论述的学习与研究，《经济学动态》，第4期，第4—18页。

[16]石建勋、王盼盼，2018，以习近平新时代中国特色社会主义经济思想指导金融发展，《经济纵横》，第10期，第11—17页。

[17]王东京，2017，习近平经济思想与中国特色社会主义政治经济学构建，《管理世界》，第11期，第1—9页。

[18]王立胜，2016，习近平经济思想的创新思维，《当代世界与社会主义》，第5期，第101—107页。

[19]王朝科，2019，习近平新时代中国特色社会主义经济思想的理论内涵和逻辑结构，《教学与研究》，第1期，第5—15页。

[20]程恩富，2016，坚持中国特色社会主义政治经济学的八个重大原则，《经济纵横》，第3期，第1—6页。

[21]王祖强，2018，习近平新时代中国特色社会主义经济思想的科学内涵与体系框架——新的经济思想体系：科学内涵、体系框架和主要内容，《经济纵横》，第6期，第5—15页。

[22]周文、方茜，2018，习近平新时代中国特色社会主义经济思想的深刻内涵，《中国高校社会科学》，第4期，第22—31页。

[23]张占斌，2016，习近平经济思想与当代中国特色社会主义政治经济学的发展，《政治经济学评论》，第4期，第32—35页。

Xi Jinping Economic Thought on Socialism with Chinese Characteristics for a New Era and the Political Economy System of "Fourfold and Multi-dimensional Integration"

Zhang Lanyue　Wang Feng

Abstract　Since the Eighteenth National Congress of the Communist Party of China, General Secretary Xi Jinping has repeatedly stressed the importance of learning and using political economy well. When he presided over the 28th collective study of the political bureau of the CPC central committee, he pointed out that new theoretical achievements should be formed continuously on the basis of adhering to the basic principles and methodology of marxist political economy and combining with the actual economic development of China. It is an important feature of the basic principles and methodology of Marxist political economy to adhere to the unity of history and logic, empirical and normative, theory and practice. Xi Jinping Economic Thought on Socialism with Chinese Characteristics for a New Era, which regards Marxist political economy as the "body", clearly demonstrates this feature, and forms a "four-fold" research paradigm with historical logic, theoretical innovation, value pursuit and practice orientation. Furthermore, it constructs the "multi-dimensional" economics system with the "new development concept" as the economic theory framework and the "seven adherences" as the economic development plan. It also provides a reference model for exploring and constructing the socialist political and economic system with Chinese characteristics.

Key words　Xi Jinping Economic Thought on Socialism with Chinese Characteristics for a New Era　The Theory Framework　Practice Program　Fourfold and Multi-dimensional Integration　Socialist Political Economy with Chinese Characteristics

中国特色社会主义政治经济学形成的三重逻辑

杨帅华　于金富

内容提要　中国特色社会主义政治经济学的形成不是偶然的,而是有着内在逻辑的、必然性的,它是从中国土壤中生长出来的,从中国历史传承中形成的,从中国改革开放的伟大实践中形成与发展起来的。我们应当坚持马克思主义政治经济学理论逻辑、历史逻辑、实践逻辑相统一的基本方法,在中国特色社会主义政治经济学理论体系构建中既突出理论性、历史性,又从我国改革开放的实践经验中提炼新理论、发现新规律、提出新观点,不断丰富发展中国特色社会主义政治经济学理论体系。

关键词　中国特色社会主义政治经济学　理论逻辑　历史逻辑　实践逻辑
中图分类号　F011

中国特色社会主义是从哪里来的?习近平总书记运用马克思主义的立场、观点、方法,立足国情,寻根溯源,创造性地从中国国情、5 000 多年文明以及近现代中国革命与建设和改革开放的实践经验等宏阔的视角对这个重大问题进行了一系列重要论述,深刻阐明了中国特色社会主义形成的基本逻辑。党的十九届四中全会《决定》明确指出,中国特色社会主义制度是根植于中国大地,具有深厚中华文化渊源的社会制度。这些重要论述,不仅对于我们坚定中国特色社会主义道路自信、制度自信与文化自信,发展与完善新时代中国特色社会主义具有重要指导意义,而且对于我们科学认识中国政治经济学所赖以产生的国情基础、历史渊源与实践基础,从理论、历史与实践等方面探究中国特色社会主义政治经济学形成的内在逻辑,构建适应本国国情与发展要求的中国特色社会主义政治经济学,具有十分重要的指导意义。

一、特殊国情条件与中国特色社会主义政治经济学形成的理论逻辑

马克思指出,政治经济学的研究对象是一定的生产方式以及同它相适应

收稿日期:2019—12—22

作者简介:杨帅华,河南大学经济学院 2017 级政治经济学专业博士研究生,主要研究方向为政治经济学;于金富,河南大学政治经济学专业博士生导师、二级教授,辽宁大学中国经济转轨研究中心主任,主要研究方向为政治经济学。

的生产关系与交换关系。恩格斯指出,政治经济学是研究人类各种社会进行生产和交换并相应地进行产品分配的条件和形式的科学。政治经济学不仅具有一般性与永恒性,而且也具有特殊性与历史性。这是因为,“人们在生产和交换时所处的条件,各个国家各不相同,而在每一个国家里,各个世代又各不相同。因此,政治经济学不可能对一切国家和一切历史时代都是一样的。……谁要想把火地岛的政治经济学和现代英国的政治经济学置于同一规律之下,那么,除了最陈腐的老生常谈以外,他显然不能揭示出任何东西”(马克思,2009)。由于实际国情不同,政治经济学不可能对一切民族国家都是一样的。政治经济学是一定的生产方式以及同它相适应的生产关系即社会经济形态的理论表现,各个国家的特定国情是政治经济学形成的社会历史基础。资产阶级古典政治经济学产生于英、法等西欧国家,后来传入德国、美国等欧美国家,它是欧美国家资本主义生产方式产生与发展时期的政治经济学。马克思主义政治经济学产生于19世纪中叶作为资本主义生产方式典型国家的英国,它是欧美资本主义生产方式确立时期的政治经济学。总的来看,古典政治经济学与马克思主义政治经济学的社会历史基础是欧美资本主义生产方式,其客观前提是英国、法国与美国等欧美国家特定的基本国情。

一方面,中国特色社会主义政治经济学是以马克思主义政治经济学关于社会主义生产方式本质特征的基本原理为指导的,因而具有社会主义政治经济学的一般属性;另一方面,作为中国化的马克思主义政治经济学,中国特色社会主义政治经济学也具有其民族属性与特殊属性。这是因为,中国特色社会主义生产方式与中国特色社会主义政治经济学形成的客观基础——中国社会生产方式与基本国情——具有其特殊性。自古以来,中国、亚洲乃至东方国家的生产方式和社会形态与西方国家是明显不同的。在西方各国,普遍实行以生产资料私有制为基础、以私人为主导、以商品经济为基本特征的社会生产方式;而在中国等东方国家,作为主权者的国家代表全体人民以其政治权力控制了土地和一切重要生产资料,普遍实行土地等生产资料国有制,这是印度、中国等东方国家特有的社会历史现象。在中国等东方国家,土地等重要生产资料历来是同国家主权相联系的,国家是土地等生产资料的最终所有者。地主、农民等私人拥有土地实际上只是一种对土地等生产资料占有与使用的权利,而不是真正的所有权;土地的买卖实际上是土地占有权、使用权的转让,而不是所有权的让渡。在土地等重要生产资料国有制基础上,形成了以国家为主导、以自然经济和依附性小农经济为基本特征的生产方式。马克思和恩格斯明确指出,东方国家生产方式与社会形态的典型特征是不存在土地私有制。这是了解东方生产方式与社会形态的一把真正的钥匙,是了解东方国家政治发展和文化发展的基础。因此,欧洲为中心的西方社会是以奴隶主所有制、封建主所有制和资本所有制等不同类型私有制为基础的生产方式与社会形态,而亚洲为中心的东方社会则实行以土地国有制为基础的生产方式与社会形态。从其历史发展过程来看,在原始社会解体后,中国、印度等东方国家并没有从公有制生产方式转变为私有制生产方式,而是从以公社所有制为基础的原始生产方式转变为国家所有制为基础的古代生产方式;在中国古代社会几千年的历史发展过程中,虽然经过频繁的朝代更替的政治风暴,但国家所有制为基础的社会生产方式一直延续发展并不断调整变化。因此,中国的生产方式与社会形态具有特殊性,这是中国最基本的国情,也是中国与西方国家的根本性差别。

在传统体制下,我国政治经济学研究脱离中国社会历史的客观实际、照搬基于西方私有制生产方式及其发展进程的社会形态与历史发展理论来说明中国社会形态的基本性质与主要特征,解释中国社会形态发展的历史过程与运动规律。很显然,这是一种有悖于中国基本国情的"西方中心主义"和教条主义的理论。以"苏联范式"为代表的传统社会主义政治经济学照搬马克思主义政治经济学有关西方社会生产方式与社会发展理论来说明俄国及中国等东方国家生产方式、社会形态的性质与社会历史的发展,有悖于东方国家生产方式与社会形态及其历史发展的实际情况,存在着教条化缺陷。传统社会主义政治经济学的这种教条化倾向不仅在实践上带来了严重后果,使东方国家的社会主义事业遭受了很大的挫折,而且在理论上脱离了马克思主义政治经济学的科学轨道,堵塞了东方国家社会主义政治经济学发展的道路。改革开放后,在一切从实际出发、实事求是的原则指导下,中国政治经济学研究逐步克服传统社会主义政治经济学的教条化缺陷,坚持立足中国基本国情来推进中国特色社会主义政治经济学的科学研究与理论创新。党的十三大报告和十五大报告都明确地指出,我国的基本国情是中国现在处于并将长期处于社会主义初级阶段;所谓社会主义初级阶段,既不是指马克思主义创始人所设想的作为共产主义社会第一阶段的社会主义,也不是指社会主义社会的一般初始阶段,而是在中国这样一个经济文化落后的东方大国建设社会主义所必然经历的特定阶段,是完成其他许多国家在资本主义条件下所实现的生产社会化、工业化、市场化和现代化的特殊历史阶段。建设中国特色社会主义必须从社会主义初级阶段的基本国情出发,而不能超越初级阶段、脱离基本国情。正是在社会主义初级阶段理论的基础上,我们党提出了公有制为主体、多种所有制经济共同发展,以及发展社会主义商品经济、建立社会主义市场经济体制等重要观点,为构建中国特色社会主义政治经济学奠定了坚实的理论基础,确立了中国特色社会主义政治经济学的基本框架,有力地推动了中国特色社会主义政治经济学的建立与发展。

习近平指出:"在中国这样一个有着5 000多年文明史、13亿人口的大国推进改革发展,没有可以奉为金科玉律的教科书,也没有可以对中国人民颐指气使的教师爷。”[①]历史事实证明，以国有制为基础、以国家为主导既是中国生产方式与社会制度的固有特征，也是中国生产方式与社会制度具有显著优势的根本原因。这种以国有制为基础、以国家为主导的生产方式与社会制度在中国社会历史发展中长期存在而且不断演变发展，这是中国的基本国情，是中国社会主义初级阶段形成的客观历史前提，是中国特色社会主义生产方式与中国特色社会主义政治经济学深厚的历史渊源。改革开放以来的现实经验证明，根植于中国基本国情的中国特色社会主义制度，既体现了社会主义本质特征，又具有鲜明的中国特色；既具有其鲜明的制度特性，又具有其显著的制度优势。作为中国特色社会主义生产方式的理论表现，中国特色社会主义政治经济学应当是立足于中国大地、适应于中国国情的中国化与现代化的马克思主义政治经济学。中国特色社会主义政治经济学的科学性质与本质特征决定了它应当而且只能适应中国基本国情，研究中国社会生产方式及其历史发展，而不能脱离中国国情和历史发展、照搬基于其他国家生产方式与社会形态及其历史发展的政治经济学理论。因此，中国特色社会主义政治经济学应当而且必须具有民族的视野，运用一般与特殊相结合的分析方法，阐明中国社会生产方式的基本性质与主要特征，揭示中国社会生产方式的运动规律与发展趋势。中国特色社会主义政治经济学既不能照搬“苏联范式”的传统政治经济学，也不能照搬“美国范式”的新政治经济学，应当从中国国情出发，超越“苏联范式”、“美国范式”和马克思主义政治经济学的“经典范式”，创建中国理论，构造“中国范式”(程恩富，2005)。中国特色社会主义政治经济学是正在发展的当代马克思主义政治经济学，需要在坚持马克思主义基本理论基础上适应中国基本国情进行理论研究。只有克服照搬外国政治经济学范式的教条化缺陷，立足本国国情、适应经济改革与发展要求、走自主创新之路，才能构建中国风格、中国特色、中国气派的马克思主义政治经济学，才能实现马克思主义政治经济学的中国化与现代化。

二、中国社会发展历程与中国特色社会主义政治经济学产生的历史逻辑

马克思和恩格斯指出，资本主义生产方式的产生不是偶然的，而是一系列经济社会变革的产物。资本主义生产方式是以封建制、奴隶制等各种前资本主义生产方式的发展为客观条件与历史前提的。“现代资产阶级本身是一个长期发展过程的产物，是生产方式和交换方式的一系列变革的产物”(马克思，

① 习近平，在庆祝改革开放 40 周年大会上的讲话，人民网，http://cpc.people.com.cn/n1/2018/1219/c64094－30474974.html，2018 年 12 月 19 日。

1995)。与此相适应,马克思主义一方面是以资本主义生产方式高度发展、资本主义生产方式内在矛盾充分显露为客观基础的,另一方面是以欧美国家发展文明成果为理论来源与思想基础的。马克思主义政治经济学就是在批判地继承英国和法国古典政治经济学的基础上产生与发展起来的。传统社会主义政治经济学脱离了苏联和中国等国家的实际国情,而且没有反映苏联和中国等国家经济社会发展的历史过程。传统社会主义政治经济学把马克思关于西方社会历史进程的生产方式与社会形态发展理论套用到苏联和中国等国家,没有揭示出苏联和中国等国家生产方式与社会形态的运动规律与发展趋势。作为当代中国的马克思主义政治经济学,中国特色社会主义政治经济学应当而且必须具有历史的视野、运用历史的方法。只有克服传统社会主义政治经济学的教条化缺陷,坚持从本国社会历史发展进程出发来认识中国特色社会主义政治经济学的社会历史前提,从历史的视野、运用历史的方法进行政治经济学的理论研究与科学探讨,才能构建适应本国国情、揭示本国经济发展规律的当代中国马克思主义政治经济学。

习近平指出,在现阶段我们开辟中国特色社会主义道路、建立中国特色社会主义制度不是偶然的,而是由我国特殊的历史传统、文化传统与独特的社会发展道路所决定的。之所以如此,主要原因有二:其一,历史、现实、未来是相通的,人们总是在继承前人的基础上向前发展的,一个国家选择什么样的社会制度与治理体系,是由这个国家的历史传承、文化传统、经济社会发展水平决定的。由于历史传承与文化传统不同,自古以来中国形成了不同于西方国家的特殊的生产方式与社会形态。其二,一个民族的发展道路也是在历史传承和现实实践中不断探索出来的,每个国家和民族的历史传统、文化积淀、基本国情不同,其发展道路必然有着自己的特色,数千年来中华民族走着一条不同于其他国家和民族的文明发展道路。当代中国是历史中国的延续和发展,今天的中国是从昨天的中国发展而来的。中国特色社会主义不是从天上掉下来的,也不是从国外移植过来的,而是在对中华民族5 000多年悠久文明的传承和发展中走出来的,是从近代以来争取民族解放、探索民族振兴的170多年实践中走出来的,是从新中国70年社会主义建设的实践中走出来的,是从改革开放40多年社会主义现代化建设的实践中走出来的。中华文明为中华民族生生不息、发展壮大提供了丰厚滋养,是中国特色社会主义植根的文化沃土;中国人民百折不挠、接续奋斗,为开辟中国特色社会主义道路、建立中国特色社会主义制度创造了必要的历史条件,积累了宝贵的历史经验。中国特色社会主义的道路自信、理论自信、制度自信,其本质是建立在5 000多年文明传承和100多年中国社会变革历史经验基础上的文化自信。因此,中国特色社会主义生产方式是在中国经济文化传统的影响下形成与发展起来的,是传承中国5 000多年社会生产方式与中华文明发展的历史传统、近代以来革命传统与历史影响的结果。因此，中国特色社会主义生产方式不仅具有科学基础与世界意义，而且有着无比深厚的历史渊源与历史底蕴。从总体上说，中国特色社会主义生产方式是社会主义制度逻辑与中国社会发展的历史逻辑的有机结合与内在统一。这是我们坚定中国特色社会主义的道路自信、制度自信与文化自信所依据的坚实的科学基础与历史基础。

从历史上看，中国社会生产方式不仅具有民族性与特殊性，而且具有历史连续性与历史继承性。自古以来中国社会生产方式不是按照各种私有制生产方式依次更替的模式演进发展的，而是国有制生产方式沿着逐渐演进、周期循环和内生发展的轨迹演变发展的，呈现出前后相继、一脉相承的各种不同的发展阶段与历史形式。以国有制为基础的社会生产方式不仅是中国所特有的生产方式，而且在中国历史发展中长期存在。从现实来看，我国社会主义社会所处的历史阶段既不是马克思主义创始人所设想的共产主义第一阶段与高级阶段，也不是从资本主义社会向共产主义社会转变的过渡阶段，而是在中国这样一个从未经历过资本主义生产方式发展的经济文化落后的东方大国建设社会主义所必然经历的特殊阶段。因此，中国特色社会主义生产方式的产生不是偶然的，而是中国经济、社会和文化长期发展的产物。中国特色社会主义生产方式来源于中国社会历史发展、来源于中华文化传统，有着深厚的历史渊源。

从表面上看，中国特色社会主义生产方式来源于以计划经济为特征、以苏联模式为代表的传统社会主义生产方式，而后者来源于马克思、恩格斯关于社会主义生产方式的经典理论。实际上则不然。尽管我们的社会主义建设事业在总体方向与本质特征上始终是以马克思主义基本原理为指导的，但从其具体实践与具体形式来看，无论是传统社会主义生产方式还是中国特色社会主义生产方式，都既不是从马克思主义经济学的书本上得来的，也不是从国外移植进来的，而是中国社会生产方式长期延续、渐进发展与内生性演化的结果，是对中国历史上几千年的社会生产方式予以创造性转化与创新性发展的结果。

中国特色社会主义形成的历史逻辑，也体现了中国特色社会主义政治经济学形成的历史逻辑。中国特殊的经济、文化传统及其演变发展既是中国特色社会主义生产方式深厚的历史渊源，又是中国特色社会主义政治经济学产生的国情基础与历史渊源。这就决定了要构建中国特色社会主义政治经济学，就必须从中国社会历史的客观实际出发，研究中国生产方式与社会经济形态发展的历史继承性和特殊规律性。我们应当看到，中国特色社会主义政治经济学只能建立在中国经济文化的历史传统的基础之上，而不可能建立在西方社会发展的历史基础之上。

中国特色社会主义政治经济学研究应当适应社会主义初级阶段这一特殊历史阶段的要求，大力推进理论创新，实现马克思主义政治经济学的中国化。

以《资本论》为代表的马克思主义政治经济学，是处于资本主义社会的政治经济学，它的研究目的是揭露资本主义生产方式的本质和资本主义生产方式的内在矛盾，揭示资本主义生产方式的运动规律与必然灭亡的历史趋势，在此基础上阐明社会主义生产方式产生的历史必然性，并预测未来社会主义生产方式的主要特征。作为一门历史科学，马克思主义政治经济学理论体系包含多层次内容。从逻辑上说，它包含本质和表象两个层面的内容；从历史方面看，它包含连续性与演化性两个层面的内容与特征。马克思主义政治经济学科学方法论体系的核心是唯物史观和唯物辩证法，这决定了本质分析和历史分析在政治经济学研究中居于主体地位。

处于社会主义初级阶段的中国特色社会主义政治经济学与处于资本主义社会的马克思主义政治经济学既有内在一致性，又有重要区别。这两种政治经济学，无论是对社会主义经济的分析还是对资本主义经济的分析，都存在着明显的区别。中国特色社会主义政治经济学与经典马克思主义政治经济学的主要区别在于它们所处的社会形态和历史环境不同，它们所研究的对象和所承担的任务不同（洪银兴，2006）。处于资本主义社会的马克思主义政治经济学的研究对象是资本主义生产方式及其生产关系，其任务是指导与推动从资本主义生产方式向社会主义生产方式的历史变革；处于社会主义初级阶段的中国特色社会主义政治经济学的研究对象则是中国特色社会主义生产方式及其生产关系，其任务是指导与推动中国特色社会主义生产方式的发展与完善。因此，中国特色社会主义政治经济学不仅要研究人类社会生产方式发展的一般规律，为构造广义政治经济学做出贡献，更要研究中国社会生产方式的固有特征与特殊规律，构建反映中国社会历史进程、揭示中国经济社会发展规律的具有历史感与时代性的中国特色社会主义政治经济学。为了构建中国特色社会主义政治经济学，我们应当在马克思主义政治经济学基本原理和科学方法论的指导下，重视与强化中国特色社会主义政治经济学的历史性研究。中国特色社会主义政治经济学研究不仅应当以中国基本国情为基础，而且应当立足于中国社会历史的客观实际来研究中国社会生产方式的各个发展阶段与各种历史形式，阐明中国社会生产方式发展的特殊进程与特殊规律。

从总体上说，中国特色社会主义政治经济学应当研究中国社会生产方式发展的历史进程，阐明中国生产方式与社会形态发展的历史规律。只有阐明中国生产方式与社会形态发展的特殊进程，揭示中国生产方式与社会形态发展的特殊规律，才能科学阐释中国特色社会主义政治经济学的历史前提与历史渊源，进而构建中国化、现代化的马克思主义政治经济学。只有阐明中国生产方式与社会形态发展的特殊进程，揭示中国生产方式与社会形态发展的特殊规律，才能科学指导与有效推动我国市场化经济转轨与现代化社会转型，全面推进中国社会生产方式的变革与发展，推动与实现中国经济高质量发展，全面建成小康社会，加快社会主义现代化的进程，实现“两个一百年”的奋斗目标，在社会主义的基础上实现中华民族的伟大复兴。

三、改革开放经验与中国特色社会主义政治经济学的实践逻辑

中国特色社会主义政治经济学的形成不仅有着科学的理论逻辑和客观的历史逻辑，而且也有着现实的实践逻辑。改革开放 40 多年来，中国共产党带领中国人民在毛泽东为核心的第一代党的领导集体建立社会主义基本制度、探索社会主义建设道路的基础上，开启了改革开放与社会主义现代化建设的历史进程。我们党勇于探索、勇于实践，创造性地开辟了中国特色社会主义道路。中国特色社会主义道路来之不易，它是在改革开放 40 多年的伟大实践中走出来的，是在中华人民共和国成立 70 多年的持续探索中走出来的，具有坚实的实践基础和丰厚的经验基础。

全面改革初期，在中国经济体制改革探索的实践中，我们党制定了《中共中央关于经济体制改革的决定》，运用马克思主义政治经济学的理论与方法对中国经济体制的实践经验进行了科学总结，提出了发展社会主义商品经济，发展多种经济形式和多种经营方式，实行国有企业“两权分离”、转换经营机制等一系列的新观点，从而“写出了一个政治经济学的初稿，是马克思主义基本原理和中国社会主义实践相结合的政治经济学”(邓小平，1993)。

在 40 多年改革开放的伟大实践中，中国共产党把坚持社会主义基本制度同发展市场经济结合起来，把坚持公有制主体地位、发挥国有制的主导作用与发展多种所有制形式结合起来，把发挥市场对资源配置的决定作用与更好地发挥政府作用结合起来，把实现工业化、信息化与推动农业现代化结合起来，取得了我们这样一个十几亿人口的发展中大国摆脱传统社会生产方式、加快实现社会主义现代化的宝贵经验。在改革开放和现代化建设的历史进程中，我们党把马克思主义政治经济学基本原理同建设中国特色社会主义新的实践结合起来，不断丰富和发展了马克思主义政治经济学，形成了一系列马克思主义政治经济学新的理论成果。在中国基本国情认识方面，提出并不断完善社会主义初级阶段理论；在社会主义基本经济制度理论方面，不仅提出了公有制为主体、多种所有制经济共同发展的观点，而且提出了实行社会主义股份制、“两个毫不动摇”和发展混合所有制经济等创新观点；在社会主义分配制度方面，我们党不仅提出了按劳分配为主体、多种分配方式并存的观点，而且提出了确立劳动、资本、技术、管理与信息等生产要素按贡献参与分配原则、兼顾公平与效率等创新观点；在社会主义经济体制理论方面，不仅提出了建立社会主义市场经济体制的观点，而且提出了发挥市场对资源配置的决定作用、更好发

挥政府作用的观点;在社会主义经济发展理论方面,不仅提出了转变经济发展方式、实现集约型发展方式的观点,而且提出了走新型工业化道路、实现高质量发展等创新观点;在社会主义对外开放理论方面,不仅提出了全面开放、融入经济全球化的观点,而且提出了改善全球治理、建设人类命运共同体的观点;等等。这些重要的理论成果,为构建中国特色社会主义政治经济学理论体系奠定了坚实的理论基础。中国特色社会主义政治经济学源于中国经济改革发展的伟大实践,是经过实践检验、被实践证明了的科学理论。习近平指出:"马克思主义政治经济学是马克思主义的重要组成部分,也是我们坚持和发展马克思主义的必修课。党的十一届三中全会以来,我们党把马克思主义政治经济学基本原理同改革开放新的实践结合起来,不断丰富和发展马克思主义政治经济学,形成了当代中国马克思主义政治经济学的许多重要理论成果,这些理论成果,是适应当代中国国情和时代特点的政治经济学,不仅有力指导了我国经济发展实践,而且开拓了马克思主义政治经济学新境界。"①

党的十八大以来,在完善与发展新时代中国特色社会主义的新的实践中,中国特色社会主义政治经济学快速发展,为马克思主义政治经济学的创新发展和世界经济学的繁荣发展做出了巨大贡献。我们党围绕全面建设社会主义现代化强国的目标,提出了以人民为中心的发展思想、新时代的社会主要矛盾、新发展理念、高质量发展的目标、共同富裕的发展目的、创新驱动和人才强国等发展战略、"四化同步"的现代化道路、人与自然和谐共生的发展条件等新观点。把坚持以人民为中心的发展思想、坚持新发展理念、坚持和完善社会主义基本经济制度、坚持和完善社会主义分配制度、坚持社会主义市场经济改革方向、坚持对外开放基本国策等,作为中国特色社会主义政治经济学的重大原则。党的十九届四中全会《决定》明确地把按劳分配为主体、多种分配方式并存和社会主义市场经济体制作为中国特色社会主义基本经济制度的重要内容。

总的来看,改革开放以来我国马克思主义经济学研究提出了许多具有原创性和时代性的理论观点,这些都是在马克思主义政治经济学基本原理指导下,适应改革开放和社会主义现代化建设实践要求而不断推动中国特色社会主义政治经济学理论创新的重要成果。经过长期努力,逐步形成了以改革为动力、以发展为主线、以制度为载体的中国特色社会主义政治经济学的基本架构,有力地推动了马克思主义政治经济学中国化的历史进程。然而,相对于改革开放的伟大实践的客观要求来说,中国特色社会主义政治经济学的发展仍然存在某些不足之处,这主要表现为中国特色社会主义政治经济学理论内容

① 习近平,在十八届中央政治局第二十八次集体学习时的讲话,央广网,http://qtz nh. cnr. cn/sytp/20151125/t20151125_520591763. shtml,2015年11月25日。

和逻辑结构在理论上缺乏学理性和系统性，在实践上存在着偏差性和滞后性。中国特色社会主义政治经济学的理论研究是为解释现实问题、指导社会实践服务的。当前加强中国特色社会主义政治经济学的基础理论研究，就是要增强对中国特色社会主义经济发展实践要求的针对性与适应性，提高对中国特色社会主义经济规律的认识水平和驾驭能力。习近平总书记在中共中央政治局第 28 次集体学习时的讲话中指出："要立足我国国情和我国发展实践，揭示新特点新规律，提炼和总结我国经济发展实践的规律性成果，把实践经验上升为系统化的经济学说，不断开拓当代中国马克思主义政治经济学新境界。"① 加强中国特色社会主义政治经济学的理论研究，就是要把中国改革发展的实践经验上升为系统化的经济学说，这是中国特色社会主义政治经济学持续发展的基本目标(程恩富、侯为民，2017)。基于实践和服务于实践的理论创新是中国特色社会主义政治经济学发展完善的关键环节。中国特色社会主义政治经济学的理论研究不仅要走向学理化和系统化，而且要对我国现实经济生活和经济规律做出科学说明，指导实践并经受实践的检验。只有如此，才能有效适应实践对马克思主义政治经济学理论的要求，对中国经济社会现实做出理论解释，为当代中国改革发展的实践提供科学指导。

综上，中国特色社会主义政治经济学的形成不是偶然的，而是有着内在逻辑必然性的，它是从中国基本国情的土壤中生长出来的，是从中国历史传承中形成的，是从中国改革开放的伟大实践中形成与发展起来的。我们应当坚持马克思主义政治经济学理论逻辑、历史逻辑与实践逻辑相统一的科学方法，在中国特色社会主义政治经济学理论体系构建中既要突出理论性、历史性，又要从我国改革开放的实践经验中提炼新理论、发现新规律、提出新观点，不断丰富发展中国特色社会主义政治经济学理论体系。

参考文献

[1]程恩富，2005，"马学"为体，"西学"为用：重建中国主流经济学范式，《华南师范大学学报》，第 4 期，第 3—7 页。

[2]程恩富、侯为民，2017，中国特色社会主义政治经济学理论基础性研究不容忽视，《人民论坛》，第 7 期，第 26—28 页。

[3]邓小平，1993，《邓小平文选》第 3 卷，北京：人民出版社，第 83 页。

[4]洪银兴，2006，处于社会主义现阶段的政治经济学范式，《理论视野》，第 3 期，第 12—14 页。

[5]马克思、恩格斯，1995，《马克思恩格斯选集》第 1 卷，北京：人民出版社，第 273—274 页。

① 习近平，在十八届中央政治局第二十八次集体学习时的讲话，央广网，http://qtz nh. cnr. cn/sytp/20151125/t20151125_520591763. shtml，2015 年 11 月 25 日。

[6]马克思、恩格斯,2009,《马克思恩格斯文集》第9卷,北京:人民出版社,第153页。

Triple Logic of the Formation of Socialist Political Economy with Chinese Characteristics

Yang Shuaihua Yu Jinfu

Abstract The formation of socialist political economy with Chinese characteristics is not accidental, but has its inherent logical inevitability. It grows from the soil of China, from the inheritance of Chinese history, and from the great practice of China's reform and opening up. We should adhere to the basic method of unifying the theoretical logic, historical logic and practical logic of Marxist political economy. In the construction of the theoretical system of socialist political economy with Chinese characteristics, we should not only highlight the theoretical and historical nature, but also extract new theories from the practical experience of China's reform and opening up, discover new laws, put forward new ideas, and constantly enrich and develop the theoretical system of socialist political economy with Chinese characteristics.

Key words Socialist Political Economy with Chinese Characteristics Theoretical Logic Historical Logic Practical Logic

依照宪法规定坚持推行计划生育

郑志国　程恩富

内容提要　在新时代应当依照宪法规定坚持推行计划生育,争取我国总人口回归适度区间,从根本上缓解对资源环境的压力,为实现社会主义现代化目标和中华民族永续发展创造必要条件。如果我国现在全面放开生育,总人口很可能在本世纪中叶突破极限规模,这是我国资源环境条件和社会主义现代化目标不能允许的。通过实行科学的人口规划和严密的法律、政策,对人们的生育行为进行合理引导、规范和调节,使总人口回归适度区间是完全可能的。要制定同第二个百年目标相适应的长期人口发展战略,积极预防和化解总人口适度缩减对经济发展的某些负面影响,正确处理坚持计划生育和应对人口老龄化的关系,做好新时代坚持推行计划生育的舆论导向工作。

关键词　计划生育　人口宪法　现代化
中图分类号　R715.2

我国宪法第二十五条规定:“国家推行计划生育,使人口的增长同经济和社会发展计划相适应。”[①]这是 2018 年 3 月经第十三届全国人大第一次会议修订通过的宪法条文,理应得到遵循。近年来,社会上有些言论反对国家推行计划生育,主张全面放开生育,实行自由生育。这些言论不符合宪法和有关法律规定,不符合我国资源环境条件和经济社会发展目标要求,但是该言论通过网络等媒体的广泛传播,在社会上产生了相当大的影响。新时代我国究竟是依照宪法规定坚持推行计划生育,还是全面放开乃至鼓励生育?这是我国人口发展面临的重大战略问题,必须统筹考虑人口资源环境条件和经济社会发展目标,做出正确选择。我们认为,应吸取当初片面批判马寅初而致使多生几亿人的教训,在理论和政策取舍上偏听则暗,兼听则明,只凭人多势众,未经不同意见的直接辩论和充分研讨做决定,往往会从战略层面妨碍综合国力和人

收稿日期:2019—11—18

作者简介:郑志国,中共广东省委党校教授,中国政治经济学学会副会长,主要研究方向为马克思主义经济学和可持续发展理论;程恩富,中国社会科学院大学学术委员会副主任、首席教授,中国社会科学院学部委员、学部主席团成员,全国人大教科文卫委员会委员,主要研究方向为中外马克思主义及其经济学。

① 《中华人民共和国宪法》,中国人大网,http://www.npc.gov.cn/npc/c30834/201803/79ccaa9ba1e24bbb848abf329ba94463.shtml,2018 年 3 月 22 日。

均国力的双提升。在新时代应当依照宪法规定坚持推行计划生育，争取我国总人口回归适度区间，为实现社会主义现代化目标和中华民族永续发展创造必要条件。

一、我国人口增长态势和全面放开生育后突破极限规模的风险

人口多是我国的基本国情之一，这在本世纪中叶以前不会发生根本改变。未来几十年乃至本世纪下半叶我国人口走势如何，将在很大程度上取决于现行人口发展战略和生育政策。如果现在全面放开和鼓励生育，那么我国总人口很可能在本世纪中叶突破极限规模，即资源环境所能承载的最大人口数量，这是我国资源环境条件和社会主义现代化目标不能允许的。

（一）我国人口的长期增长态势

1949—2019年，我国总人口由5.42亿人增长到14亿人，70年内净增了8.58亿人。总人口除了1960年、1961年由于自然灾害等原因分别比上年有所减少之外，其他年份均有不同幅度的增长。自20世纪70年代以来，国家推行计划生育，人口自然增长率在波动中逐步下降，平均每年新增人口在700万人左右。表1列出了2013—2019年我国人口增长情况，其中2016年、2017年的自然增长率分别为5.86‰、5.32‰，明显高于2013—2015年；2018年、2019年自然增长率有所下降，但是每年新增人口仍在500万人左右；2019年二孩及以上比重达59.5%，比上年提高2.1个百分点，这表明2015年开始全面实行二孩政策是有效的。

表1　　2013—2019年我国人口增长情况

年份	年底总人口（万人）	出生率（‰）	死亡率（‰）	自然增长率（‰）	比上年净增人口（万人）
2013	136 072	12.08	7.16	4.92	668
2014	136 782	12.37	7.16	5.21	710
2015	137 462	12.37	7.11	4.96	680
2016	138 271	12.95	7.09	5.86	809
2017	139 008	12.43	7.11	5.32	737
2018	139 538	10.94	7.13	3.81	530
2019	140 005	10.48	7.14	3.34	467

数据来源：国家统计局，《中国统计年鉴（2019）》表2—1，国家统计局网站；张毅（国家统计局人口和就业统计司司长），《人口总量增速放缓 城镇化水平继续提升》，中国经济网，2020年1月19日。

《国家人口发展规划(2016—2030年)》提出了未来十多年人口发展目标:2020年总人口为14.2亿人,2030年为14.5亿人,预测2030年前后达到峰值,此后持续减少。① 这一预测以坚持推行计划生育为条件,判断2030年以后总人口减少的主要依据有两条:一是"十四五"以后育龄妇女数量减少;二是人口老龄化将带来死亡率上升。如果这一预测最终证明符合实际,那就意味着我国人口增长还将持续十多年,2030年达到峰值后才会实现零增长,继而逐步减少。我国人口问题十分复杂,全面实行二孩政策只有四年,现在人口发展战略和生育政策正处于十字路口,今后人口走势如何还有不少变数。

(二)社会不同阶层的生育愿望和条件差异

同过去相比,现在我国人民的生育观念发生了很大变化,但是生育二孩的愿望普遍存在,还有相当一部分人希望生育三胎,甚至更多,只是受制于生育条件,而做出了不同的选择。社会各阶层的生育愿望和条件,大体分为四种情况:一是随着我国全面建成小康社会,形成了数亿人规模的中等收入阶层,他们中间的育龄人口一般就业比较稳定,收入达到中等水平,有能力生育二孩乃至更多;二是社会上出现了数千万乃至上亿人的高收入阶层,包括民营企业主和个体工商户,他们为了培养财产继承人,既有生育多胎的强烈愿望,也有抚养多胎的优裕条件;三是城镇独生子女成长起来陆续达到生育年龄,一部分人已经或将要生育二孩,还有一部分人超过40岁并已生育一孩,感觉再生一孩可能身体不能承受,也影响事业发展,所以选择不再生育;四是大批农村育龄妇女特别是青年女性到城镇就业,多属于打工阶层,工作不稳定、收入低、住房差等条件使她们想生而不敢生,不得不晚婚少育。

主张全面放开生育的主要理由之一就是维护人们的自由生育权,但是人们的生育权在客观上受其经济社会地位和收入水平的制约。目前我国不同阶层育龄人群实际具备的生育条件差异很大,全面放开生育和实行自由生育将为高收入阶层特别是民营企业主多生开绿灯,中低收入阶层由于条件限制而难以自由生育,未必能够实现民众享有平等生育权。后者因为在就业、住房、子女入托和上学等方面遇到一些困难而影响生育意愿,这种情况恰恰同人口多密切相关,全面放开生育势必增加总人口,无助于改善中低收入阶层的生育条件。

(三)全面放开生育后总人口突破极限规模的风险和后果

一个国家的资源环境对人口的承载力是有限的,按一定生活水平所能供养的总人口有一个极限规模或最大数量。如果一个国家或地区的总人口超过

① 国务院《关于印发国家人口发展规划(2016—2030年)的通知》(国发〔2016〕87号),中华人民共和国中央人民政府门户网站,http://www.gov.cn/zhengce/content/2017-01/25/content_5163309.htm,2017年1月25日。

极限规模而又不能自我收缩或向外迁移，那么最终将导致资源环境退化而走向衰落。世界历史发展留下了这样的记录：西亚两河流域古代文明衰落，古代中国西部某些城邦消失，这些都同当地人口对资源环境压力过大有关。

据研究，我国国土资源可承载的人口极限规模为16亿人。[①] 在这个规模上通过经济社会发展至多达到中等国家收入水平，不可能进入高收入国家行列。如果以维持生存为最低标准，人口极限规模可以增大，而如果以高收入国家的生活水平为标准，则人口极限规模会缩小。过去几十年我国实行计划生育累计少生育4亿多人（程恩富，2010），大大延缓了总人口走向极限规模的进程，为全面建成小康社会创造了重要条件。尽管如此，目前我国总人口规模仍在低生育水平上继续扩张，逼近极限规模，由于不可能向国外大量迁移，把总人口控制在极限规模以内是不容懈怠的历史任务。

随着经济社会的发展和人民生活水平的提高，我国人均预期寿命比20世纪50年代延长了20多岁，今后还有进一步延长的潜力，因此未来几十年死亡率未必会大幅度上升。通过表1可以看出，2015年全面实行二孩政策后，2016—2017年的人口自然增长率均超过5‰。制定人口政策不能只看总和生育率高低，而应统筹考虑人口资源环境和经济社会发展目标。关于目前我国总和生育率的计算结果多以抽样调查资料为据，尚待用新的普查数据检验。另外，即使总和生育率较低，也不宜鼓励（应该只是允许）二孩和自由生育，否则难以根本实现资源高效利用、生存环境达优和人口素质大幅提升（程恩富、高建昆，2018）。从国人的生育愿望和条件来看，如果现在实行自由生育，那么自然增长率有可能长期保持在5‰以上。假设未来我国总人口按年均5‰的速度增长，那么2033年将超过15亿人，2046年将超过16亿人，2058年将超过17亿人，2069年将超过18亿人，2080年将超过19亿人，2090年将超过20亿人。即使按年均3‰的速度增长，总人口到2065年也会超过16亿人。这就是全面放开生育后可能出现的人口增长情况，同我国经济社会发展计划和安排是不相适应的，也是我国资源环境条件难以承受的。

二、我国资源环境约束是坚持推行计划生育的客观依据

在新时代依照宪法规定坚持推行计划生育，就是遵循人口发展规律，通过实行科学的人口规划和严密的法律、政策，对人们的生育行为进行合理引导、规范和调节，使人口增长同经济社会发展相互适应，为实现社会主义现代化目标创造有利条件。我国过去、现在和未来推行计划生育的客观依据归根到底是资源环境对人口的约束。

① 中国科学院国情分析研究小组，1996，《生存与发展》，北京：科学出版社，第15—30页。

(一)我国资源条件在客观上要求坚持推行计划生育

整个地球和所有国家的资源都是有限的,这在客观上构成对人口总量的约束。当今世界各国人口和资源条件差异很大,不同国家的人口受资源约束强度不等。当一个国家的资源条件一定时,总人口少,受资源约束相对较弱,俄罗斯、加拿大、澳大利亚属于这类国家。总人口多,受资源约束则相对较强,我国和印度属于这类国家。表2反映了我国和世界部分国家人均耕地面积、人均森林面积和人均淡水资源情况。从中可以看出,我国这三种资源的人均拥有量分别只相当于世界平均水平的40%、28%、35%,大大低于俄罗斯、美国和巴西,只有人均森林面积和人均淡水资源高于印度。因为人均耕地少,粮食生产压力大,许多耕地长期经过连续耕种和大量使用化肥、农药而引起土质下降。华北和西北一些地区缺水问题相当突出,有些地区过度抽取地下水,引起地面沉降,地表植被也因地下水位下降引致缺水而导致死亡或枯萎。

表2　　我国和世界部分国家人均耕地等资源比较

国别	人均耕地面积(公顷/万人)	人均森林面积(公顷/万人)	人均淡水资源(立方米/人)
世界	1 916.31	5 447.99	5 825.89
中国	770.99	1 508.00	2 051.46
俄罗斯	8 483.17	56 557.04	29 931.23
美国	4 724.05	9 639.13	17 612.52
巴西	3 657.00	23 792.39	13 557.98
印度	1 197.51	537.74	1 102.93

数据来源:根据国家统计局,2016,《国际统计年鉴(2016)》,北京:中国统计出版社,第10—11、89—92页有关数据计算。

我国矿产资源的人均拥有量只有世界人均水平的58%,其中人均石油可采储量为世界平均水平的11.1%,天然气为4.3%,铁矿为42%,铜矿为18%,铝土矿为7.3%,煤炭为55.4%(张文驹,2007)。大宗矿产资源国内供给全面短缺,不得不长期依赖进口。现在铁矿石的对外依存度超过60%,铜、铝、铅、锌等矿产都需要大量进口。[①] 有些资源按现在的消耗速度在未来几十年内将趋于枯竭。例如,国内石油剩余可采储量只够开采10年左右,煤炭基础储量也只够开采50年左右。我国建设现代化应当尽可能利用国外资源,但是全球资源毕竟有限,对世界人口的约束也日益趋紧。

与矿产资源可以进口不同,我国人均国内生活空间大大少于世界平均水

① 中国科学院可持续发展研究组,2012,《2012年中国可持续发展战略报告》,北京:科学出版社,第68—71页。

平，不可能通过进口来增加或弥补。我国荒漠化、沙化土地面积分别为261.16万平方公里、172.12万平方公里，合计433.28万平方公里，目前这些地方基本上不适合人口定居。[①] 绝大部分人口集中在中东部，沿海一些省份特别是城市的人口密度极高。为改善交通运输条件，我国修建铁路、公路已经占用和硬化20多万平方公里国土。现在我国私家车普及率远远低于主要发达国家，但是几乎所有大中城市都存在经常堵车和车位不足等问题。

全部欧洲国家加美国、加拿大、澳大利亚和日本的人口之和大约等于我国人口总量，这些国家的资源加起来是我国资源的4倍以上，目前整体技术水平也高于我国。虽然我国一般资源的人均拥有量不同程度地低于世界平均水平，但是社会主义现代化目标和要求却很高，最终要赶上并超过发达国家，这就要求长期坚持计划生育，争取使总人口有所减少，从根本上缓解对资源的压力。

(二)我国环境容量在客观上要求坚持推行计划生育

目前我国主要污染物的人均排放量同一些发达国家相比低很多，但是由于总人口的乘数效应，排放总量大都居世界第一位或前列。例如，2005年以来，我国二氧化碳人均排放量不到美国人均排放量的一半，排放总量却一直处于世界第一位。2016年，我国排放二氧化硫1 102.86万吨，氮氧化物1 394.31万吨，烟尘1 010.66万吨，废水711.09亿吨，均比上年明显减少，但是排放量依然很大；[②]当年全国338个地级以上城市中空气发生重度污染有2 464天次，34个城市重度及以上污染天数超过30天，大范围雾霾时有发生；当年全国180个城市出现酸雨，覆盖面积69万平方公里，其中18个城市的酸雨频率在75%以上；当年全国60.2%的地表水、56.1%的江河、67.9%的湖泊受到中度以上的污染，重度污染均占30%以上，局部土壤和近海污染也相当严重。大陆生态体系被星罗棋布的城市和从点线面维度展开的建筑物分割，东部和中部生态体系在一定程度上碎片化。全国3 767种高等植物和932种脊椎动物的生存由于环境破坏等原因而受到威胁，分别占高等植物和脊椎动物总数的10.9%、21.4%。[③]

在生产端排放污染物的同时，14亿人口从消费端排放生活污染物，大大超过了自然净化能力。目前治污技术还存在有待攻克的难关，治污成本也很高。每年城乡居民生活污水排放总量约为800亿立方米，只有部分经过处理后达标排放，建设全部生活污水处理设施需要投入数万亿元，此外每年还得追加上千亿元运行费用。经过处理后的水质一般只能达到中水标准，离零污染

---

① 《2016中国环境状况公报》，生态环境部门户网站，http://www.mee.gov.cn/hjzl/zghjzkgb/lnzghjzkgb/201706/P020170605833655914077.pdf，2017年5月31日。

② 国家统计局，2017，《中国统计年鉴(2017)》，北京：中国统计出版社，第238—239页。

③ 《2016中国环境状况公报》，生态环境部门户网站，http://www.mee.gov.cn/hjzl/zghjzkgb/lnzghjzkgb/201706/P020170605833655914077.pdf，2017年5月31日。

相差甚远。全国生活垃圾、粪便无害化处理也是难度大、费用高。

毫不夸张地说，我国是世界上实施可持续发展战略行动最积极、成效最显著的国家之一。每年正常处理各种以天文数字计量的排放物不必说，最近五年为减少排放，关闭了大批小钢铁、小煤窑、小水泥等厂矿企业，五年中退出的钢铁和煤炭产能分别达到1.7亿吨和8亿吨。工作中有缺点和不足，但是来自人口的污染源毕竟太多，治理污染难度极大，总体效果欠佳。例如，我国保护大气所完成的工作量远远超过一些发达国家，但是因为污染源太多，加之经济发展与环境保护之间存在一定的冲突，所以空气质量明显低于发达国家。即使是国内城市空气质量较好的海口等市，常年空气中PM2.5的含量也比加拿大、澳大利亚等国家高1倍以上。

人们追求美好生活，要吃好穿好，要改善住房，要购买轿车，要恢复蓝天白云、繁星闪烁、清水绿岸、鱼翔浅底的景象……这些要求都合理，但是14亿人日益增长的美好生活需要总和给资源环境施加了巨大压力。当我国现代化进程过半时，一些资源就趋于耗竭，许多地区环境质量明显下降。如果人口持续增长，资源环境将会出现不可修复的退化。在我国环境容量同总人口相比非常有限的情况下，人民群众追求美好生活，既要绿水青山，又要金山银山的要求不能降低，通过坚持推行计划生育来使总人口适度收缩，从而减少污染源，是满足人们对美好生活要求无可替代的选择。

（三）通过推行计划生育使人口适度缩减是减少生态安全隐患的必要条件

生物进化史表明，任何单一物种过度繁衍最终将危及自身，人类也不例外。虽然人类是地球上智力最发达的生物，具有高度的社会性和能动性，不能简单和其他物种类比，但是人类繁衍、生存和发展必须遵循自然规律。

据卫生部门反映，目前我国不孕不育比例有上升趋势，其中绝大多数是因为生理健康原因不能生育（黄荷凤、王波、朱依敏，2013）。空气、水、食品和土壤污染被认为是引起不孕症增加的直接原因，这和人口过多有一定关系。例如，我国耕地面积有限，肥力不足，并且病虫害较多。过去按传统方式耕作，不使用化肥和农药，生产的粮食一直不能满足全国人口需要，国家不得不实行凭票供应，因为定量偏低，造成了一些人吃不饱。我国总人口在20世纪70年代中期超过9亿人后依然增势不减，粮食短缺问题更加突出。国家一方面推行计划生育，努力降低人口增长率，另一方面从国外引进多套大型化肥生产设备和各种农药生产技术，力求通过推广应用化肥、农药提高粮食产量。随着化肥、农药的大量使用和品种的改良，加之后来改革开放促进了农业发展，粮食产量不断增长。在此基础上，国家大力发展肉禽蛋奶鱼生产，混合饲料被广泛使用，农副产品供给成倍增加，到90年代后期终于结束了粮食和副食品凭票供应的历史。化肥、农药对增产粮食的作用不可否认，但是其残留物污染了许多地方的水源和土壤，加之工业污染，一些有害物质以微量元素形态渗透到食品中，通过各种食物链传递和富集，最终危及人体健康，甚至对男女生殖能力产生不利影响。

2002—2003年，我国曾发生“非典”疫情，2020年是我国全面建成小康社会的收官之年，新年伊始却发生了较之“非典”更为严重的新型冠状病毒肺炎疫情。这两次重大疫情中，疾病传染范围之大和速度之快，都同疫区人口密度大和流动性强有密切关系。国内一些地质灾害多发区存在人口密集居住的现象，存在重大安全隐患。地震、泥石流和洪涝灾害频繁发生，这固然属于自然灾害，但是大量人员伤亡不能说同人口密集无关。2008年汶川8级地震，造成数十万人伤亡。东南沿海地区特别是京津地区、环渤海地区均属有震地带，大中城市星罗棋布，有的城市横跨断裂带。多数城市的中心城区都是高楼大厦林立，居民高度集中，几乎找不到开阔空地，一旦发生大地震，将极难疏散人口。假如未来某个城市群或大城市发生唐山地震级别的强震，就会存在一次伤亡百万人以上的危险。

地质变化和地壳运动属于自然现象，发生在荒无人烟的地方不会引起灾害，而地表人口分布越广，密度越高，遭受地震等灾害的危险就越大。从中华民族生态安全高度来看，不仅要采取各种必要的预防救灾措施，而且要通过人口适度缩减来降低密度，争取把目前居住在自然灾害多发地带的人口迁移到生态安全系数较高的地方，降低遭到毁灭性灾害的风险。目前全国适宜人口定居的区域多已饱和，应当考虑在本世纪中后期乃至更长时期内实现人口适度缩减，创造条件来调整和优化全国人口分布。

自然无情人有情。当一个国家的人口分布太广，密度过大，接近极限规模时，同其他物种的关系便会失衡，发生包括不孕症在内的各种疾病和遭到地震、泥石流等灾害袭击的概率就会明显上升。作为大自然强制减少人口的手段，自然灾害带来的结果是残酷和无情的，相对而言，虽然社会通过计划生育来自觉调节人口也会付出一些代价，但毕竟是文明进步的表现。

三、坚持推行计划生育是社会主义现代化目标的内在要求

习近平总书记在党的十九大报告中提出，我国将在2020年全面建成小康社会，2035年基本实现社会主义现代化，到本世纪中叶建成富强民主文明和谐美丽的社会主义现代化强国。虽然这一安排没有直接提到人口问题，但是如果从动态中用现代化富强国家指标（包括属于动态的发达国家和高收入国家的指标）来衡量，那么客观上就要求坚持推行计划生育，把人口控制在适当规模。这是因为，要想进入世界前20位左右的高收入国家，就必然要大幅度提升人均收入等指标，进而保持最理想的人口、最充足的资源、最优美的环境。为实现这些远大目标，必须通过几代乃至十几代人坚持不懈推行计划生育，力

争让总人口回归适度区间。从现阶段目标来看，为提高劳动生产率，实现充分就业和共同富裕，迫切要求坚持推行计划生育，实现总人口适度缩减。

(一)坚持推行计划生育是提高劳动生产率的内在要求

劳动生产率直接决定人民收入和生活水平。缩小同发达国家的劳动生产率差距，最终创造比资本主义国家更高的劳动生产率，是我国社会主义现代化目标的重要内容。虽然我国经济总量达到并保持在世界第二位，但是劳动生产率以及由此决定的人均收入还处于世界中等偏上水平。2017 年，我国国内生产总值为 827 122 亿元，年末全国就业人员为 77 640 万人[①]，按就业人员计算的劳动生产率(人均增加值)为 10.65 万元，以现行汇率折算为美元后进行国际比较，大大低于发达国家。从表 3 可见，我国就业人员的人均增加值只相当于美国的 11.47%、英国的 15.14%、法国的 15.33%、德国的 16.71%，虽然按购买力平价折算后比较的差距略小些，但是不会改变我国劳动生产率明显低于发达国家的事实。

表 3　我国与部分发达国家劳动生产率比较

国家	国内生产总值(亿美元)	就业人数(万人)	劳动生产率(美元/人)	中国与别国劳动生产率之比
中国	108 664	77 253	14 065.99	
美国	179 470	14 631	122 664.21	0.114 7
英国	28 488	3 067	92 885.56	0.151 4
法国	24 217	2 640	91 731.06	0.153 3
德国	33 558	3 987	84 168.55	0.167 1

数据来源：国内生产总值为 2015 年数据，就业人数为 2014 年数据。国家统计局，2016，《国际统计年鉴(2016)》，北京：中国统计出版社，第 19—22 页、第 104 页。

通过改进技术和管理来增加产出总量是提高劳动生产率的基本途径，但是发达国家也非常重视改进技术和管理，其劳动生产率从长期看是逐步提高的。如果我国总人口和就业人员不断增长，受资源环境和技术条件的限制，能否创造比发达国家更高的劳动生产率将成为问题。假设我国就业人员保持 2017 年的数量，不再增加，要达到美国 2015 年的劳动生产率，就必须使国内生产总值增长到 95 万亿美元左右，按年均 5%～7%的速度增长，需要 30～40 年。这意味着，我国未来国内生产总值按年均 5%～7%的速度增长，在就业人数不增加的情况下，最快到 2048 年才能使劳动生产率达到美国 2015 年的水平。从目前人口增长态势和生育政策来看，我国就业人数在近期大幅度减

① 《中华人民共和国 2017 年国民经济和社会发展统计公报》，国家统计局，http://www.stats.gov.cn/tjsj/zxfb/201802/t20180228_1585631.html，2018 年 3 月 1 日。

少的可能性很小，美国劳动生产率进一步提高的可能性很大，因此未来几十年恐怕还难以消除两国之间的劳动生产率差距。只要我国加快转变经济发展方式，真正以创新为引领发展的第一动力，经济总量在未来几十年保持5%～7%的年均增长速度是可能的。与此同时，只有坚持推行计划生育，争取总人口适度缩减，相应减少从业人员，才可能使劳动生产率在未来某个时期赶上乃至超过发达国家。

（二）坚持推行计划生育是实现充分就业的内在要求

目前全世界包括美国、加拿大、日本、澳大利亚、西欧和北欧国家在内的所有高收入国家的经济活动人口总和是6亿多人，我国经济活动人口有8亿多人，比全部高收入国家的经济活动人口多出2亿多人。长期以来，国家实施积极扩大就业政策，想方设法增加就业岗位，仍然难以充分满足由总人口增长推动的就业需求。毋庸讳言，在扩大就业与提高劳动生产率之间存在不易调和的矛盾。设想以发达国家水平的劳动生产率来创造我国现有经济总量，只需1亿多就业人员就够了，将产生6亿多剩余劳动力，即使产出总量增长4～5倍，以发达国家的效率来生产，也将产生数以亿计的剩余劳动力。事实上，我国社会存在数以亿计的过剩劳动力，每年城镇登记失业人员在3 000万人左右，隐性失业人员不计其数。

改革开放以来，农村劳动力大批向城镇转移。1998年以来全国净增就业岗位完全由城镇提供，2006—2016年农村平均每年有830万青壮年劳动力到城镇就业。[①] 城镇以高昂代价实行独生子女政策所释放的就业空间，远不足以吸纳农村转移过来的劳动力。农村青壮年劳动力大量外出打工，使得农村人口中老弱病残者比例显著上升，不利于发展现代农业。那些到城镇工作而户籍留在农村的从业人员被称为农民工，一般人就业不稳定，有的处于半失业状态，工资则明显低于有城镇户口的就业人员。在供给侧结构性改革中，一些地方和行业去产能所遇到的最大困难不是淘汰生产设备，而是重新安置下岗失业人员。淘汰落后产能为发展先进产能腾出了市场和空间，但是由此引起大批工人下岗失业却不能完全为先进产能所吸纳。先进产能的劳动生产率较高，发展先进产能所直接提供的就业岗位往往少于淘汰落后产能所裁减的就业人员。不少农民工原籍的土地已经转包出去，回家一时无地可种，有的因为种种缘由而未能重新安排就业，生活陷入贫困。多年来，一些大学的毕业生初次就业率只有70%左右，每年全国有上百万大中专学生在毕业当年找不到工作。这里有学用专业不吻合、就业信息不对称等问题，人口多，使得劳动力总体上供过于求是最根本的原因。

一些发达国家正在推进以智能化生产为特征的新工业革命，我国不甘落

---

① 数据来自国家统计局，2017，《中国统计年鉴(2017)》，北京：中国统计出版社，第99—101页。

后，正在努力从跟跑并跑转向领跑并跑。新工业革命无疑会创造一些新就业机会，但是大量使用机器人来取代人工操作，直接结果是减少就业岗位。在这种背景下，如果我国全面放开生育，经济活动人口势必在 8 亿人基础上进一步增加，有可能陷入两难境地：要么为实现充分就业而限制劳动生产率提高，要么为提高劳动生产率而造成数亿人显性和隐性失业。因此，只有坚持推行计划生育，争取总人口适度缩减，才可能统筹兼顾提高劳动生产率和实现充分就业。

（三）坚持推行计划生育是实现共同富裕的内在要求

实现全体人民共同富裕是中国特色社会主义发展的长远目标。按照党的十九大安排，我国将在本世纪中叶基本实现共同富裕。不同的历史时期对富裕有不同的标准，用新中国成立之初的标准衡量，现在多数人可以算富裕了。用现在的标准衡量，多数人只是小康，不算富裕，还有数千万贫困者。到本世纪中叶可能有新的富裕标准，那时人均收入和生活质量应当高于现在的水平。表 4 反映了 1990—2015 年我国与世界不同发展水平国家的收入比较，从中可以看出，这期间我国人均国民总收入年均增长 13.5%，2015 年达到中等偏上水平，但是只有世界平均水平的 75%和高收入国家的 18.9%。与此同时，高收入国家人均国民总收入年均增长 3.24%，未来从总体上还将继续提高。假设 2017—2050 年期间我国人口自然增长率为 5‰，国民总收入年均增长 6%，按 2018 年人民币兑美元的汇率折算，2046 年人均国民总收入将达到 4.1 万美元，即高收入国家 2015 年的水平，2050 年超过 5 万美元，届时高收入国家的人均收入势必达到新的高度，同我国拉开新的差距。如果我国总人口不能适度缩减或缩减太慢，人均收入就难以赶上发达国家，因而也就难以实现高水平的共同富裕。当然，共同富裕不能只看人均收入，更要看平衡充分发展水平和实际分配公平程度，但是，如果我国到本世纪中叶的人均收入依然明显低于当时的高收入国家，资源环境因人口大幅度增长而出现明显退化，那么社会主义制度的优越性将难以充分显示出来，宣布实现共同富裕也许会感到底气不足。

表 4　　1990—2015 年我国与不同发展水平国家人均国民总收入比较　　单位：美元

国别与等级	1990 年	2000 年	2005 年	2010 年	2015 年
世界平均	4 192	5 441	7 308	9 360	10 437
中国	330	930	1 750	4 300	7 820
高收入国家	18 619	25 619	34 473	39 538	41 366
中等收入国家	834	1 166	1 824	3 571	4 866
低收入国家	293	230	306	502	964

数据来源：国家统计局，2016，《国际统计年鉴（2016）》，北京：中国统计出版社，第 27 页。

新时代我国社会主要矛盾是人民日益增长的美好生活需要和不平衡不充分的发展之间的矛盾。这个主要矛盾的两极都同人口直接相连。一方面,人民日益增长的美好生活需要是由人口增长和人均需要共同推动的;另一方面,不平衡不充分的发展也和人口密切相关,不同区域和城乡人口质量数量差异是造成发展不平衡不充分的重要原因。只有坚持推行计划生育,使总人口适度缩减,至少不因人口总量持续增加而引起需要过度扩张,才能通过提高人均收入和消费水平来满足人民的美好生活需要。

四、我国总人口回归适度区间的可能性和前景

如果未来一百年内我国在持续发展社会生产和各项事业的同时,使总人口回归适度区间,从根本上消除人口对资源、环境、就业和生活质量等方面的压力,就能较快地让人民的富裕程度达到甚至超过发达国家,从而建成发达社会主义国家。这是非常必要的,也是充分可行的,应当确立为中国特色社会主义事业发展的一项重大历史任务。

(一)我国总人口超越适度区间后的回归问题

国内外人口学界的长期研究表明,一个国家的资源环境条件从客观上规定了总人口的适度区间,在这个区间内通过经济社会发展能够获得最大福利而不引起环境退化,从而实现可持续发展。世界各国总人口分别有自己的适度区间,有些国家如俄罗斯、加拿大和澳大利亚的总人口尚未达到适度区间的下限,有些国家如美国、巴西的总人口可能正处于适度区间,另有一些国家如印度和我国的总人口已经突破了适度区间的上限,也就是超过了适度人口。

从孙本文、宋健、田雪原、毛志锋、程恩富等学者先后半个多世纪的研究结论来看(马寅初在20世纪50年代就主张中国适度人口为6亿),我国总人口增长经历了从原来小于适度区间的下限到进入适度区间,再到突破其上限进而超越适度区间的变化(郑志国,2018)。综合各种意见,可以认为我国总人口的适度区间下限和上限分别为5亿人和10亿人,理想人口处于5亿人以上和10亿人以下的某个中位值。据此判断,2019年我国总人口超出适度区间上限大约4亿人。目前我国资源环境问题突出,经济总量达到世界第二时人均收入依然远低于少数发达国家,可以说是总人口超过适度区间的后果。但是如果我国依照宪法规定坚持推行只允许二孩的计划生育,有可能在本世纪后期或22世纪初期使总人口回归并稳定在适度区间。

(二)我国总人口回归适度区间的步骤和前景预测

随着我国人口老龄化程度的逐步提高,死亡率缓慢上升,只要在足够长的时间内使出生率低于死亡率,就会引起总人口减少。通过长期推行计划生育

使总人口回归适度区间的整个进程大体分为三步:第一步是缩小出生率和死亡率之差,逐步使二者相等,实现人口零增长;第二步是在一定时期内保持出生率低于死亡率,总人口逐步减少,直至回归适度区间;第三步是当总人口少于适度区间的上限后,根据出生率和死亡率变化适当提高出生率,使之重新等于死亡率,在动态中保持出生率和死亡率平衡,从而使总人口稳定在适度区间。

根据国家统计局公布的数据和相关调查资料,我们研究了全面实行二孩政策背景下,我国总人口在 2015—2105 年回归适度区间的可能性。目前育龄妇女中约有 10%左右的人不能生育或因故不生育,除这部分人之外,假设全部育龄妇女 100%生育 2 孩、不生育 3 孩,在这种条件下,总人口将在 2075 年减少为 10.8 亿人,2105 年减少为 8.89 亿人,见表 5。实际上,城乡不同家庭育龄妇女生育情况有很大差别,只要总和生育率低于更替水平,总人口就会缩减。当未来总人口出现负增长之后,缩减到接近适度区间上限时,可以完全放开生育,必要时还可以实行一定力度的鼓励生育的政策。

表 5　　2015—2105 年前我国总人口适度缩减进程　　单位:万人

时　期	期初总人口	生育人口	死亡人口	期末总人口	增减(%)
2015—2030 年	137 462	24 594.70	14 378.53	147 678.17	7.43
2031—2045 年	147 678.17	18 960.85	25 925.33	140 713.69	−4.72
2046—2060 年	140 713.69	19 611.78	33 870.64	126 454.83	−10.13
2061—2075 年	126 454.83	15 035.78	33 032.12	108 458.49	−14.23
2076—2090 年	108 458.49	14 783.91	22 213.86	101 028.54	−6.85
2091—2105 年	101 028.54	11 835.16	23 929.26	88 934.44	−11.97

数据来源:郑志国,2018,中国总人口适度缩减方案和风险防控,《广东行政学院学报》,第 4 期。

(三)我国总人口跌破适度区间下限的风险及其预防

人类生育行为是由遗传基因和社会条件共同决定的,社会对人类生育行为的合理调节不会改变生育本能。现代生物学研究表明,正常人的遗传基因在适宜条件下能够自我复制和保存。当人体发育成熟后,体内会分泌各种激素并出现生理反应,形成生育要求,在不受外部因素干预条件下会引起生育行为。一对夫妇最终选择生育多少,取决于自然、社会、家庭和个人条件。少数人为了本代享乐而选择不育,在社会适当调节下不可能成为多数人的选择。尽管世界上有些国家已经出现人口负增长,还有些地广人稀的国家总人口尚未达到适度区间的下限,但是有史以来没有一个国家因为人们不愿意生育而引起总人口跌破适度区间的下限。

我国总人口的适度区间有很大的容量和跨度，从现有人口总量缩减到适度区间上限最快也要半个多世纪。在此期间，国家将实现社会主义现代化，科学技术进步特别是医学发展将提供更多有利于优生优育的手段，人口质量将逐步提高，生育观念也会发生新变化。这些将为应对总人口适度缩减中可能发生的各种问题提供必要手段。国家可以在高度信息化基础上建立完善的人口和生育监测系统，一旦发现总人口缩减过快，可以及时采取多种措施加以调节。

除印度之外，各国现有人口均少于我国人口适度区间下限即5亿人。美国和巴西的总人口分别为3亿多人和2亿多人，加拿大和澳大利亚的总人口分别只有几千万人。这些国家的人民总体上享有优美的生态环境和富裕的生活条件，均未发生人口安全问题。如果我国总人口缩减到适度区间上限即10亿人后未能及时停止负增长，那么减少到5亿人至少还需要半个世纪，有足够时间采取多种措施使之重新回升。我国总人口回归适度区间不仅是利国利民的好事，而且有助于缓解世界总人口对地球生物圈的压力，为实现全人类可持续发展做出贡献。

五、新时代依照宪法规定坚持推行计划生育的建议

虽然我国推行计划生育已有几十年实践，取得了明显成效，但是我国人口回归适度区间依然任重道远。从前面的分析来看，我国宪法第二十五条规定内容不仅没有过时，而且对新时代坚持推行计划生育、实现人口适度缩减具有特别重要的意义。据此，下面提出几点建议。

(一)维护宪法尊严，认真执行人口和计划生育法

《中共中央关于全面推进依法治国若干重大问题的决定》指出："宪法是党和人民意志的集中体现，是通过科学民主程序形成的根本法。坚持依法治国首先要坚持依宪治国，坚持依法执政首先要坚持依宪执政。全国各族人民、一切国家机关和武装力量、各政党和各社会团体、各企业事业组织，都必须以宪法为根本的活动准则，并且负有维护宪法尊严、保证宪法实施的职责。一切违反宪法的行为都必须予以追究和纠正。"[①]既然我国宪法和法律明确规定国家推行计划生育，那么在全面依法治国背景下，不应在宪法第二十五条依然有效的情况下先行删除专项法规中的计划生育条款，各地区不能出台与宪法和有关法律相抵触的生育政策。随着人口形势发展，人口和计划生育法的某些条款内容可以修改，但是多数条款特别是一些基本原则对新时代坚持推行计划

① 《中共中央关于全面推进依法治国若干重大问题的决定》，人民日报，http://politics.people.com.cn/n/2014/1028/c1001－25926121.html，2014年10月28日。

生育是适用的。公民有权在适当范围内探讨国家人口发展战略和生育政策，通过一定途径表达个人意见，但是不应公开发表与宪法和法律相抵触的反对计划生育的言论。

原国家卫生和计划生育委员会撤销后，计划生育管理和服务职能由新组建的国家卫生健康委员会承担。新机构对计划生育管理来说至少在名义上降格，希望能够依法积极履行计划生育管理职责，使之不受削弱。有些人口大省和中心城市计划生育工作任务繁重，可以考虑组建卫生健康和计划生育委员会，即保留计划生育委员会的名义，以便加强和改进计划生育工作。

（二）制定同第二个百年目标相适应的长期人口发展战略

2020 年我国实现第一个百年目标即全面建成小康社会之后，将继续为实现第二个百年目标而奋斗，开启全面建设社会主义现代化国家新征程。在认真实施 2016—2030 年人口发展规划的同时，有必要制定同第二个百年目标相适应的更加长远的人口发展战略。建议国家组织力量全面研究我国第二个百年目标中的人口资源环境和经济社会发展问题，开展对总人口适度缩减的必要性和可行性专项研究，从国家层面确立总人口回归适度区间的战略目标任务。争取在 2020 年前后相继制定“十四五”规划和人口发展新规划，做好经济社会发展和人口适度缩减配套衔接的战略安排。

我国拟在 2020 年进行第七次人口普查，这可能受到新型冠状病毒肺炎疫情的影响。如果这次疫情能够在上半年消除，则人口普查可以顺利进行。但是应注意人口大规模流动中出现的新问题，有针对性地提出可行的普查措施，争取获得高质量的人口数据，为制定科学的人口发展战略提供可靠依据。

（三）调整和完善计划生育政策，改进服务

在总人口回归适度区间过程中，国家可以在高度信息化基础上实行精准有效的人口调节政策。过去在特定历史条件下，城镇实行独生子女政策，农村实行一孩半政策，现在全面实行二孩政策，将来还可能实行其他生育政策，只要不是自由生育，则都属于计划生育的具体政策，不能因为调整具体政策而否定计划生育基本国策。

为保证我国总人口安全回归适度区间，在全面实行二孩政策过程中，应当严格限制三孩及以上生育行为。符合规定条件的人在生育二孩之后要求再生育的，应当严格审批；未经批准自行生育的，应给予适当处罚。有必要对独生子女家庭继续给予奖励和补贴，建立失独家庭国家较高的补偿制度和无生育家庭的特殊照顾制度，保证这些家庭的人口老有所养。

从长计议，国家可以做好鼓励生育和限制生育的两套政策储备。这两套政策分别带有顺本能和逆本能性质，将来在必要时鼓励生育的难度应当小于现在限制生育。目前有些育龄夫妇因为遇到暂时困难而尚未生育二孩，由此断言鼓励生育难于限制生育是不足为据的。随着试管婴儿和克隆技术的发展，未来鼓励生育不仅有多种经济社会手段，而且有可靠的技术支撑。

加强同人类生殖相关的医学和生物技术研究，警惕和预防环境污染引起生殖基因发生不利于健康生育的突变。面对俄罗斯全面禁止种植和进口转基因作物和食品，以及全球科学家的激烈论争，我国对于转基因食品应当慎重对待，切忌贸然推广食用。卫生部门和医疗机构要更加重视并组织力量积极防治生殖疾病，遏制不孕症上升势头。

(四)预防和化解总人口适度缩减对经济发展可能产生的负面影响

一个国家的总需求等于总人口乘以人均需求量，当总人口减少时，如果人均需求量不变，总需求就会下降，这可能影响经济发展。我国总人口从现在的数量回归适度区间后将减少数亿人，累计对总需求的影响很大，但是这个过程至少将持续半个世纪，对总需求的影响可以逐年释放和化解，不会积累到难以应对的程度。当总人口开始缩减后，每年因为人口减少所引起的总需求收缩可以通过提高人均消费水平来补偿。目前我国人均消费水平同发达国家相比并不高，增加人均收入和提高消费水平存在较大潜力，人均需求量增加足以弥补总人口缩减的影响，从而保持总需求和总供给平衡。重大基础设施在近期依然可以按照现有人口来规划建设，今后随时间推移应当充分而周密地考虑人口缩减问题。现有铁路、公路、住房和其他基础设施在经过半个多世纪乃至上百年使用后，大都达到设计寿命，将来可以根据人口缩减后的总需求来决定是否拆除或重建。

总人口回归适度区间后将腾出巨大空间，一部分可以重新绿化，一部分宜居地区则可以用来迁移那些地震和泥石流等灾害多发地带的人口，从而调整和优化全国人口布局，为中华民族永续发展创造有利条件。目前一些乡村人口外迁后出现大片荒芜土地和闲置宅基地，所属城镇组织将其绿化后异地置换建设用地，这种做法值得总结推广，可以为将来总人口缩减后居住空间置换积累经验。

总人口适度缩减能够消除剩余劳动力，从根本上缓解就业压力，为提高劳动生产率创造有利条件。如果某些领域出现劳动力供给不足，可以通过推广应用新技术和调整就业结构予以弥补。目前有些落后产能依赖劳动力低成本而维持生存，应当逐步有序淘汰，不能让落后产能和低素质劳动力长期共存来束缚乃至拖延我国现代化步伐。

(五)正确处理坚持计划生育和应对人口老龄化的关系

如前所述，过去几十年我国人均预期寿命延长了20多岁，这使总人口中的老龄人口逐步增加，出现了照搬旧划分年龄段的所谓老龄化。2016年我国65岁及以上人口为1.5亿人，占总人口的10.8%，高于国际上流行的7%的老龄化界限。这是人民生活水平提高和人均寿命延长的结果，是社会进步的表现，没有理由归咎于计划生育(古巴是世界上人均寿命最长的前二三位国家，其“未富先老”与印度的“未富未老”相比，是社会主义制度优势的重要表现)。诚然,推行计划生育累计少生育大约 4 亿人,缩小了计算老龄人口比例的分母,但是人均寿命延长必然引起老龄人口增加,同计划生育没有直接联系。这就是为何西方发达国家均没有实行计划生育,而几乎全部进入老龄化社会的缘故。假设不实行计划生育,2016 年的总人口大约是 17.83 亿人,同期 65 岁以上人口比例仍将达到 8.4%。实行计划生育的结果是 13.83 亿总人口和 10.8%的老龄人口比例;不实行计划生育的结果是 17.83 亿总人口和 8.4%的老龄人口比例,虽然比前一种结果低 2.4 个百分点,但是总人口却多出 28.92%。这样人均收入降低会抵消老龄人口比例降低的效果,社会养老负担不会更轻。我国历史地选择了前一种结果,为实现“两个一百年”目标创造了必要条件,因而是完全正确的,否则,根本无法在 2020 年全面实现小康社会。

通过放开生育来增加总人口,可以增大计算老龄人口比例的分母,延缓这个比例的上升。这在一些人看来可以减轻老龄化总负担,完全是一种错觉。全面放开生育会增加总人口,却不会阻止人均寿命延长和老龄人口增加。当老龄人口数量和国民总收入一定时,增加总人口在降低老龄人口比例的同时会减少人均收入,并不能增强社会养老能力。在传统农业社会主要依靠人力创造财富的时代,当资源供给充足时,总人口中的年轻人越多,养老负担就越轻。现代社会财富增长主要取决于科技进步,当总人口已经过多时继续增加,通常不能相应增加总财富,反而会加大就业压力和对财富的除数效应,无助于减轻养老负担。

目前我国正在建立本代自我积累养老制度,新生劳动者从就业之初就参加养老保险而为自己养老做准备,就养老经费来源而言,将来基本上不依赖后代供养前代。从我国居民的健康状况来看,大多数人从 60 岁到人均预期寿命之前的生活不仅能够自理,而且还普遍承担了帮助子代抚养孙代的义务,在经济上给予后代很多资助。当高龄人生活不能自理时,的确需要他人照顾和护理,这些老人占总人口的比例很低,可以通过家庭赡养、互助和养老院相结合来提供养老护理直至送终。老龄人口年龄跨度较大,必要时可以组织 65—69 岁有工作能力的人,帮助照顾 70 岁及以上生活不能自理或困难较大的人,并把从事这种照顾记为前者满 70 岁之后优先获得照顾的条件。再加上非老龄专业护理人员的管理,就可以构建老龄人自我照顾和社会护理相结合的护老体系,不会普遍出现几个老人依赖一个子女养老的情况。与流行的书生议论相反,现在更常见的情况是几个老人帮助抚养一个孩子(孙代),而不是一个子女照顾几个老人。总之,我国应对老龄化和老年人福祉有多种可行办法,设想放开生育来增加总人口以稀释老龄人口,必然使本来可用于改善老年人生活的家庭和国家支出被迫用于生育和抚养多孩,直接降低老年人的生活质量,因而弊大于利,实不可取。

(六)做好新时代坚持推行计划生育的舆论导向工作

在拥有 14 亿人口的国家推行计划生育是史无前例和举世无双的复杂系

统工程，不可能一帆风顺。由于人们所站的立场、所持的观点和所用的方法不同，对我国人口和计划生育有不同看法是不奇怪的。社会上流传的否定和反对计划生育的言论来自多方面，大体有以下四种情况。

第一，有些人关注人口变化和生育政策，主要从西方自由生育、“两个小孩有个伴”的家庭生活、片面应对老龄化等层面看问题，未能统筹考虑我国人口资源环境条件，较快提升人均生活水平等经济社会发展目标，他们反对坚持推行计划生育的认识带有很大片面性。例如，有些言论主张向不生育者征税，以某种方式补给多生者，既脱离国情，也不合民意，在媒体发表后理所当然遭到广大群众的反对。①

第二，有些过去违反计划生育政策超生而受到处罚的人，一直对计划生育政策和自己所受处罚不满，得知国家调整生育政策，看到前一类人发表的言论，通过网络和微信等渠道发泄内心的不满，在某些场合声讨和控诉计划生育，要求给自己超生处罚平反和赔偿。这些人反对计划生育一般讲不出什么道理，但是他们往往在网上点赞别人否定计划生育的言论，围攻主张坚持计划生育的观点，并大量转发相关网文，社会影响不可低估。

第三，部分高收入者急于多生，有的人过去通过包二奶等非法行为已经生育多孩，至今隐姓埋名，不敢公开认亲。这些人现在急盼国家尽快取消限制生育的政策，好让他们自由生育，繁衍大家族，他们是最拥护全面放开生育的人群。

第四，西方媒体和敌对势力长期以来利用他们所掌握的话语权，攻击我国人口政策，说计划生育侵犯了人权。西方某些媒体渲染和夸大我国人口老龄化，说这是推行计划生育埋下的定时炸弹，乐见我国人口膨胀而延误现代化。过去我国经济总量在世界上的排名靠后，一些西方国家对自己经济总量排名靠前津津乐道，随着我国经济总量跃升世界第二，这些国家感觉再搞总量排名没有意思，转向强调人均收入排名，但是在环境问题上依然强调排放总量，不看人均排放水平。人均收入不高和环境污染较重已经成为西方媒体对我国的两个攻击点。如果我国现在全面放开生育，任凭自由生育，总人口用不了多久就会突破极限规模，届时为保护生态环境和实现社会主义现代化目标，国家将不得不重新对生育实行严格限制。这种反复会损害党和政府威信，引起群众不满，西方敌对势力也会抓住我国人口资源环境问题大肆进行攻击。

鉴于国内外否定和反对计划生育的言论背景多样化，我国主管部门、学界和主流媒体有责任引导社会舆论，辨明是非，不要让一些错误言论阻挠新时代我国依照宪法规定坚持推行计划生育。

---

① 刘志彪、张晔，提高生育率：新时代中国人口发展的新任务，《新华日报》，2018年8月14日。2018年8月17日央视网：《“设立生育基金制度”是一项荒唐的建议》。

参考文献

[1]程恩富,2010,《激辩“新人口策论”》,北京:中国社会科学出版社,第 19 页。

[2]程恩富、高建昆,2007,建设现代化经济体系 实现高质量发展,《学术研究》,第 12 期。

[3]黄荷凤、王波、朱依敏,2013,不孕症发生现状及趋势分析,《中国实用妇科与产科杂志》,第 9 期。

[4]张文驹,2007,《中国矿产资源与可持续发展》,北京:科学出版社,第 117 页。

[5]郑志国,2018,中国总人口适度缩减的百年目标,《岭南学刊》,第 3 期。

Insisting on Implementing Family Planning Policy in Compliance with China's Constitution

Zheng Zhiguo　Cheng Enfu

Abstract In the new era, it's imperative to insist on implementing family planning policy in compliance with China's constitution, striving for the return of China's gross population to a moderate range so as to fundamentally alleviate the pressure on resources and the environment and create the necessary conditions for achieving the goal of socialist modernization and sustaining the Chinese nation's development. If China completely turn to a full relaxation of the family planning policy, the gross population is rather likely to break the limit scale by the middle of this century, which is unacceptable to China's resources and environment and its goal of socialist modernization. It is well feasible to implement scientific population planning and strict laws and policies to rationally guide, regulate and adjust people's reproduction behavior so that the gross population returns to a reasonable range. Therefore, more efforts should be paid to develop a long-term population development strategy that is compatible with the second centenary goal, actively prevent and resolve the pressure caused by the reasonable population shrink on economic development, correctly handle the relationship between insisting on the family planning policy and coping with population aging, and well guide the public opinion of insisting on implementing the family planning policy in the new era.

Key words Family Planning Policy　Population　Constitution　Modernization

《易经》视域中的“天人合一”与学以成人①
——兼论“新马克思经济学综合学派”以“国学为根”

卢根源

内容提要　“天人合一”是中华文化的本质内涵,也是马克思主义文化的本质内涵,因此,马克思主义文化源于中华文化。马克思运用“天人合一”的文化哲理,批判了资本主义私有制条件下的利己经济人,揭示了由利己经济人向利己利他经济人转化是人类社会发展的必然规律。《易经》是国学之根,其核心思想“天人合一”的文化哲理孕育了中华民族精神。马克思主义经济学以“国学为根”既深刻地蕴含了《易经》视域中“天人合一”的丰富内容,又深刻地揭示了马克思主义文化与中华文化的渊源关系。这对于化解把马克思主义文化与中华文化对立的思想所蕴藏的风险具有重要的战略意义。

关键词　易经　天人合一　中华文化　马克思主义文化　国学为根　学以成人

中图分类号　F276

笔者在《海派经济学》2018 年第 4 期发表的《人的本质与人类命运共同体》一文中,从马克思经典著作的“天人合一”视域中,研究了我国著名经济学家程恩富教授提出的马克思主义经济学五大理论假设,其中包括马克思主义经济学利己利他经济人假设。该文指出,马克思主义经济学五大理论假设有中华文化的源头《易经》的根基,“天人合一”是其哲学基础,具有“天人合一”哲学观念的利己利他经济人才符合人的本质,才能构建人类命运共同体;与此同时还指出,利己利他经济人也就是“天人合一”的人(卢根源,2018)。另外,笔者在《河北经贸大学学报》2016 年第 5 期发表的《〈易经〉是马克思主义生态思想的理论来源研究论纲》一文中认为:“马克思主义的生态思想所蕴含的‘天人合一’的哲学观念,是《易经》的哲学观念,而不是西方传统的‘主客二分’‘天人对立’的哲学观念,这有力证明了《易经》是马克思主义生态思想的理论来源。”

收稿日期:2019—10—27

作者简介:卢根源,江西省社会科学院马克思主义研究部研究员,主要研究方向为马克思主义与中国传统文化。

① 笔者的研究,得到我国著名经济学家、北京大学经济学院王志伟教授的关心和教导。在此,特向尊敬的王老师致以崇高的敬意和衷心的感谢!

在《海派经济学》2016年第3期刊发的《马克思主义经济学利己和利他经济人假设的证明及其现实意义》一文中，通过《易经》的阴阳理论和中国特色社会主义致富实践过程，证明了马克思主义经济学利己利他经济人假设的正确性，并由此提出和初步研究了中国特色社会主义科学富裕观（卢根源，2016b）。因此，正是利己利他经济人所具有的“天人合一”的哲学观念，能让我们认识马克思主义经济学五大理论假设有中华文化的源头《易经》的根基，以及能让我们认识《易经》是马克思主义生态思想的理论来源；而中国特色社会主义科学富裕观，蕴含着利己利他经济人所具有的“天人合一”的哲学观念。由此可见，“天人合一”是笔者进行这些研究的切入点，也是把这些研究联系起来的机制；而“天人合一”是《易经》的核心思想。为此，基于这些研究，笔者认为，也需要回到《易经》——中华文化的源头，从《易经》这部经典著作的“天人合一”的视域中，进一步深入研究“天人合一”的人，并由此揭示马克思主义经济学以“国学为根”的丰富内涵及其重要性。

一、《易经》揭示的宇宙天、地、人三大要素中的人是具有仁义之人性的利己利他经济人，而处在天、地之间的利己利他经济人必然会形成天地之间、天人之间、地人之间、人与人之间不可分割的相互依存的生存状态。这种“天人合一”的自然合理的成人的相互依存的生存状态，彰显着科学富裕的经济的整体思维和经济科学的思想内涵

《易经》是一部治国富民的生态学经典著作。它揭示了阴（— —）、阳（—）两种力量的相互作用，是宇宙万物产生、运动、变化的根本力量，是宇宙万物衍生的根本规律。因此，自然、人类社会虽然变化无穷、奇妙复杂，而阴阳却是其构成的最基本元素。这样，只要把握了阴阳之理，就可以究天人之际，通古今之变。由此可见，易喻阴阳。正因为这样，《易经》以观象比类为研究方法，选取大自然中的八种自然现象“天、地、雷、风、水、火、山、泽”作为研究对象，结果发现“易有太极，是生两仪，两仪生四象，四象生八卦，八卦定吉凶，吉凶生大业”①。由此可见，“生”揭示了宇宙万物以阴阳为基因的生成关系。因此，《易经·系辞上》给出了何以为“易”的定义，这就是：“生生之谓易”。这样，“兼三才而两之，故六”②，八卦重叠又生成六十四卦，以进一步具体揭示宇宙天、地、人三大要素之间的本质联系及变化关系。在这变化过程中，《易经》以《乾》卦

① 《易经·系辞上》。
② 《易经·系辞下》。

作为六十四卦之首，象征“天”，揭示“阳”元素之特性及其发展变化规律。在六十四卦的排列中，《坤》卦与《乾》卦相对应，象征“地”，揭示“阴”元素之特性及其发展变化规律。因此，《乾》《坤》两卦相对应，意蕴深刻，其中蕴含着《乾》纯阳，《坤》纯阴，两者互为包容、互为转化；纯阴之时——阳生，纯阳之时——阴生，阴中有阳，阳中有阴，阴阳永远作为一个整体而存在，并由此而揭示阴阳两种力量的交互作用，是在统一的整体中的交互作用，如果阴阳分离，就意味着整体的瓦解和生命的死亡。这样，其他各卦都是《乾》《坤》两卦的展开，是“阴”“阳”在各个发展阶段的变化。由此可见，阴阳有这样的特征：一是阴阳是相对的；有相对才有阴阳，不是绝对地说这个肯定是阳，那个肯定是阴。二是阴阳是变化的；阴阳正是变化的，阴阳才是相对的。三是阴阳是合一的；阴阳虽是变化的，但阴阳是不能分离的，它们形成统一的生命整体。正因为《乾》《坤》两卦如此重要，所以《乾》《坤》被称为“易之门”“易之蕴”。于是，《易经·系辞上》说：“乾坤毁，则无以见易；易不可见，则乾坤或几乎息矣。”既然《乾》象征“天”、《坤》象征“地”，就会有《乾》《坤》的不同功能和作用。为此，《易经》在《乾》卦中对此揭示道：“大哉乾元，万物资始，乃统天。”《易经》在《坤》卦中同样对此进行了揭示：“至哉坤元，万物资生，乃顺承天。”由此可见，《乾》的功能和作用在于“万物资始”，《坤》的功能和作月在于“万物资生”。也正因为这样，《易经·说卦传》视《乾》《坤》两卦为父母卦：“乾，天也，故称乎父；坤，地也，故称乎母。”既然这样，那么，在宇宙天、地、人三大要素之间，“人”的功能和作用又是什么呢？

统观八卦和六十四卦，我们可以发现，八卦象征大自然，以揭示“有天地，然后万物生焉，盈天地之间者唯万物”。因此，“天地之大德曰生”。八卦重叠生成六十四卦，象征的意义更为丰富而深刻。《易经》在《序卦传》中的描述，可以帮助我们对这丰富而深刻的象征意义的认识和理解。“有天地然后有万物，有万物然后有男女，有男女然后有夫妇，有夫妇然后有父子，有父子然后有君臣，有君臣然后有上下，有上下然后礼义有所措。”《序卦传》中的这一描述，给我们展现了丰富而深刻的象征意义中的以阴阳为基因的万物生成与演化的一幅自然历史画卷。当然，更为丰富而深刻的象征意义，总的说来，是要揭示“六者，非它也，三才之道也”。这“三才”就是指宇宙天、地、人三大要素。因此，《易经》在《说卦传》中说：“昔者圣人之作易也，将以顺性命之理，是以立天之道曰阴与阳，立地之道曰柔与刚，立人之道曰仁与义，兼三才而两之，故易六画而成卦。”这样，《说卦传》不仅指明了“三才之道”的实际内容，而且由此揭示了“人”的功能和作用。那么，怎样来由此而认识和理解“人”的功能和作用呢？首先，回到《乾》《坤》两卦。《乾》《坤》两卦代表天、地，并视天、地为父、母，意蕴深刻。由“有天地，然后万物生焉”，我们可以深刻认识到天、地本是以发育生长万物为功能的，因此，发育生长万物便是“天地之大德”。“万物资始”深刻地揭示了万物的生命是由天而来的，因此，天是生命之源。而地之厚，既能够“生物”，也能够“载物”，因此，地是一切生命得以存在的基础。这样，“万物资生”，深刻地揭示了万物的生命是由地而生成的。也正因为这样，《易经》视天、地为父、母，并由此而赋予天、地的生命意义及由此而彰显的德性。这也就是《易经》“自然观”的特点。而在“三才”中，“人”处于“天”和“地”之间，意味着人的生命源于天、存于地，人是天、地所生万物中的一员，天、地既是人的生命存在之源，又是人的生命意义和价值之源。因此，人作为天之所“始”、地之所“生”，只不过是天、地所生万物中的一个组成部分。它说明，人与天、地本来是不能分离的统一的整体；人离了天、地，还有什么生命？天、地离了人，还有什么意义？因此，天、地、人是合一的，人之仁义与天之阴阳、地之柔刚是一种生命的相互关系。然而，我们又必须认识到，人与其他万物不同，因为人是有理性的，能“顺性命之理”，承“天之道”“地之道”而立“仁与义”的“人之道”。因此，人在天、地之中，能彰显出其特殊的“仁与义”的功能、地位与作用，从而实现天、地在生万物时所赋予人的“大德”。这就说明，“德”不只是个人的德性，而要施之于万物，就像天、地即自然界的雨露一样，使万物得到它的润泽。因此，由人之仁义与天之阴阳、地之柔刚是一种生命的相互关系可知，仁义之人性与阴阳、柔刚之“自然性”(天性)的不可分离，进而说明“仁义”的人之德性与目的，就其最初根源而言是由天、地即自然界赋予的，但“仁义”要真正成为人的“德性”，即人性，则只能靠人自己去实现。这也就说明，人的功能与作用，离不开天、地的功能与作用，人之所以能够与天、地并立成为“三才”之一，固然是由于人具有“仁与义”的特殊地位，但这种特殊地位是由天、地赋予的，这样人便同时负有实现“仁与义”的责任和使命。而天之阴阳在于“始万物”，地之柔刚在于“生万物”，由此推天道、地道而明人道，《易经》在《泰》卦中指出，人道在于“裁成天地之道，辅相天地之宜”。具体而言，人之仁义在于“成万物”。因此，天、地、人三者虽各有其道，但由“始万物”“生万物”到“成万物”，又可知天、地、人三者是相互联系、相互对应的辩证关系，而这种关系是一种内在的生成关系，并由此而彰显出来的实现原则。天、地之道是生成原则，人之道则是实现原则。由生成原则与实现原则的辩证统一，才能实现天、地、人的真正统一。这种天、地、人的真正统一说明，人与天、地之间，不只是认识主体与认识对象之间的关系，而是由一种内在的生成关系而成为的有一种内在的生命联系。正因为这样，《易经》在《乾》卦说：“乾道变化，各正性命。”《易经》在《文言》中说：“利贞者，性情也。”“乾道”是指天道，天道生生不息就内在于人而存在，成为人之“性命”、人之“性情”，具体而言就是仁义。也正因为这样，《乾》卦说：“天行健，君子以自强不息。”《坤》卦说：“地势坤，君子以厚德载物。”它说明，人不仅仅是效法天、地之道，而是要把天道、地道化成了人的内在需要，以至于成为人性，从而在人性中彰显出天道、地道。这就是《易经》所揭示的“天人合一”，及由此而所期望的人应成为“天人合一”的人！

“天人合一”是《易经》的核心思想，彰显着《易经》的有机整体观和唯物辩证法思想，是中华民族的祖先在“究天人之际”，并在回答这个问题时形成的思想精华，是《易经》阴阳理论在“究天人之际”时的运用和体现。“天人合一”中的“天”，是指有大德的天、地，也就是生生不息的自然界；“人”是指人类，也就是实现了仁义之德性的具有人性的人。因此，所谓“天人合一”的境界，是指人与自然界的生生之德完全合一的存在状态；人之所以要成为“天人合一”的人，是因为人应与天、地和谐相处，实现生命的意义与价值。正因为这样，《易经》把这种“天人合一”的人称为“大人”“圣人”“君子”，并在《文言》中指出：“夫大人者，与天地合其德，与日月合其明，与四时合其序。”依据《易经》的这种有机整体观和唯物辩证法思想可知，“天人合一”中的“人”，不是孤立的人，而是处在人与自然、人与人关系之中的有着内在的生命联系的人。由此可见，人是这样的“类”的存在，而人与自然、人与人的关系，是“类”的基本框架和结构，也是“天人合一”的基本框架和结构。因此，人与自然、人与人的内在的生命联系是“天人合一”的基本含义，也是人类的基本含义。在这样的含义中，人类必然是命运共同体。《易经》所期望的人应成为“天人合一”的人，就是在这样的基本框架和结构中的人，也是这种含义的人。换个角度讲，《易经》是希望人们通过学习《易经》，成为这样的基本框架和结构中的“天人合一”的人；而“天人合一”的人，也就是利己利他经济人。由此可见，“天人合一”揭示着人不是孤立的人，而是与天、地一起形成生命共同体的整体中的人。而这种整体中的人必然会产生和形成天地之间、天人之间、地人之间、人与人之间不可分割的相互依存的辩证关系，及由此而产生和形成和谐共生的相互依存的生存状态。这是《易经》所赋予“天人合一”的生态含义，也是《易经》所赋予经济的整体思维，以及《易经》所赋予经济科学思想的内涵。正因为这样，著名易学家杨力教授指出“《易经》的生态平衡是动态的阴阳平衡”（杨力，2008a）。著名国学家楼宇烈教授也指出：“中国文化主张自然合理。只有符合事物的本来状态才是最合理的，这就是自然合理。自然合理就是中国的科学思想，它强调一切都要合乎事物的本性。”总之，“客观世界是很复杂的，是整体关联、动态平衡的，要达到自然合理才能相对符合事物的特性”（楼宇烈，2016）。① 而“天人合一”是万事万物自然合理的本来存在状态。因此，《易经》“天人合一”的哲学观也就是《易经》的科学观。这正如杨力教授指出的那样，“《易经》的科学观是一种哲学科学观。整体思维是《易经》科学观的核心，强调综合思维、全息思维是《易经》科学观的特色”（杨力，2008b）。在致富实践中，《易经》的这种科学观，必然会彰显为科学富裕观。

① 楼宇烈，中国传统哲学的思维底蕴，《人民日报（海外版）》，2016年6月14日。

二、《易经》揭示“天人合一”的人所具有的“人道”，涵摄着成人的己、天下、天、地四个维度，在市场经济活动中“人道”的实现原则表现为相互利益最大化原则。因此，践行“人道”的遵循相互利益最大化原则的“天人合一”的人的致富实践，必然会产生和形成成人的己、天下、天、地四个维度的整体关联、动态平衡和协调统一

《易经》通过“以言筑象”“以象尽意”来揭示“立天之道曰阴与阳”的天道、“立地之道曰柔与刚”的地道的目的，所要明的“立人之道曰仁与义”的人道。《易经・文言》告诉我们是：“利者，义之和也。”我们应该怎样来诠释这个“人道”呢？《易经・系辞下》说：“古者包牺氏之王天下也，仰则观象于天，俯则观法于地，观鸟兽之文，与地之宜，近取诸身，远取诸物，于是始作八卦，以通神明之德，以类万物之情。”由此我们可以推论，《易经》在《序卦传》揭示的“需者，饮食之道也”源于古代人民获取食物的生产实践的总结，而“人道”，体现在生产实践中。我国自古是农业国，粮食是主要的食物，因此，粮食生产是重要的生产实践。这样，我们就从粮食生产的实践中来认识“利者，义之和也”的“人道”吧。

首先，粮食生产需要知道生产粮食的季节和自然气候条件。因此，粮食生产者只有适应了生产粮食所需要的季节和自然气候条件，才能为生产粮食奠定前提。这样便需要“仰则观象于天”，以知道“天道”和遵循“天道”。其次，粮食生产需要知道适宜生产粮食的土壤。因此，粮食生产者只有适应了生产粮食所需要的土壤，才能为生产粮食奠定基础。这样便需要“俯则观法于地”，以在知道“天道”的同时，知道“地道”和适应“地道”。由此可见，“天道”和“地道”是生产粮食所需要的两个自然条件。因此，粮食生产者需先满足这两个自然条件，才能满足自己的劳动获取粮食的要求。这种过程说明，粮食生产者为了满足饮食的需要以维持生命的存在而进行的劳动，蕴含着两个基本要素：“满足自己的劳动获取粮食的要求”是“利己的逻辑在先”，“先满足这两个自然条件”是“利他的时间在先”（此处的“他”指的是天、地，合称自然）；其辩证关系是：利己的逻辑在先，必须通过利他的时间在先来实现；这种辩证关系说明：只有当粮食生产者先满足了自然的要求时，粮食生产者的劳动才能获得粮食，从而满足自己的要求。因此，获取粮食是“天人合一”的结果，即粮食是粮食生产者与自然界“合作”，共同生产的结果。也就是说，获取粮食是“天始万物”“地生万物”“人成万物”的结果之一。因此，获取粮食既蕴含了天地之道的生成原则，又蕴含了人之道的实现原

则。这种生成原则与实现原则的辩证统一说明：自然界所具有的环境状况和粮食生产者所具有的素质状况（包括粮食生产者所具有的“德性”和致富观念），都会对粮食的数量和质量产生直接的影响。由此可见，自然界与劳动是财富源泉的两个要素。正是通过劳动的“成万物”，产生和形成了人与自然之间的有着生命联系的辩证关系。由此我们可以认识到，“成万物”中的“物”不是孤立的、单纯的、抽象的“物”，而是人与自然相互依存的联系“物”，是人与自然相互依存的蕴含“物”。这就说明，处于天、地之中的人，是需要吃、喝、穿、住等才能生存的人，而所需要的这些都源于天、地即自然界。天、地生生不息，提供了人类生存所需要的自然资源，因此，人要持续生存永续发展，就必须要有天、地之“德性”，“裁成天地之道，辅相天地之宜”。也就是说，人的生存，决不能为了满足人的利己的私欲，对自然界实行制裁、征服和掠夺，而是要按照自然界的生生之道，裁度以成之，在利己的同时，也利自然界，以完成自然界的生命过程，从而由此也完成人的生命目的。由此可见，人与天地合其德的仁义之德性，必须体现在致富的实践中，而“利己的逻辑在先，必须通过利他的时间在先来实现”，彰显了致富实践中的这种“德性”。

人通过饮食而持续生命的存在，不仅需要消费粮食，而且还要消费其他各种各样的物质产品，而每个人都不可能生产自己所需要消费的全部物质产品，这样便有了生产的分工以及物质产品的交换。市场必然会由此而产生和形成。因此，市场是交换物质产品的场所，物质产品的交换必然会产生和形成市场经济，及由此而产生和形成人与人之间的关系。《易经》对以“立人之道曰仁与义”的市场经济进行了这样的深刻描述：“日中为市，致天下之民，聚天下之货，交易而退，各得其所。”① 那么，以“立人之道曰仁与义”的市场经济会产生和形成怎样的人与人之间的生命关系呢？任何人一旦没有了粮食，便会死亡。因此，粮食是每个人每天都不能没有的消费品，不从事粮食生产的人必须能够用自己生产的产品交换到粮食。而粮食生产者虽然生产粮食，但其生产的粮食必须多于其自己所需要消费的粮食，粮食生产者才会把多余的粮食在市场上出售，以便交换到所需要的其他产品。粮食会交换给许多人，这许多人通过消费粮食进行各自的物质产品的生产，也把自己生产的各种各样的物质产品交换给其他许多人；而这其他许多人又同样会在消费粮食及其他产品的基础上，把自己生产的产品交换给其他的其他许多人，由此类推，这样便产生和形成了人与人之间的物质变换的循环，人与人之间也由此产生和形成了不可分割的有着生命联系的相互关系。

这是一种怎样的有着内在生命联系的相互关系呢？

---

① 《易经·系辞下》。

粮食生产者把自己生产的多余的粮食交换给其他人，不仅换回了粮食生产者所需要的其他产品，而且还满足了他人对粮食的需要，这种交换过程蕴含着如下三方面的要素：一是从逻辑起点上，粮食生产者是为了满足自己对其他产品的需要；二是从时间顺序上，粮食生产者须先满足他人对粮食的需要；三是在相互关系上，粮食生产者须在先满足他人对粮食的需要后，才能满足自己对其他产品的需要。因此，这种交换过程蕴含着的三方面的要素说明：利己是逻辑在先，利他是时间在先；利己的逻辑在先，必须通过利他的时间在先来实现。而这种交换过程之所以会蕴含着这三方面要素之间的相互关系，是因为不管是粮食生产者还是其他生产者都是为了各自的需要的满足。这种各自的需要的满足就是利益。因此，利益是利己和利他的辩证统一体。于是利益本身蕴含着这样的辩证关系：利己是逻辑在先，利他是时间在先；利己的逻辑在先，必须通过利他的时间在先来实现。而这种利己和利他之间的辩证关系，“从‘利他的时间在先’视角看，就是‘通过实现他人利益来实现自己利益’；从‘利己的逻辑在先’视角看，就是‘自己利益的实现过程成为实现他人利益的过程’。‘己’和‘他’是相对的，在不同的条件下，每一个人既是‘己’又是‘他’。这样，不管是‘己’还是‘他’，都是‘通过实现他人利益来实现自己利益’；或者说都以‘自己利益的实现过程成为实现他人利益的过程。因此，‘实现他人利益’就是‘己’和‘他’的‘义’”（卢根源，2016b）。这就是《易经》讲的“利者，义之和也”的内涵，也是由此而“化成天下”的内涵。也就是说，“利”是由利己和利他的辩证关系而产生和形成的“义”的两个方面而构成的。由此可见，在人与人之间的物质变换的循环中，正是这“义”，产生和形成了“己”和“他”之间的有着内在生命联系的相互关系，从而形成“己”中有“他”、“他”中有“己”的生命共同体。因此，“己”中有“他”、“他”中有“己”的生命共同体是指“己”和“他”之间的有着内在生命联系的相互关系。在这样的有着内在生命联系的相互关系中，“己”和“他”的命运就联系在一起了。既然这样，生命共同体也就是命运共同体。而在这种“己”和“他”之间的有着内在生命联系的相互关系中，“己”的利己，必然会与利他相关联。正因为这样，就既没有孤立的利己的人，也没有孤立的利他的人，而是有利己利他的人，从而就既没有孤立的“己”的自身利益最大化，也没有孤立的“他”的自身利益最大化，而是有内在生命联系的“己”和“他”之间的相互利益最大化。由此可见，“利己的逻辑在先，必须通过利他的时间在先来实现”，不仅彰显了致富实践的“德性”，而且还彰显了市场经济的“德性”。这种既蕴含了生成原则又蕴含了实现原则的“德性”，在市场经济的活动中表现为相互利益最大化原则。这样，市场经济便是“德性”滋润的市场经济。而这种蕴含着“德性”的遵循相互利益最大化原则的市场经济，必然会产生和形成利益共同体。

《易经・系辞上》指出：“一阴一阳之谓道，继之者善，成之者性。”这说明,人继阴阳之道而为善,人成阴阳之道而为性。“通过实现他人利益来实现自己利益”继的是《易经》的阴阳之道,成的是《易经》的阴阳之理。因此,“通过实现他人利益来实现自己利益”既体现出“善”,又彰显出“性”,并在致富实践的过程中,实现自然界赋予人的目的,完成人之所以为人之性。因此,依据“立人之道曰仁与义”可知,“通过实现他人利益来实现自己利益”就是要立的“人道”。

《易经·贲》说:“刚柔交错,天文也。文明以止,人文也。观乎天文,以察时变。观乎人文,以化成天下。”“天文”(包括“地文”)、“人文”中的“文”,是指“道”,由此可见,“文”以载“道”。因此,“天文”是指自然界的变化生生之道,“人文”是指人的仁义之道。“观乎人文,以化成天下”是文化的原意,而“文明以止,人文也”。由此可见,“文明”是用“人文”,“化成天下”的结果。然而,“化成”虽属于“人文”,但却不离“天文”,因此,“人文”不仅要行之于“天下”,而且要行之于“天、地”,使人的活动与自然界的“时变”相适应、相谐调,以创造出“文明”。而“通过实现他人利益来实现自己利益”既蕴“天文”,“以察时变”,又蕴“人文”,“以化成天下”。因此,“通过实现他人利益来实现自己利益”集“立天之道曰阴与阳,立地之道曰柔与刚,立人之道曰仁与义”的三才之道于一体。由此我们也可以知道,由“人文”化成的天下,是浸透着“德性”的许多个人之间的有着内在生命联系的相互关系,是由这种相互关系而形成的生命共同体。而这种“通过实现他人利益来实现自己利益”所形成的有着内在生命联系的相互关系,可简称为己他关系,或己人关系。因此,这种有着生命联系的己人关系,蕴含了己、天下、天、地四个维度,而仁义之德性涵摄着这四个维度。而这四个维度也就是人与自然、人与人关系之中的四个维度。这样,己也就是仁者,仁也就成了己的思想内涵。因此,在仁的作用下,己、天下、天、地四个维度就构成了一个人之所以成人的基本框架。而在这基本框架中的人,也就是“天人合一”的人,或者说是利己利他的人。这种具有“天人合一”哲学观念的利己利他的人,在经济活动中必然会成为利己利他经济人。这种利己利他经济人,也就是处在人与自然、人与人关系之中的有着内在的生命联系的人。因此,利己利他经济人的致富实践,是践行“人道”的致富实践。这样,正是在践行“人道”的利己利他经济人的致富实践中,产生了己、天下、天、地四个维度以及形成了己、天下、天、地四个维度的整体关联、动态平衡和协调统一。

三、《易经》揭示的践行"人道"的"天人合一"的人的"知""德""业"并进的具有科学富裕思想观念的致富实践，必然是共同富裕。而共同富裕蕴含着中华民族祖先对"天下为公，世界大同"的理想追求，蕴含着中华民族祖先的那颗初心和中华民族祖先对美好生活的向往，以及中华民族祖先描绘的中华民族的发展方向

《易经》在《文言》中提出"进德修业"，在《系辞上》又提出"崇德广业""盛德大业"。由此可见，《易经》是"德""业"并重，不仅关注"德"，而且关注"业"。何以为业？业的目的在于致用。因此，"观乎人文，以化成天下"中的"化成天下"是业，即治理天下是业。由此而推论，安排经济生产、创造发明、进行生产活动、认识自然界、研发自然界、致富实践都是业。因此，《易经》所讲的"德"，不是孤立的"德"，而是与"业"统一并进，形成整体互动的联系，从而"德"引领"业"，"业"体现"德"。"盛德大业"的这种辩证关系，当然需要"知"，需要去认识。因此，《易经》又特别重视"知"。这样，《易经》在《系辞上》又这样指出了"知"与"道"的关系："知周乎万物，而道济天下。"人的吃、喝、穿、住都要依靠自然界，这样人就必须了解自然界的生生变化之道，以此来安排生产和从事经济活动。因此，"天始万物""地生万物""人成万物"既是天、地、人三才本来具有的各自的功能与作用，也是"知"的结果。而"知"就是要知"道"，"德"就是要遵"道"而行。这样我们就可以认识到，"知"不只是为"知"而"知"，而是要把"知"化成"德"，"德"又引领"业"。因此，《易经》讲的"知""德""业"不是相互分离的，而是相互关联的统一，而且"知"和"德"都必须致用在"业"中。由此可见，"观乎人文，以化成天下"中的"观乎人文"是"知"，"观乎人文，以化成天下"是由"知"化成"德"，"德"又引领"业"的辩证统一过程。笔者认为，这是《易经》视域中的"文化"的本质内涵。由此而论，"通过实现他人利益来实现自己利益"不仅彰显了致富实践的"德"，而且还彰显了致富实践的"知"和"业"，从而有深刻的"文化"蕴含。因此，"通过实现他人利益来实现自己利益"不仅蕴含了"道"和"德"，而且还是遵"道"而行的"业"，是"知""德""业"统一并进的致富实践之道。"道"是指宇宙万物衍生的根本规律；"德"既可指合乎规律的行为，也可指按照规律办事的作为。富裕既是动词，也是名词；富裕为名词时，是指合乎规律的行为状态，富裕为动词时，是指按照规律办事的致富。为了持续生命的存在，获取粮食就成了致富的最基本要求。这种要求，展现了身与物的辩证关系。因此，致富不仅需要"仰则观象于天，俯则观法于地"，而且需要"近取诸身，远取诸物"。正是在这样的致富实践中，"古者包牺氏"认识到了天地之间、

天人之间、地人之间、人与人之间不可分割的相互依存的辩证关系和相互之间的和谐共生关系,“于是始作八卦”。八卦的天位、人位、地位和六十四卦的天位、人位、地位——在八卦中,每卦三爻,从下往上数,第一爻为地位,第二爻为人位,第三爻为天位(在六十四卦中,每卦六爻,第五、第六为天位,第三、第四为人位,初爻及二爻为地位。而初、三、五爻为阳位,二、四、六爻为阴位,说明八卦中天、人、地“三才”各自都有阴阳两个方面,这样“三才而两之,故六”)——的排列,象征着八卦和六十四卦的运行本身意味着人在天、地之间的致富实践中,天、地、人三者的交互作用形成有机联系的“天人合一”的整体性生态系统表明:“立天之道曰阴与阳,立地之道曰柔与刚,立人之道曰仁与义”相互联系,蕴含在“通过实现他人利益来实现自己利益”的致富实践中。在这种致富实践中,蕴含着天道、地道的人道就成了以“人文”“化成天下”的致富规律。因此,经济活动中的利己和利他之理,包含着《易经》的阴阳之理。也就是说,《易经》的阴阳之理,在人与自然、人与人有着内在生命联系的经济活动中,表现为利己和利他之理。这样,利己和利他之理就必然有着阴阳理论的特征:利己和利他既是相对的,又是变动的、合一的。因此,“天人合一”的人,也就是利己利他的人。“中国先哲,信奉一条至为著名的关于大自然生命发展的思维原则——孤阳不生,孤阴不长。也就是说,大自然万物的诞生与成长,是建立在阴阳两种力量交互作用的基点上”(张善文,2008)。由此可见,利己和利他是交互作用的两种力量,正是这两种力量的交互作用,化成了天下。因此,这种天下,必然是己、天下、天、地四个维度整体关联、动态平衡、协调统一的和谐有序的天下。由此我们也可认识到,《易经》需要化成的天下,是这样的自然合理的“道济天下”。在这样的天下里,天、地之道已内在于人而存在,即内在于“己”而存在,成为“己”之“人性”,“文化”由此而“人化”。这样,“己”又把具有仁义之内涵的“人性”致用于天下的致富实践中。这样,己、天下、天、地四个维度就成了致富实践中的整体思维,在这样的整体思维作用下产生和形成的科学富裕观,就必然会蕴含成人的己、天下、天、地四个维度。这样,科学富裕的思想观念,就成了“学以成人”的思想内涵,利己利他经济人也由此有科学富裕的思想观念。

“不独富,富以其邻”,是《易经·小畜》中提出的精辟的致富思想。如何来深刻理解这种致富思想呢?《易经》所揭示的人是“天人合一”的人,《易经》所期望的是人成为“天人合一”的人,己、天下、天、地是成为“天人合一”的人的四个维度。这种四个维度的整体关系,便决定了致富之道。因此,在这样的有内在生命联系的整体关系中,每一个“己”的致富,必然会与“他”的致富产生必然的联系,这种联系就是“自己利益的实现过程成为实现他人利益的过程”的联系。在这样的联系中,就必然是“不独富,富以其邻”。“不独富”给我们展示了“富”不仅是“己”的“富”,同时也是“他”的“富”,即“己”与“他”的共同富裕;“富以其邻”给我们展示了“己”的“富”带动“他”的“富”的致富画卷；而在这画卷里，又描绘着“己”与“他”的共同富裕。因此，“自己利益的实现过程成为实现他人利益的过程”是“己”和“他”之间共同富裕的过程。在这过程中，既回答了富裕的目标(即共同富裕)，又回答了富裕的路径(即通过实现他人利益来实现自己利益)。因此，“自己利益的实现过程成为实现他人利益的过程”是富裕的目标与富裕的路径的统一。“共同富裕”回答的是“实现什么样的富裕”，“通过实现他人利益来实现自己利益”回答的是“怎样富裕”，这样“实现什么样的富裕、怎样富裕”是科学富裕观的理论构建结构。因此，具有科学富裕观的利己利他经济人的致富实践，必然是共同富裕。这样，我们又需要继续思索：《易经》揭示“天人合一”的目的是什么？《易经》为何期望人成为“天人合一”的人？共同富裕对此进行了最好的回答。因此，我们可以通过《易经》，抚摸到中华民族祖先的那颗初心，感受到中华民族祖先对美好生活的向往，以及中华民族祖先描绘的中华民族的发展方向。这样的共同富裕的理想天下，我们还可以通过《礼记》描绘的对“天下为公，世界大同”的理想追求来具体认识：“大道之行也，天下为公，选贤与能，讲信修睦。故人不独亲其亲，不独子其子，使老有所终，壮有所用，幼有所长。矜寡孤独废疾者，皆有所养。男有分，女有归。货恶其弃于地也，不必藏于己；力恶其不出于身也，不必为己。是故谋闭而不兴，盗窃乱贼而不作，故外户而不闭，是谓大同。”

《易经·泰》指出：“天地交，泰。”“泰”是吉祥的意思。它说明只有阴阳交互作用，才能达到通泰的互相依存的生存状态。因此，“天地交而万物通也，上下交而其志同也”①。《否》卦与《泰》卦相反。天地交谓之泰，天地不交谓之否，因此，“否”是不吉祥的意思。它说明如果阴阳不能相交，就无法化生万物。这样就必然会破坏天、地、人的互相依存的生存状态。因此，《易经·否》指出：“天地不交而万物不通也，上下不交而天下无邦也。”而“利己的逻辑在先，必须通过利他的时间在先来实现”所呈现的“通过实现他人利益来实现自己利益”以及“自己利益的实现过程成为实现他人利益的过程”，都是“己”和“他”的“交”，即阴阳的交互作用，这样便必然会达到通泰的互相依存的生存状态。然而，我们必须认识到，既然有阴阳的交互作用，就还会有阴阳的分离状态。《易经》《否》卦正是能让我们认识到这一点。具体到人之中，就是既然有“天人合一”的人，就还会有“天人对立”的人；既然有“通过实现他人利益来实现自己利益”以及“自己利益的实现过程成为实现他人利益的过程”，就还会有“通过损害他人利益来实现自己利益”以及“自己利益的实现过程成为损害他人利益的过程”；既然有利己利他经济人，就还会有利己经济人；既然有君子，就还会有小人。正因为这样，就必须研究一下利己经济人，而“天地不交而万物不通也，

① 《易经·泰》。

上下不交而天下无邦也”可以启迪所要进行的研究。“天地不交”“上下不交”其蕴含的是“阴阳不交”,也就是阴阳分离,因此,利己经济人本质上是阴阳分离的人,在天人关系上是“天人对立”的人,在致富活动中是利己与利他分离的孤立的人。正因为这样,利己经济人在致富活动中的行动准则是:“通过损害他人利益来实现自己利益”以及“自己利益的实现过程成为损害他人利益的过程”,因此,利己经济人追求的是自身利益最大化。也正因为这样,在天、地之间的利己经济人,在致富的过程中一方面会破坏天、地本来就有的“交”,另一方面也会破坏上、下本来就有的“交”。这在本质上是会破坏由己、天下、天、地四个维度的整体关联、动态平衡和协调统一而形成的自然合理的相互依存的生存状态,会破坏人与自然、人与人之间本来就有的有着内在生命联系的相互关系,简单来说,就是会破坏“己”和“他”之间的本来就有的有着内在生命联系的相互关系,这样就会破坏天下本来就有的许多人之间形成的有着内在生命联系的相互关系。因此,利己经济人的这种“破坏”,一方面会表现在为了满足利己的私欲,对自然界实行制裁、征服和掠夺,另一方面会表现在为了满足利己的私欲,对人进行剥削、压迫和欺诈,从而导致两极分化,以至于乱天下。由此我们可以认识到,利己经济人是没有仁义之人性的自私自利的“恶”人,这样,利己经济人也就是没有“文化”的人。我们也由此可以更加深刻地认识到,《易经》广大悉备,之所以要“立天之道曰阴与阳,立地之道曰柔与刚,立人之道曰仁与义”以及“观乎天文,以察时变。观乎人文,以化成天下”,期望人成为“天人合一”的人,就是要扬“善”除“恶”,防范利己经济人所带来的危害,以真正实现共同富裕。由此我们也可以知道,《泰》卦与《否》卦所蕴含的哲理:《泰》卦重在防“否”,《否》卦重在转“泰”。为此,《易经·节》之所以要提出“节以制度,不伤才,不害民”,一方面是要从制度上防范利己经济人所带来的危害,另一方面是要从制度上保证人成为利己利他经济人,而这种制度是要符合阴阳之道即符合自然规律的制度;《易经·蛊》之所以还要提出“振民育德”,一方面是要从思想意识中防范利己经济人所带来的危害,另一方面是要从思想意识中保证人成为利己利他经济人。由此我们也需要更加深刻地认识到,《易经》所强调的致富实践中“知”“德”“业”并进的重要性。也正因为这样,《易经·系辞上》指出:“成性存存,道义之门。”由此我们可以进一步知道,“己”“成性”不仅是“己”自身的事情,而且是关系到如何正确对待天下、天、地的问题。对待天下、天、地的态度问题能不能解决好,又关系到“己”能不能“成性”的问题。因此,“己”“成性”,便蕴涵着对天下、天、地的爱,对天下、天、地的责任和义务。“大道之行也,天下为公”就是对“成性”该有怎样的责任和义务的回答。因此,道义之“善”成为人性,与“公”的思想观念、“公”的市场经济及“公”的经济制度紧密相连,“公”蕴含着“善”,“善”通过“公”来体现,“公”引领人心向“善”,“己”“成性”的目标是“天下为公”。既然这样,就要警惕和防范“私”的市场经济及

“私”的经济制度。这样，我们又可以通过“天下为公”来抚摸中华民族祖先的那颗初心，来感受中华民族祖先对美好生活的向往，以及来明确中华民族祖先描绘的中华民族的发展方向。

四、《易经》揭示的践行“人道”的“天人合一”的人具有中华民族精神和中华民族的优秀美德，而中国特色的市场经济是“天人合一”的人彰显中华民族精神以及培育和践行中华民族优秀美德的市场经济；“天人合一”的人所具有的整体观、变化观和本质观，在致富实践中必然会转化为国家统一、民族团结、爱好和平、自强不息、勤劳致富的思想内涵

《易经》是中华文化的源头，也是中华文明的源头。“刚柔交错，天文也；文明以止，人文也。观乎天文，以察时变；观乎人文，以化成天下”(《易经·贲》)。不仅揭示了文化的原意以及文明与文化的关联，而且揭示了文化的哲理。因此，《易经》揭示的“天人合一”的人，就必然是有这种文化的人，“天人合一”的人也就必然成了这种文化哲理的载体。这样，通过“天人合一”的人，也就能认识到《易经》揭示的文化哲理具有以下几方面的内涵：

一是空间视域中的整体观。《易经》揭示的“天人合一”中的“一”，不是数学中的纯数字，而是指天、地所生的万物(包括人)处在相互依存的生存状态的整体关系中；在这样的整体关系中，万物并育而不相害，道并行而不相悖。因此，“一”是指整体，其蕴含着“一”与“多”的辩证统一。人尽仁义而“成物”，就此而言，“顺性命之理”，是指人而言的。然而，“性命之理”，就其根源而言，既与天之阴阳又与地之刚柔相联系。正是这种联系，体现了生命的整体意义及内含着“一”与“多”的辩证关系。因此，《易经》所述的“顺性命之理，立天之道曰阴与阳，立地之道曰柔与刚，立人之道曰仁与义”中的“立天之道”“立地之道”“立人之道”，统一于“顺性命之理”的“理”中，“观乎人文，以化成天下”中的“人文”，不离“观乎天文，以察时变”中的“天文”，都给我们展示了空间视域中的整体观；致富实践中的“天始万物”“地生万物”“人成万物”，更是给我们生动地描绘了“始”“生”“成”的不能分离的统一；成人的四个要素：己、天下、天、地，深刻地揭示了成人的整体观；而运行于己、天下、天、地之间的“通过实现他人利益来实现自己利益”以及“自己利益的实现过程成为实现他人利益的过程”，给我们彰显的是利益的整体观。因此，“天人合一”的人，就是有这种整体观中的人。正因为这样，“化成”虽属于“人文”，但却不能离“天文”，因此，“人文”不仅要行之于“天下”，而且要行之于“天、地”，使人的活动与自然界的“时变”相

适应、相协调,以创造出“文明”。也正因为这样,《易经》所描绘的中华民族的祖先:“仰则观象于天,俯则观法于地,观鸟兽之文,与地之宜,近取诸身,远取诸物,于是始作八卦”①,给我们展现了中华民族的祖先对自然界的观察和认识,不是纯观察的观察和纯认识的认识,而是通过致富实践的体验,与人的活动及其自身的生命存在密切相连。因此,这种追求一与多的辩证统一的一元论的整体观的思维,既不是孤立地从自然界出发去寻找超人的抽象的自然界,也不是孤立地从人出发去分析超自然界的抽象的人。

二是时间视域中的变化观。“观乎天文,以察时变;观乎人文,以化成天下”中的“时变”“化成”,还给我们展示了时间视域中的变化观。因此,《易经》揭示的文化哲理,不仅彰显了空间视域中的整体观,而且还彰显了时间视域中的变化观。这样,我们就可以进一步深刻认识到,空间视域中的整体观不是静止的,而是在时间的视域中动态变化的,并由此实现时空的统一以及整体性的变化。这种整体性的变化,也就是整体性的发展。为此,我们也可以更加深刻地认识到,《易经》所描述的“有天地,然后有万物;有万物,然后有男女;有男女,然后有夫妇;有夫妇,然后有父子;有父子,然后有君臣;有君臣,然后有上下;有上下,然后礼义有所措”,不仅给我们呈现了万物生成与发展的一幅自然历史画卷,而且还给我们呈现了中华文化所揭示的整体性发展的深邃的文化哲理。这种文化哲理告诉我们,万物(包括人)变化是在时间中进行的,生命流行是在时间中展开的,人与天地万物同属于一个大生命世界,因此,人不是孤立于天地万物的主宰。由此可见,《易经》所揭示的“变化”,不是物理学中的机械的物理变化,也不是生物学中的自然进化,而是与人类活动密切相连的生命流行,而“有上下,然后礼义有所措”,更是告诉了我们“天人合一”的生命流行的意义所在。因此,“天人合一”的人是有这种变化观的人。基于这种文化哲理,我们还可以认识到,“天始万物”、“地生万物”、“人成万物”,既是空间视域的相互关联,又是时间视域的生命流行,“通过实现他人利益来实现自己利益”以及“自己利益的实现过程成为实现他人利益的过程”不仅彰显了利益的整体观,而且还彰显了利益的变化观。这种利益的变化观告诉我们,利益既不是静止的,也不是孤立的,而是生命流行中的运行于己、天下、天、地之间的己、天下、天、地四个要素的共同利益。这种共同利益说明,己、天下、天、地四个要素形成利益共同体,在此利益共同体的基础上,己、天下、天、地四个要素又形成命运共同体。

三是现象视域中的本质观。《易经》揭示的空间视域中的整体观和时间视域中的变化观,蕴含了现象视域中的本质观。在天、地、人的空间视域中,有各种各样的万物的自然现象,把这种“多”的现象归结为“一”,这“一”指的就是本

---

① 《易经·系辞下》。

质。而“一”的内部的万物既不是孤立的，也不是静止的，而是有着生命内在联系的生命流行。由此我们可以进一步认识到，“观乎天文，以察时变；观乎人文，以化成天下”中的“观”，与“仰则观象于天，俯则观法于地，观鸟兽之文，与地之宜，近取诸身，远取诸物，于是始作八卦”中的“观”，都是指对现象的观察。然而，《易经》没有停留在表面现象，而是透过现象深入到本质，揭示“多”的现象的本质联系，并把这种本质联系上升到理论的认识。于是，产生了《易经》的阴阳理论。由此可见，《易经》的阴阳理论，不仅蕴含了空间视域中的整体观和时间视域中的变化观，而且还蕴含了现象视域中的本质观。然后，中华民族的祖先又通过“始作八卦”以及八卦重叠生成六十四卦来彰显阴阳理论和反映天、地、人三大要素中的“象”，并由此而实现“象”与“理”的统一。因此，我们可以认识到，“顺性命之理”中的“理”，是对“象”的揭示，“立天之道曰阴与阳，立地之道曰柔与刚，立人之道曰仁与义”中的“道”，是对“象”的本质的认识，而“天之道”“地之道”“人之道”又构成了“道”的整体。这样，“道”又是“一”。由此可见，“观乎人文，以化成天下”中的“文”是“得一”之文。天“得一”则清，地“得一”则宁，文“得一”则化。故而“文”行之合道，“化”成天下。此乃“文化”也。因此，“天人合一”的人是有这种本质观的人。也就是说，“天人合一”的人是实现了人的本质的人。因此，人的本质是“天人合一”关系的总和。而“天人合一”的关系包括人与自然的关系和人与人的关系。为此，我们可以把人与自然的关系和人与人的关系称为“类关系”。这样，人是“类”的存在，而“人与自然的关系”和“人与人的关系”是“类”的结构。因此，人的本质蕴含了人类。由此我们可以认识到，天、地之善性成为人之性，在人之性中彰显出天、地之善性，就是要实现人的本质。因此，践行人道的在市场经济中遵循相互利益最大化原则的利己利他经济人，是实现了人的本质的人。这种践行人道的市场经济，显然是中国特色的市场经济，是“天人合一”的人彰显中华民族精神以及培育和践行中华民族优秀美德的市场经济。而“通过实现他人利益来实现自己利益”以及“自己利益的实现过程成为实现他人利益的过程”运行于己、天下、天、地之间的“天人合一”的整体关系中，所形成的己、天下、天、地之间的利益共同体，以及由此而形成的命运共同体，都是人的本质的呈现。

由以上的研究可知，“天人合一”的人是有空间视域中的整体观、时间视域中的变化观和现象视域中的本质观的人。因此，整体观、变化观和本质观相互关联并统一于“天人合一”的人的思想意识中。这样，“天人合一”的人也就是有这种思想意识的人。而人的思想意识反映的是人的世界观，即反映的是人对世界的根本看法。因此，中华文化哲理中所蕴含的空间视域中的整体观、时间视域中的变化观和现象视域中的本质观，都是“天人合一”的人的世界观的表现。当然，在“天人合一”的人的世界观中，蕴含了“天人合一”的人的人生观和价值观。因此，“天人合一”的整体观、变化观和本质观与“天人合一”的世界观、人生观和价值观紧密相连。人生观是对人生的看法,价值观是对各种关系处理的价值或意义的看法。正因为这样,具有"天人合一"哲学观念的人必然会有"天人合一"的世界观、人生观和价值观。因此,"通过实现他人利益来实现自己利益"以及"自己利益的实现过程成为实现他人利益的过程"所形成的己、天下、天、地之间的共同富裕,以及"天下为公,世界大同"的理想追求,都是"天人合一"的世界观、人生观和价值观的体现。而这种对共同富裕的美好生活的向往和对"天下为公,世界大同"的追求,都彰显着中华民族精神。因为中华民族精神深深地植根于中华文化之中,是中华文化哲理凝聚的表现。而"天人合一"是中华文化的源头《易经》的核心思想,于是"天人合一"也就成了中华文化的核心思想,是中华文化哲理凝聚的集中表现。这样,中华民族精神便有了以下几方面的内涵:

一是国家统一、民族团结。"天人合一"的哲学智慧,深刻地揭示了天、地、人是一种不能分离的生命的相互关系,因此,天、地、人是统一的生命共同体。这种天、地、人统一的生命共同体的整体思维,必然会让人深刻地体会到生"我"是这块土地,养"我"是这块土地,因此,天、地是生"我"的父、母,"我"要像热爱父、母一样,热爱祖国的这块土地。因此,爱国是心之所系、情之所归,是中华儿女生命的底色。由这种生命体验而萌发的政治情感,上升到政治理念,必然是维护国家统一,实现民族团结。这也是《易经》视《乾》卦为父、《坤》卦为母的政治目的和意义所在,也是《易经》揭示"生生之谓易""天地之大德曰生"的真谛所在。因此,在政治的视域中,"天人合一"中的"合"的思想意识,必然会成为国家统一、民族团结的价值观,从而构建中华民族命运共同体。中华民族正是有《易经》这样的中华文化的源头,才会有《礼记·大学》所描绘的理想追求:"大学之道,在明明德,在亲民,在止于至善。"以及为了实现这种理想而明确的八目:"格物、致知、诚意、正心、修身、齐家、治国、平天下。"由此八目可知,"修身"承前启后,使八目成为"知""德""业"相互贯通、相互联系的统一的整体。具体来说,"修身"是根本,也是关键,"格物"是它的逻辑起点,而"格物、致知、诚意、正心"是"修身"的路径,"齐家、治国、平天下"是"修身"的目的。天下之本在国,国之本在家,家之本在身,身之本在心,心之本在意,意之本在知,知之本在物,而"盈天地之间者唯万物"。由此可知,"格物"在于"穷理"。因此,物之本在"理"。这样,"顺性命之理,立天之道曰阴与阳,立地之道曰柔与刚,立人之道曰仁与义"的根本目的,是要通过"修身"而"明明德",以实现"齐家、治国、平天下"的政治理想,从而实现生命的目的和意义。这样,国家统一、民族团结就成了"齐家、治国、平天下"的内涵。因此,人的本质的实现,集中体现在"齐家、治国、平天下"的政治理想中。这种家国情怀,彰显的就是"亲民"和"至善"。因此,"齐家、治国、平天下"的政治理想,蕴含着中华民族的优秀美德仁义之善性。

二是和谐相处、爱好和平。有“天人合一”思想意识的人，不仅能深刻认识到天、地、人是一种不能分离的生命的相互关系，而且能在人生的各个方面处理好和实现好这种相互关系。这种相互关系的处理和实现，表现的就是和谐相处。因此，天、地、人相互依存的生命共同体，也就是天、地、人和谐相处的共同体。在这样的共同体中，有“天人合一”价值观的人，必然会爱好和平。因此，“齐家、治国、平天下”的政治理想，不是空洞的，而是具体的，必须通过和谐相处、爱好和平来实现，而“止于至善”也应体现在和谐相处、爱好和平中。正因为这样，“和”是《易经》及以《易经》为源的中华文化的重要思想。和为贵、协和万邦、和而不同、和实生物、家和万事兴，都是对这种“和”的思想的表达。然而，中华民族很早就知道，人有两种利己的行为：一种是“自己利益的实现过程成为实现他人利益的过程”，一种是“自己利益的实现过程成为损害他人利益的过程”。而“自己利益的实现过程成为损害他人利益的过程”不能实现天下的“和”，只会带来天下的“乱”。因此，为了实现天下的“和”，就必须既要在制度设计上防范“自己利益的实现过程成为损害他人利益的过程”的危害，又要加强个人的德的修养。而“公”的制度，就是中华民族祖先在制度设计上的憧憬，通过“修身”把天、地之大德化为人之德，使人成为有仁义之“善”的有人性的人，这样人就成了有“文化”的人，从而树立“公”的思想观念，就是中华民族祖先对加强个人的德的修养的期望。因此，《易经》“顺性命之理，立天之道曰阴与阳，立地之道曰柔与刚，立人之道曰仁与义”，不仅揭示了自然界之规律(《易经》讲的“道”是指规律)，而且还为“修身”明确了方向。正因为这样，“修身、齐家、治国、平天下”与天性、人性、道德、为政相互统一，并由此形成中华民族人心向善的观念。有了向善的人心，就为国家统一、民族团结以及和谐相处、爱好和平奠定了思想基础。

三是自强不息、勤劳致富。“天人合一”彰显的是《易经》的阴阳理论。在《易经》中，《乾》《坤》两卦相对应，成为“易之门”“易之蕴”，集中体现了《易经》的文化哲理。《乾》象征“天”，《坤》象征“地”，人在“天”“地”之中，而天的功能和作用在于“始万物”，地的功能和作用在于“生万物”，人的功能和作用在于“成万物”。因此，人要“成万物”，就必须认识天、地之性，从而向天、地学习，通过“修身”把天、地之性化成人之性，使人性合乎事物的本性，从而为“齐家、治国、平天下”奠定人性基础。那么，人应向天、地学习什么呢？《易经》在《乾》卦中给出了这样的答案：“天行健，君子以自强不息。”在《坤》卦中又给出了这样的答案：“地势坤，君子以厚德载物。”这也就是说，天道运行刚健，周而复始，生生不息，君子应像天道那样，自立自信、奋发图强、永不停息；大地厚实、温顺，包容万物，君子应像大地那样，养成大德、胸怀宽广、容载万物。由此可见，“自强不息”是天之性(也就是天之道)，“厚德载物”是地之性(也就是地之道)，人通过向天、地学习，就是要把“自强不息”“厚德载物”化成人之性，成为人“成万物”的精神力量。也正因为这样,《文言》指出:“君子以成德为行,日可见之行也。”而“成万物”的致富实践,是“行”的重要内容和重要组成部分,这样,“厚德载物”就必然表现为勤劳致富。因此,“自己利益的实现过程成为实现他人利益的过程”的“成德之行”,既是“厚德载物”的自然合理的勤劳致富,又是“自强不息”的自然合理的致富智慧。而孔子所说的“富与贵,是人之所欲也;不以其道得之,不处也。贫与贱,是人之所恶也;不以其道得之,不去也”[①],不仅充分体现了这种勤劳致富和致富智慧,而且还体现了其中的骨气。“以其道得之”就是由“道”“德”之,也就是“通过实现他人利益来实现自己的利益”,以及“自己利益的实现过程成为实现他人利益的过程”。孔子的这种道德哲学的富贵思想,蕴含着“义”,所以孔子又说:“不义而富且贵,与我如浮云。”[②]正是蕴含着科学富裕观的中华民族的这种勤劳致富和致富智慧,为国家统一、民族团结,为和谐相处、爱好和平奠定了物质基础。

基于以上研究,我们可以认识到,爱国贯穿于中华民族精神的内涵之中,是中华民族精神的核心,是国家统一、民族团结,和谐相处、爱好和平,自强不息、勤劳致富的精神命脉。另外,我们还需进一步认识到,由“天人合一”文化哲理而形成的中华民族精神,具有道德的养生功能。《黄帝内经》是以《易经》阴阳理论为核心而构建理论体系的我国第一部医学巨著。对此,杨力教授指出:“《易经》主张‘天人合一’。《易经》的这种整体思想渗入了《黄帝内经》。《黄帝内经》强调人、自然、社会三位一体的三维医学,三维观的实质就是整体观。《黄帝内经》不但强调人体内部是一个整体,而且非常重视人与天地自然的统一关系。如曰:‘人与天地相应也。’又如《黄帝内经》阐述生命时,突出‘生之本,本于阴阳,其气九州九窍,皆通乎天气’。这表明《黄帝内经》非常重视人这个小宇宙与天地这个大宇宙的密切关系。这个密切关系就是维护人与大自然的阴阳平衡”(杨力,2008c)。笔者认为,通过这些医学理论,我们不仅可以进一步深化人与自然有着内在的生命联系的认识,而且还可以进一步深化“天人合一”整体思想的内涵及其重要性的认识。杨力教授还指出:“阴阳平衡是生命活动的根本,阴阳平衡则人健康,有神;阴阳失衡人就会患病、早衰,甚至死亡。所以,养生的宗旨是维系生命的阴阳平衡”(杨力,2008d)。这就深刻说明,人是阴阳的辩证统一,养生的真谛在于“法于阴阳”。而“通过实现他人利益来实现自己的利益”,蕴含着的是“己”“他”的阴阳平衡。“天人合一”的人的这种“通过实现他人利益来实现自己的利益”的经济活动,是与“天人合一”的人的思想意识相一致的,是“意”和“行”的统一,是身与心的和谐。因此,“通过实现他人利益来实现自己的利益”既是外在的经济活动中的“阴阳平衡”,也是

① 《论语·里仁》。
② 《论语·述而》。

内在的植根于思想意识中的维系生命活动的“阴阳平衡”。杨力教授还提出了道德养生的秘密在于:“道德修养高的人,大脑分泌的脑啡肽可增强免疫力,增强生命活力,少生病。有德之人,其内分泌系统、神经系统和大脑功能都会有所增强,免疫增强,气血因之而调和。而气血调和又促进了阴阳平衡,就能达到最高境界的阴阳和谐。而做坏事的人,他们每天心惊胆战,气血必然不调,阴阳离决,所以易暴死,短命。中国有一句名言:多行不义必自毙。可见道德修养是多么重要,它说明道德是生命之本”(杨力,2008e)。笔者认为,通过这些医学理论,我们不仅可以进一步深化《易经》揭示的“生生之谓易”“天地之大德曰生”的认识,而且还可以进一步深化修身养性、自觉践行“道德”以及成为“天人合一”的人的重要性的认识。

五、《易经》及以《易经》为源的中国哲学典籍大量西传,以黑格尔为代表的西方学人,不顾抄袭中国哲学的事实,虚构他们的理论源于古希腊,以及他们只抄袭“知识”,丢掉了中国哲学“天人合一”的文化精髓,为正本清源,科学认识马克思主义经济学以“国学为根”和马克思主义文化与中华文化的关系奠定了基础

马克思主义经济学以“国学为根”,是我国著名的马克思主义经济学家程恩富教授提出的。我国是以马克思主义为指导的社会主义国家,我国也是有以《易经》为源的五千多年光辉灿烂文化的国家。这种国情就启示了必须研究马克思主义、中国特色社会主义、《易经》三者的关系,而马克思主义经济学以“国学为根”对此关系做出了明确的回答。依据笔者已有的研究,笔者认为,“天人合一”是此研究的切入点,也是认识马克思主义经济学以“国学为根”的切入点,而《易经》西传及其所产生的重大影响,为此研究具备了前提,为认识马克思主义经济学以“国学为根”奠定了基础。笔者在《〈易经〉是马克思主义生态思想的理论来源研究论纲》以及《人的本质与人类命运共同体——兼论中国特色社会主义政治经济学的理论体系》两篇文章中,都研究了有关《易经》西传及其所产生的重大影响。笔者认为,还需根据《虚构的古希腊文明——欧洲“古典历史”辨伪》和《虚构的西方文明史——古今西方“复制中国考论”》两部著作的最新研究成果,对此进行进一步的深入研究。

《虚构的古希腊文明——欧洲“古典历史”辨伪》和《虚构的西方文明史——古今西方“复制中国”考论》两部著作,以中华文明西传及《易经》和以《易经》为源的中国哲学典籍大量西传为基础,以大量的史料详述了古今西方对中国的全面复制,其中包括对《易经》及以《易经》为源的中国哲学的复制,并

详述了黑格尔抄袭中国哲学以及费尔巴哈的唯物论是对中国哲学的复制，特别是详述了黑格尔等西方学人既抄袭中国哲学又抹黑中国哲学，并虚构了作为西方哲学源头的古希腊哲学。然而，他们只抄袭“知识”，丢掉了中国哲学“天人合一”的文化精髓。这样，“主客二分”“天人对立”仍是他们的思维方式。下面就这些内容做些具体的论述。

“德国为日耳曼蛮族，18世纪前万国林立，既无哲学也无史学”（董并生，2018a）。而“莱布尼兹（Leibniz）是德国第一位哲学家，被称为近代欧洲的一位知识巨人。在与耶稣会士的交往过程中，莱布尼兹深入地接触到了中国文化，在其对《易经》的研究中，悟出了二进制数学，从而为后世发明电脑及数码技术奠定了学理基础；在其对‘宋明理学’的学习中，引进了‘理性’概念，从而为德国哲学奠定了思想基础”（董并生，2018b）。在莱布尼兹撰写的《论中国人的自然神学》中，他“引用了7种中国典籍：《易经》《尚书》《诗经》《论语》《中庸》《理性大全书》和《资治通鉴》”（董并生，2018b）。“然而，作为德国人表述哲学，莱布尼兹所使用的语言却并非德语；莱布尼兹的主要哲学著作大多使用的是拉丁文和法文”（董并生，2018a）。因此，莱布尼兹虽是德国第一位哲学家，但不是第一位用德语写哲学作品的学者。他用拉丁文和法文写哲学著作，自然也就促成了他的哲学思想在德国以外的国家传播。沃尔夫（Wolff）是莱布尼兹的弟子。1721年7月12日，他在就职哈勒大学校长典礼上发表的题为《论中国的实践哲学》的演讲中，“开门见山的第一句话就说：‘各位尊敬的听众，中国人的智慧自古以来遐迩闻名，中国人治理国家的特殊才智也令人钦佩。’他在演讲的结尾处说：‘亲爱的听众，我已经把古代中国人的哲学基础展现在你们眼前。无论是在其他公开的场合，还是在这个庄严的会场上，我都要讲，中国人的哲学基础同我个人的哲学基础是完全一致的。’沃尔夫是历史上第一位用德语写哲学作品的学者，这段话意味着第一位德国哲学家或者说德国哲学开山祖师的哲学基础来源于中国”（董并生，2018c）。众所周知，费尔巴哈提出了唯物主义思想，但“费尔巴哈的唯物主义源于中国。费尔巴哈在德国古典哲学中以唯物主义著称，而其唯物主义源于法国唯物主义，而法国唯物主义的思想根源正是中国。对费尔巴哈影响最大的两个人物，一个是法国的无神论者培尔，另一个是推崇中国文化最给力的德国人莱布尼兹。这两个人的思想来源都在中国”（董并生，2018d）。这是因为，西方哲学所说的“唯物主义”是指“无神论”。“1702年培尔发表了《中国通讯》。在《中国通讯》中，培尔则明确指出中国存在无神论的宗教。他所说的无神论的宗教，自然指的是儒学，而他所说的无神论，也是指中国哲学的基础是物质性的‘理’”（董并生，2018e）。“比埃尔·培尔（Pierre Bayle）是法国思想史上的过渡人物，马克思在谈到培尔时，曾经引用一位法国作家的话来评价他：‘对17世纪来说，是最后一位形而上学者；而对18世纪来说，则是第一个哲学家。’在马克思看来，培尔在思想史上的贡献在于'不仅用怀疑论摧毁了形而上学,从而为在法国掌握唯物主义和健全理智的哲学打下了基础。他还证明,有清一色的无神论者所组成的社会是可能存在的'"(董并生,2018d)。众所周知,在德国古典哲学中,黑格尔是另一个极为重要的代表人物。笔者在《人的本质与人类命运共同体——兼论中国特色社会主义政治经济学的理论体系》一文中已述:"1816 年起,黑格尔在大学讲授《哲学史讲演录》,其中郑重讲到了《易经》。虽然黑格尔自己承认他所创立的整个辩证法体系的逻辑结构,是得自《易经》阴阳消长规律的启发而建立起来的,但黑格尔所创立的整个辩证法体系的逻辑结构的思维方式却仍然是西方哲学主客对立的思维方式"(卢根源,2018)。另外,我国著名学者朱谦之在他著的《中国哲学对欧洲的影响》中这样写道:"经我长期研究的结果,知道《精神现象学》所用的精神辩证法,也和中国古经典《大学》之辩证法完全符合,这绝不是偶然的事。尤堪使人惊讶的,是《大学》之三纲领、八条目竟与《精神现象学》的阶段行程处处暗合"(朱谦之,1985)。由此足见,"黑格尔《精神现象学》抄袭中国'四书'中的《大学》"(董并生,2018e)。

然而,我们需要注意到,黑格尔在抄袭中国哲学的同时,也抹黑中国哲学,并虚构了作为西方哲学源头的古希腊哲学。黑格尔在他的名著《历史哲学》中武断地鼓吹:"中国有历史却没有'精神',希腊是'精神'的家园"(董并生,2018f)。"结合在《历史哲学》中黑格尔对世界历史的具体描述,不难看出黑格尔在这里的'精神'概念所贩卖的实际上是他的'宇宙目的论',即世界历史的发展是有目的的,而这个'目的'必须由黑格尔自己来规定。符合自己理念的就是有'精神',不符合自己理念的就是没有'精神'。而'世界历史'的化身是日耳曼民族,其他民族必须由日耳曼民族来主宰"(董并生,2018g)。当然,我们还需要注意到:"虚构'古希腊'概念与'欧洲'概念的关系,不仅仅是个别西方学者或少数好事者所为,而是它反映了 18 世纪欧洲人急需寻找一个光荣祖先的焦虑"(董并生,2018h)。"我们全都是希腊人;我们的法律、我们的文学、我们的宗教,根源皆在希腊"(董并生,2018i)。这样,西方为了寻找一个光荣的祖先,就从崇拜中国滑向了虚构并推崇古希腊,并由此而为鼓吹"西欧中心论"奠定理论基础。笔者认为,这种情形必须引起中国学术界的高度重视,这为中国学者正本清源,进行重大理论创新的思考奠定了基础。

从"天人合一"与"天人对立"的研究中我们可以知道,人本身蕴含着这样的"悖论":利己是人的"存在要素",但孤立的利己又是人的自我否定、自我毁灭的"死亡驱动"。人始终是自然的一部分,依靠它而存在。然而,由于人的孤立的利己,人会不断破坏自然,不断打破人与自然之间的平衡(在这平衡中,包含着人与人、人与自身的平衡)。如何解决人自身的这个矛盾,走出人本身蕴含着的这样的"悖论","天人合一"显然是对此做出的回答。因此,中华文化以"文"化"人",其目的是要通过驯服人的孤立的利己的要素,防范人的孤立的利己的要素所带来的人的这种“悖论”，使人成为“天人合一”的人，以化成天下，实现人与自然的和谐共生。由此可见，“文化”之“文”为名词，“文化”之“化”为动词；“文化”者，以“文”化成天下之谓也。而“文明”则是“文化”的结果，“经天纬地曰文，照临四方曰明”(《易经文言》)。然而，“中国在向外传播文化时，同时也传播了知识”(董并生，2018i)；因为“西方没有与自然‘和解、和合’的智慧，没有‘天人合一、天道化生’的思想，所以在近代以前，西方人根本不能‘安身立命、安居乐业’于天地间，他们总是处于充满人祸或宗教窒息的状态中，哪里还谈得上创造科学与文明”(诸玄识，2018a)。正因为这样，“西方接受中国知识时，不觉丢掉了文化。从而形成了西方知识分子的集体性格：追求自由、权利、自私自利”(董并生，2018j)。举例来说，“宋明理学”中的“理”，是源于《易经》“穷理尽性以至于命”中的“理”，也就是“易理”。“理”是理学的最高范畴，“性”是理学的核心范畴，“命”是沟通天人的关键范畴。这三个范畴，由“立天之道曰阴与阳，立地之道曰柔与刚，立人之道曰仁与义”可知，就其关系而言是讲“天人合一”的。然而，由于西方“没有‘天人合一、天道化生’的思想”，在接受“宋明理学”时，却丢掉了“天人合一”的文化精髓。因此，“近代以前，科学与文明是‘天人合一’的文化(智慧)的产物，而西方在这方面则应该是一无所有。进而言之，西方及现代的以科学为主的知识系统，其特点是与自然做斗争——控制、利用和改造自然(乃至宰制一切‘非我’)。西方科学仅是近现代的现象”(诸玄识，2018b)。由此可见，“西方及现代的以科学为主的知识系统”的特性是自私自利的“利己”。从这一视域来说，“文化”的特性在利他是利己之根，“知识”的特性在利己。因为当人的思维方式是“主客二分”“天人对立”时，“知识”就成为“利己的人”宰割万物的手段。因此，文化的本质是“天人合一”的思维方式及其行为方式。只有当拥有文化的人拥有知识时，知识才会造福于人类。中华文化之文化，是有这种本质的文化。正因为这样，“严格说来，西方并无‘文化’”(董并生，2018k)。如果硬要说西方有文化，那么西方文化就是旨在宰割万物，而不是“成万物”。这也就是说，“西方文化，或者算计自然，妄加剥夺；或是求神拜鬼，另外创世，名正言顺的剥夺自然与世界”(诸玄识，2018c)。因此，乔清举教授这样指出：“在近代欧洲词汇中，‘文明’的含义是狭窄的，往往指西方近代及其根源古希腊文明，其他民族则被视为蒙昧甚至野蛮。与‘文明’概念不同，近代欧洲主客体概念的含义却是十分广泛的，不限于人与自然，也扩展到国际关系。‘文明’即是主体性，‘文明世界’具有主体资格；反之则是‘客体’。近代西方将哲学上的主客对立，主体征服客体的主张扩展到国际关系上，借贸易自由之名，对落后国家实行征服和殖民”(乔清举，2014)。由笔者的研究可以知道，西方的这种所谓的文明，其实是“利己的人”的自我否定、自我毁灭的“死亡驱动”。“因此，西方文明是‘死’文明，中华文明是‘活’文明”(诸玄识，2018c)。中华文明才能引领世界文明的前进方向。

六、“天人合一”是马克思主义文化的本质内涵，马克思运用“天人合一”的文化哲理，批判了抽象的利己经济人，揭示了由利己经济人向利己利他经济人转化是人类社会发展的必然规律。由此可见，马克思主义文化源于中华文化。中华优秀传统文化、马克思主义文化、革命文化、中国特色社会主义文化一脉相承，统一于中华文化

马克思所处的年代，正是西方资本主义“死亡驱动”的年代，因此，马克思深刻地揭示了资本主义的“死”文明。资本主义私有制条件下的“利己的人”，是“把自然界的存在和人的存在抽象掉，设想一切都不存在，而自己却想存在的利己主义者”(马克思、恩格斯，2009a)。这种“利己的人”，是黑格尔、费尔巴哈基于“主客二分”“天人对立”的思维方式所设想出来的孤立的、抽象的人(卢根源，2018)。而这种“利己的人”的“死亡驱动”，已经通过以下两个方面表现出来：一是人与自然方面，二是人与人方面。在人与自然方面，则是表现为“利己的人”操纵的资本掠夺自然资源；在人与人方面，则是表现为“利己的人”操纵的资本剥削劳动者。由此可见，哲学视域中的“利己的人”，在经济领域便是“利己经济人”。正因为这样，马克思还批判了斯密基于“主客二分”“天人对立”的思维方式所设想出来的孤立的、抽象的利己经济人(卢根源，2018)。对于利己经济人所造成的危害，马克思在《资本论》中有这样的深刻的描述：“资本主义农业的任何进步，都不仅是掠夺劳动者的技巧的进步，而且是掠夺土地的技巧的进步。因此，资本主义生产发展了社会生产过程的技术和结合，只是由于它同时破坏了一切财富的源泉——土地和工人”(马克思，2004a)。我们知道，财富源泉的两个要素是自然界的自然资源和劳动者的劳动，而资本主义“利己经济人”操纵的生产技术的进步，却成了掠夺自然资源和劳动者技巧的进步，结果就“破坏了一切财富的源泉——土地和工人”。“一切财富的源泉——土地和工人”，意指生产粮食的土地和生产粮食的劳动者，这是一切财富源泉的两个要素。因此，“破坏了一切财富的源泉——土地和工人”，其实就是破坏了一切财富源泉的两个要素，其本质是“破坏着人和土地之间的物质变换”(马克思，2004b)，即破坏了人与自然、人与人的相互依存的生存状态。生态兴，文明兴；生态衰，文明衰。因此，由资本主义的“死亡驱动”而导致的资本主义的“死”文明，马克思也就由此视域揭示了出来。同时，马克思也由此视域揭示了利己经济人不具备人的本质(卢根源，2018)。

马克思揭示资本主义的“死亡驱动”，以及利己经济人不具备人的本质，是

精神生活同自然界相联系，不外是说自然界同自身相联系，因为人是自然界的一部分”(马克思、恩格斯，2009g)。这样，马克思再次从“人靠自然界生活”的视域，深刻地揭示了“自然界同自身相联系”，即“天人合一”。由此可见，“天人合一”是马克思揭示的生命生产所表现的有着内在生命联系的相互关系的“双重关系”的本质内涵。而这种内涵的实质，深刻说明了在以劳动为纽带的致富过程中，人与自然、人与人之间所形成的生命循环系统的不可分割的整体性，以及在这样的整体中，人与自然、人与人处在相互依存的生存状态中。而在这样的相互依存的生存状态的生态中，经济高质量发展的物质变换的循环才能正常运行，才能实现可持续的致富，人的生命的延续才有物质基础。然而，资本主义私有制条件下的利己经济人，却破坏了物质变换循环的人与自然、人与人之间的相互依存的生存状态。这样，针对资本主义“利己的人”对“自然的类关系”的破坏，也就是对人与自然、人与人之间的相互依存的生存状态的破坏，由“人类”及其“社会”的含义，便可知道人类社会的发展规律和人类社会的前进方向。为此，马克思剖析了资本主义的“政治解放”：“政治解放一方面把人归结为市民社会的成员，归结为利己的、独立的个体，另一方面把人归结为公民，归结为法人”(马克思、恩格斯，2009h)。面对资本主义的事实，其实这种“政治解放”不能实现真正的解放。因此，马克思指出：“只有当现实的个人把抽象的公民复归于自身，成为类存在物的时候，只有当人认识到自身‘固有的力量’是社会的力量，人的解放才能完成”(马克思、恩格斯，2009h)。马克思的这段话寓意深刻，笔者认为，马克思是在说明人本来是“类存在物”，是“社会的人”，即“天人合一”的人，只是由于资本主义“利己的人”破坏了人的这种本来状态。因此，人必须对自身有清楚的认识，“把抽象的公民复归于自身，成为类存在物”，从而“认识到自身‘固有的力量’是社会的力量”。依据这些认识及其所进行的研究，笔者认为，“人的解放才能完成”中的“人的解放”意指：人从“利己的人”中解放出来，成为“社会的人”。笔者的这种分析，可以用马克思的这段话来进一步地证明：“任何解放都是使人的世界即各种关系回归于人自身”(马克思、恩格斯，2009h)。“各种关系回归于人自身”中的“各种关系”是指“自然的类关系”，“回归”一词说明“人自身本来有自然的类关系”，但抽象的“利己的人”却破坏了这种关系，因此，必须从抽象的“利己的人”中解放出来，“回归”到“人自身本来有的自然的类关系”，成为“社会的人”。这样，马克思就用“回归”一词揭示了人类社会的发展规律，指明了人类社会的前进的方向。于是我们可以知道：由利己经济人向利己利他经济人转化是人类社会发展的必然规律，而由私有制向公有制转化是实现这种规律的制度保障(卢根源，2018)。这种转化又深刻地揭示了资本主义必然灭亡、社会主义必然胜利是人类社会发展的规律。笔者的这一论断，可用马克思的这段话来证明：“共产主义是私有财产即人的自我异化的积极的扬弃，因而是通过人并且为了人而对人的本质的真正占有;因此,它是人向自身、向社会的即合乎人性的人的复归。它是人和自然之间、人和人之间的矛盾的真正解决”(马克思、恩格斯,2009i)。依据笔者的研究,这里的“合乎人性的人”是指具备人的本质的利己利他经济人,“向社会的人复归”是指向“天人合一”的人复归,也就是指向利己利他经济人复归。正是因为“复归”了“天人合一”的人,所以才会有“人和自然之间、人和人之间的矛盾的真正解决”。由此可见,马克思描绘的共产主义蕴含了对“天人合一”的崇高追求,揭示了成为“天人合一”的人是人类社会的前进方向,因此,由利己经济人转化为利己利他经济人便必然是人类社会发展的规律。也就深刻说明,资本主义必然灭亡,社会主义必然胜利。也就是说,资本主义经济活动中的人是利己经济人,共产主义经济活动中的人是利己利他经济人。正是因为有了向“天人合一”的人复归,针对资本主义“天人对立”的人即利己经济人的剥削所导致的两极分化,“天人合一”的人的“生产将以所有的人富裕为目的”,从而“结束牺牲一些人的利益来满足另一些人的需要的状况”(马克思、恩格斯,2009j)。由此可见,共产主义蕴含了人民对共同富裕美好生活的向往。也正因为这样,依据人类社会发展的必然规律,马克思预言:“代替那存在着阶级和阶级对立的资产阶级旧社会的,将是这样一个联合体,在那里,每个人的自由发展是一切人的自由发展的条件”(马克思、恩格斯,2009k)。而其中“自由”的含义是:“这个领域内的自由只能是:社会化的人,联合起来的生产者,将合理地调节他们和自然之间的物质变换”(马克思,2004c)。笔者认为,依据“社会”的含义,“社会化的人”是指“已化成社会的人”,也就是指已成为“天人合一”的人。也就是说,随着“天人合一”的人的“复归”和“人和自然之间、人和人之间的矛盾的真正解决”,也将“复归”人和自然之间的物质变换,实现经济的高质量发展。依据“自由”的这种含义,“联合体”中的“每个人的自由发展是一切人的自由发展的条件”中的“每个人”不再是抽象的“利己的人”,而是“天人合一”的人。正是因为人成了“天人合一”的人,所以就必然会构建“每个人的自由发展是一切人的自由发展的条件”的“联合体”。这种“联合体”,就是处在经济高质量发展的物质变换循环的人与自然、人与人之间的相互依存的生存状态中的命运共同体(卢根源,2018)。

由以上的研究可知,“天人合一”是马克思主义文化的本质内涵。由此可见,马克思主义文化与中华文化有着一致性,马克思主义文化源于中华文化,植根于中华文化沃土。由“西方接受中国知识时,不觉丢掉了文化”可知,马克思不管是对黑格尔、费尔巴哈基于“主客二分”“天人对立”的思维方式所设想出来的孤立的、抽象的利己的人的批判,还是对斯密基于“主客二分”“天人对立”的思维方式所设想出来的孤立的、抽象的利己经济人的批判,都是分别在哲学领域和经济学领域拾起了被丢掉了的中华文化,并运用“天人合一”的哲理,批判资本主义私有制条件下“天人对立”的利己经济人,从而针对资本主义私有制条件下利己经济人所带来的危害，揭示了人类社会发展的必然规律，指明了人类社会前进的方向。由此可见，我国著名经济学家程恩富教授提出的马克思主义经济学以"国学为根"，科学地揭示了马克思主义（包括马克思主义经济学）与国学的相互关系。而《易经》是国学之根，"天人合一"是其核心思想。因此，笔者认为，以"国学为根"，应是指以"《易经》为根"，"根"的本质内涵应是"天人合一"；由笔者对"天人合一"的研究，可知"根"的丰富内容。固本强基，才能行稳致远；根深叶茂，才能长成参天大树。而依据笔者的研究，"天人合一"既是中华文化的本质内涵，也是马克思主义文化的本质内涵。这样，以"天人合一"为视域，我们就能深刻认识到马克思主义（包括马克思主义经济学）与国学之间的渊源关系，从而为巩固马克思主义的指导地位提供强有力的学理支撑。因为改革开放以来，由于客观环境和条件的变化，存在着的不同形式的否定马克思主义指导地位的思想倾向概括起来为两种：一是中国应走资本主义道路，从而否定马克思主义的指导地位；二是马克思主义源于西方，不符合中华文化，应恢复儒家思想在意识形态领域的指导地位，从而否定马克思主义的指导地位。所有这些，都威胁到我国意识形态领域的安全，进而威胁到我国政权和社会的稳定。所以，我们需要深刻认识到，我国著名经济学家程恩富教授提出的马克思主义经济学以"国学为根"，明确回答了马克思主义（包括马克思主义经济学）的根基在国学，这有利于解决现实中意识形态领域存在的各种思想上的认识问题，有利于巩固马克思主义的指导地位，有利于维护我国政权和社会的稳定。另外，在实现中华民族伟大复兴的进程中，我们须注意到，国内外敌对势力会利用我国弘扬以《易经》为源的中华优秀传统文化的机会，来煽动民众否定马克思主义；与此同时，国内外敌对势力又会利用我国以马克思主义为指导思想的机会，把西方价值观塞入马克思主义之中，以图把我国的意识形态西化（笔者认为，如果认同古希腊的伊壁鸠鲁哲学及以古希腊哲学为源的西方哲学是马克思主义生态思想的理论来源，思想意识会不知不觉地西移（卢根源，2018），并由此而挑起我国弘扬以《易经》为源的中华优秀传统文化与巩固马克思主义指导地位之间的对立与斗争，从而在我国制造以推翻中国共产党领导为目的的社会动乱。对于这种风险，我们党必须高度警觉！而依据笔者的研究，马克思主义经济学以"国学为根"有利于实现化解这种风险的目标。

基于以上的研究，我们需要进一步认识到，以《易经》为源的、"天人合一"为本质内涵的中华文化，是自然合理的优秀文化，在历史的长河中彰显出无穷的生命力，相对于近代和当代的中国来说，已成为传统，因此是中华优秀传统文化。从横向来说，以《易经》为源的、"天人合一"为本质内涵的中华文化，已转化为马克思主义文化。也就是说，马克思主义蕴含了以《易经》为源的以"天人合一"为本质内涵的中华文化。这样，我们便可以进行以下的探究性的思考。从1840年鸦片战争后西方资本主义列强对我国进行的野蛮入侵和掠夺，使我国面临亡国灭种的危险，其背后所隐藏的是“近代西方将哲学上的主客对立，主体征服客体的主张扩展到国际关系上，借贸易自由之名，对落后国家实行征服和殖民”(乔清举，2014)，以及“西方文化，或者算计自然，妄加剥夺；或是求神拜鬼，另外创世，名正言顺的剥夺自然与世界”(诸玄识，2018c)。这就说明，马克思所揭露的资本主义私有制条件下的利己经济人，不仅给这些资本主义国家的劳动人民带来深重的灾难，而且给我国的劳动人民带来深重的灾难。为了救亡图存、挽救亡国灭种的命运，为了为中国人民谋幸福、为中华民族谋复兴，中国共产党以马克思主义为指导，终于取得了新民主主义革命的胜利，建立了社会主义新中国，结束了中华民族被人宰割的命运。1840年鸦片战争失败以来的80年间，面对中华民族的耻辱，多少仁人志士为了中华民族的振兴，前仆后继，流血牺牲，千辛万苦向西方寻求真理，认为要救国，只有维新；而要维新，就只有学西方。洪秀全、康有为、严复、孙中山是其中的代表。然而，这些人学西方学得很不少，但是在中国就是行不通，都失败了。为什么？这实际上是深刻说明，马克思所批判的以“主客二分”“天人对立”为思维方式和行为方式的、旨在宰割万物的西方资本主义，不符合中华文化的内在要求，在中国“水土不服”，因此，资本主义在中国行不通。由此可知，“资本主义在中国行不通”本质上是指以“主客二分”“天人对立”为思维方式和行为方式的西方文化，在中国行不通。而马克思主义源于中华文化，蕴含了以《易经》为源的以“天人合一”为本质内涵的中华文化，并运用中华文化“天人合一”的文化哲理，揭示了资本主义必然灭亡、社会主义必然胜利的人类社会发展规律。因此，中国共产党以马克思主义为指导，在中国建立社会主义国家，符合中华文化的内在要求，符合中华民族祖先对共同富裕美好生活的向往和对天下为公世界大同的憧憬，并警示着中国不能走资本主义邪路。因此，以马克思主义为指导的“中国共产党从成立之日起，既是中国先进文化的积极引领者和践行者，又是中华优秀传统文化的忠实传承者和弘扬者”(习近平，2017a)。这样，我们便又可深刻认识到以马克思主义为指导的中国共产党在革命年代所创立的革命文化，是以《易经》为源的以“天人合一”为本质内涵的中华文化在新的历史阶段的创造性转化和创新性发展的表现形态，体现了中华民族精神，特别是其中的自强不息精神和爱国主义精神。因此，中华优秀传统文化、马克思主义文化、革命文化不是对立的，也不是分割的，而是统一于中华文化之中。以此为基础，以马克思主义为指导的中国共产党在领导中国人民进行伟大的中国特色社会主义实践过程中，又创立了中国特色社会主义文化。这正如习近平总书记指出的那样：“当代中国共产党人和中国人民应该而且一定能够担负起新的文化使命，在实践创造中进行文化创造，在历史进步中实现文化进步”(习近平，2017a)。习近平新时代中国特色社会主义思想蕴含了中国特色社会主义文化,是中国特色社会主义文化的最新成果。习近平总书记指出:“中国特色社会主义文化,源自于中华民族五千多年文明历史所孕育的中华优秀传统文化,熔铸于党领导人民在革命、建设、改革中创造的革命文化和社会主义先进文化,植根于中国特色社会主义伟大实践”(习近平,2017b)。习近平新时代中国特色社会主义思想的核心内容“八个明确”和“十四个坚持”,彰显了习近平总书记的这一科学论断。例如:“明确中国特色社会主义事业总体布局是‘五位一体’、战略布局是‘四个全面’,强调坚定道路自信、理论自信、制度自信、文化自信”(习近平,2017c);其中的“五位一体”总体布局和“四个全面”战略布局都彰显了中华文化“天人合一”的整体观,“道路自信、理论自信、制度自信、文化自信”彰显了中华文化自强不息的精神;“明确中国特色大国外交要推动构建新型国际关系,推动构建人类命运共同体”(习近平,2017c),彰显了中华文化爱好和平、与人和谐相处的智慧。再如:“坚持党对一切工作的领导。党政军民学,东西南北中,党是领导一切的”(习近平,2017d),彰显了中华文化“天人合一”整体观中“一”与“多”的辩证关系;“坚持人与自然和谐共生”(习近平,2017e),彰显了中华文化“天人合一”的生态智慧。由此可见,中国特色社会主义文化是以《易经》为源的以“天人合一”为本质内涵的中华文化在中国特色社会主义伟大实践中的创造性转化和创新性发展的表现形态,是在中国特色社会主义伟大实践中中华优秀传统文化与马克思主义文化交互作用的成果。因此,中华优秀传统文化、马克思主义文化、革命文化、中国特色社会主义文化一脉相承,统一于中华文化。历史不能割断,历史从哪里开始,逻辑就从哪里开始。因此,“统一于中华文化”之中的“统一”,蕴含了中华民族五千多年的文明史、中国人民近代以来一百七十多年来的斗争史、中国共产党九十多年来的奋斗史的一脉相承,蕴含了中华民族五千多年文明史的历史逻辑、马克思主义的理论逻辑、中国特色社会主义的实践逻辑的高度统一。而在这之中,马克思主义处于指导地位,是说明在新的历史进程中,必须明确方向,不能忘记中国近代史中华民族令人宰割的历史,不能走资本主义的邪路,应走有中华文化蕴含的中国自己的路,实现中华民族伟大复兴,引领世界走和平发展的道路。笔者的这些探究性的思考,不仅可以加深马克思主义经济学以“国学为根”有利于化解我国意识形态领域面临的风险的认识,而且还可以增强中华民族的自尊心和自信心,增强实现中华民族伟大复兴的精神动力。试想,面对以黑格尔为代表的西方学人,为了因为他们是源于古希腊,而不顾抄袭中国哲学的事实,一方面既抹黑了中国哲学,另一方面又虚构他们的理论源于古希腊,以及面对西方学者提出的马克思主义生态思想源于古希腊哲学,难道中国的学者不应该正本清源,响亮地提出马克思主义源于中国,马克思主义生态思想源于《易经》,马克思主义文化源于中华文化吗?马克思主义经济学以“国学为根”,引领中国的学者做出这样的响亮的回答!

参考文献

[1]董并生,2018a、b、c、d、e、f、g、h、i、j、k,《虚构的古希腊文明——欧洲“古典历史辨伪”》,太原:山西人民出版社,第387、475、476、477、481、482、483、487、489、491、498页。

[2]卢根源,2016a,《易经》是马克思主义生态思想的理论来源研究论纲,《河北经贸大学学报》,第5期,第35页。

[3]卢根源,2016b,马克思主义经济学利己和利他经济人假设的证明及其现实意义,《海派经济学》,第3期,第5页。

[4]卢根源,2018,人的本质与人类命运共同体——兼论中国特色社会主义政治经济学理论体系,《海派经济学》,第4期,第46—58页。

[5]马克思,2004a、b,《资本论》(第1卷),北京:人民出版社,第579—580页。

[6]马克思,2004c,《资本论》(第3卷),北京:人民出版社,第928页。

[7]马克思、恩格斯,2009a、b、c、d、e、f、g、h、i、j、k,《马克思恩格斯文集》(第1卷),北京:人民出版社,第46、161、184、185、187、196、243、294、501、532、724页。

[8]乔清举,2014,中国哲学研究反思:超越“以西释中”,《中国社会科学》,第11期,第47页。

[9]习近平,2017a、b、c、d、e,《决胜全面建成小康社会 夺取新时代中国特色社会主义伟大胜利——在中国共产党第十九次全国代表大会上的报告》,北京:人民出版社,第19、20、23、41、44页。

[10]杨力,2008a、b、c、d、e,《杨力讲〈易经〉》,北京:北京科学技术出版社,第161、164、200、246、271页。

[11]张善文,2008,《周易:玄妙的天书》,上海:上海古籍出版社,第9页。

[12]朱谦之,1985,《中国哲学对欧洲的影响》,福州:福建人民出版社,第356页。

[13]诸玄识,2018a、b、c,《虚构的西方文明史——古今西方“复制中国”考论》,太原:山西人民出版社,第246、250、368页。

“Harmony between Man and Nature” and Learning from Adults in the Book of Changes

—Concurrently on “New Marx Comprehensive School of Economics” Taking “National Studies as the Root”

Lu Genyuan

Abstract “Harmony between man and nature” is the essence of Chinese culture and the essence of Marxist culture. Therefore, Marxist culture originates from Chinese culture. Marx used the cultural philosophy of “heaven and man unite” to criticize the self-interested economic man under the condition of capitalist private ownership, and revealed that the transformation from self-interested economic man to self-interested economic man is an inevitable law of human social development. The Book of Changes is the root of Chinese learning, and its core philosophy, "the harmony between man and nature," has bred the Chinese national spirit. Taking "national studies as the root" in Marxist economics not only profoundly contains the rich content of "the union of heaven and man" in the perspective of the Book of Changes, but also profoundly reveals the relationship between Marxist culture and Chinese culture. This has important strategic significance for resolving the risks contained in the idea of antagonizing Marxist culture with Chinese culture.

Key words Book of Changes Harmony between Man and Nature Chinese Culture Marxist Culture Learning Chinese as a Root Learning as an Adult

海派经济学
第 18 卷第 1 期,2020　Journal of Economics of Shanghai School　No. 18,1,2020

用 GDP 否定毛泽东时代严重失实

——与林毅夫、周天勇教授商榷

王立华

内容提要　一个时期以来,用 GDP 贬低毛泽东时代成为一些人的时尚。但新中国前 40 年并没有 GDP 统计,用后来估算并多次修改的 GDP 数据不能准确反映历史。我们换个角度,用毛泽东时代具有源头性、基础性、标志性的 20 多个产品的产量数据[①],与权威部门发布的美国、苏联、日本、联邦德国、英国、法国和印度的相关数据进行比较,竟有一个惊人的发现:毛泽东时代的中国是经济增速最快的国家,高于主要发达国家和主要经济体,苏联经济发展速度也高于主要发达国家。

关键词　毛泽东时代产品产量　GDP　增长速度

中图分类号　D616

片面否定毛泽东时代中国人民艰苦卓绝的经济建设成就,在理论界和社会上具有一定的普遍性,甚至成为时尚说法,至今仍是一些学者的叙事模式。但那样的描述符合历史真实吗?尤其在当今开放的信息社会,广大学者和人民群众的独立思考意识和民主意识不断增强,历史资料查询比较方便,谁也掩盖不了历史真相,谁也垄断不了对历史的解释权。尊重事实是最起码的底线,如果通过极端不靠谱的资料来歪曲事实,不但会因失实带来严重的经济政治后果,也会使所有这样做的人被载入耻辱史册。

2017 年 11 月,由中国宏观经济学会、中国经济改革研究基金会联合举行的经济学奖颁奖典礼上,当今著名经济学家之一林毅夫教授说:“1978 年,中国刚刚从计划经济向市场经济转型的时候是世界上最贫穷的国家之一,当时

收稿日期:2019—12—20

作者简介:王立华,中国红色文化研究会副会长,昆仑研究院副院长兼秘书长、大校,主要研究方向为中共党史。

① 这些数据基本是能够搜集到的出自权威部门的所有可比数据。

的人均 GDP 连撒哈拉沙漠以南的非洲国家平均数的三分之一都达不到。”[①] 2018 年 7 月 19 日，在《人民日报》第七版纪念改革开放 40 周年专栏中，登载了林毅夫的《中国经济改革：成就、经验与挑战》，其中又说：“在 1978 年时，中国人均收入水平连撒哈拉沙漠以南非洲国家平均收入的 1/3 都没有达到。”[②]

这个“撒哈拉”说法，是林毅夫的标志性发明，网上随便一查便能看到大量存在，他在多个场合作为改革开放根据翻来覆去地讲。撒哈拉沙漠以南专指非洲的黑人地区，尽管那里有南非等极少数几个国家当年发展水平稍高一些，但却有几十个经济最不发达国家，属于世界上经济最落后地区之一。林毅夫通过这个莫名其妙的“平均数”，提升众多最落后国家极落后的数值，然后再贬损新中国经济发展不如非洲，甚至连他们平均收入的 1/3 都不到。但问题在于，非洲众多国家当年连个完整的经济统计数据都没有，用什么办法能准确计算各国全部加起来以后的人均 GDP 呢？

还有一个更加离谱的标本，很长时间一直赫然挂在《中国共产党新闻网》和一些重要官方网站上，成为权威专家阐释。文章是由中央党校国际战略研究所副所长周天勇撰写，原载于 2008 年中央党校主办的《学习时报》，题目是《三十年前我们为什么要选择改革开放》。文中说：“1952 年中国 GDP 总量占世界 GDP 的比例为 5.2%，1978 年下降为 5.0%。人均 GDP 水平按当时官方高估的汇率计算，也只有 224.9 美元。1948 年，中国人均 GDP 排世界各国第 40 位，到了 1978 年中国人均 GDP 排倒数第 2 位，仅是印度人均 GDP 的 2/3。”[③]如果不知道他这话的含义，可以直接告诉你一个令人匪夷所思的结论：按照某些权威估算的美元 GDP，蒋家王朝已经丢掉半壁江山正在垂死挣扎的 1948 年，国民党军与人民解放军进行大规模战争正在被大量歼灭的时间，竟是中国迄今为止人均 GDP 在世界上排位最高的年份。而毛泽东时代结束时的 1976 年，人均 GDP 排位由 1948 年的第 40 位大幅度下降到第 124 位；到 1978 年又下降到世界排名倒数第二，这还是按高估的汇率计算出来的，完全属于世界上最垃圾的国家；到邓小平去世的 1997 年，改革开放已经轰轰烈烈进行了 18 个年头，中国人均美元 GDP 世界排位，还是属于世界上最落后国家行列的第 137 位；到 2012 年，改革开放进行了 30 多年后，中国仍属于世界

---

① 林毅夫，《迎接中国经济学家世纪的到来》，观察者网，https://www.guancha.cn/LinYiFu/2017_11_22_435941.shtml，2017 年 11 月 22 日。网站在文章前面说明：“本文根据北京大学新结构经济学研究中心主任林毅夫教授于 2017 年 11 月 18 日在中国经济学奖颁奖典礼上的致辞整理，经林毅夫教授审订，授权观察者网刊载。”

② 林毅夫，《中国经济改革：成就、经验与挑战》，人民网，http://theory.people.com.cn/n1/2018/0719/c40531-30156523.html，2018 年 7 月 19 日。

③ 周天勇，《30 年前我们为什么选择改革开放》，人民网，http://tv.people.com.cn/GB/28140/138759/8359443.html，2008 年 11 月 18 日。网站在文章前面说明：“近日，《学习时报》刊登了中央党校学者周天勇的文章，文章从诸多方面用大量数据分析了 30 年前我国为什么选择改革开放这条道路的问题。”在本文发表前，中国共产党新闻网等一些官方网站已经搜索不到此文。

上最贫困的国家之一，人均美元GDP排在第107位；直到2018年底，中国人均美元GDP才达到第77位，仍与蒋介石统治末期的世界排名第40位相差甚远。[①] 即使你穷尽所有的想象力，能想到会有如此惊人的历史发明吗？

如果他们这些说法是真的，新中国的成立就完全是一场巨大的人间灾难，走社会主义道路也完全是错误的选择。1949年建立的那个朝气蓬勃、蒸蒸日上的新中国，人民记忆中那个在经济建设等各个领域取得了举世公认巨大成就的新中国，经济发展不但不如落后的印度，不如行将就木的国民党反动政府，甚至连世界上最落后的非洲都不如。

毛泽东时代不是一个人领导中国，而是一个中央领导集体。周总理等政府领导人向党和人民汇报，讲的那些令人振奋的经济建设成就难道都是胡编乱造的假话？更重要的是，那些一心跟着共产党建设社会主义新中国的亿万劳动者和各级干部，他们勒紧裤带建设新中国，几十年艰苦奋斗的劳动成果和建设成就，怎么说没有就没有了？那个精心估算出来的GDP数字反映了历史真相还是颠覆了历史真相？这是必须研究清楚的重大经济问题。

一、后来估算的GDP难以准确反映经济历史

众多权威人士在评价毛泽东时代的经济时，一般都用GDP数字说事，让人们认识颠倒的奥秘也正是隐藏在这个GDP里，由此得出那些令人吃惊的结论。

而事实真相是怎样的呢？毛泽东时代的新中国，根本就没有进行过GDP统计。直到毛泽东时代结束近10年的1985年，国民经济核算仍延续着与计划经济相配套的物质平衡表体系MPS。从1985年开始，国家逐渐建立对第三产业的统计，到1993年后，国民经济核算体系才转变为源于市场经济的国民账户体系SNA。从此，SNA体系中的GDP和GNP就成了大家最熟悉的指标。那么，此前没有GDP统计的历史时期，现在所说的毛泽东时代的GDP数据是从哪里来的？答案应当很明确，是过了近20年后估算出来的。

即使1978年后的GDP，也经过后来多次调整修改。为什么要修改呢？直接原因是那些数字与经济发展事实严重不符。用中国改革后的统计方法计算，1980—1991年GDP年均增长9.2%，而世界银行当时的统计却只有2.2%，两者差距如此之大，应当怎样解释呢？中国有关部门认为，主要原因是人民币汇率下调引起的。而世行专家则认为，中国的统计体系虽然进行了改革，但基本概念仍深深扎根于传统的MPS体系，许多产品价格仍处于政府控

① 数据来源于快易理财网“1960—2018年世界各国人均GDP数据和排位”。不同来源的数据有小的差别，为了便于查找核对，这里统一使用快易理财网数据。1948年排位和1978年的“倒数第二”，是周天勇文章中的说法。

制中，导致以价格为衡量标准的统计结果严重失真。鉴于发现的问题，1995年第三次全国工业普查后，有关部门依据普查结果对1978—1993年的GDP进行了重大调整，使原推算的1985年后的GDP数据大幅度提升，平均上调幅度近6%，其中1993年GDP上调幅度高达10%（许宪春，2000:87—108）。但到2004年底全国经济普查时又出问题了，发现当年的GDP比年快报核算数多2.3万亿元，增幅高达16.8%，有关部门又按国际惯例修正1993—2003年的数据，1993年之前的数据与之后的数据差距太大怎么办，只好又一次调整1978—1992年的GDP增长率。

这样一而再、再而三的调整修改数据说明，从1993年后开始实行的GDP统计存在严重缺陷，不能准确地反映经济现状，必须不断调整修改才能大致说得过去。其实，这个问题在西方国家同样存在，他们也在不断调整修改GDP数据，否则就会出现很大的误差。拿美国来说，仅1929—1999年70年间就进行过11次历史数据修改调整，平均每6年多一点就要调整一次。

这就提出了一个重大问题，当年统计的GDP与经济普查的实际误差都那么大，不得不一再调整，难道对几十年前的GDP估算反而准确了？用后来不断调整修改过的数据，去进行跨越半个多世纪的比较，能反映经济发展的历史真相吗？况且，两个经济统计体系完全不同，现在统计的许多项目和门类，过去根本就没有统计过，怎能进行言之凿凿的比较呢？

科学结论需要可靠的事实来证明，否则，就会制造学术笑话和历史笑话。

二、可用物量变化考证毛泽东时代的经济

毛泽东时代使用的经济核算体系是MPS，而当今中国使用的经济核算体系是SNA，这是两种完全不同的核算体系，其理论基础、计算方法、分类方法和指标含义等都不相同。

现在中国使用的SNA体系，是第二次世界大战后西方资本主义国家为适应宏观经济控制需要产生的。在西方经济学中，没有像马克思主义经济学那样，明确区分物质生产和非物质生产、生产劳动和非生产劳动。他们认为，社会产品和国民收入是土地、资本、劳动三个方面一起作用的结果，一切生产和劳务都属于生产，包括资本产生的利润、利息、租金，都与工人劳动工资一样是生产要素收入。他们的经济核算体系，把房地产业、金融保险业、科教文卫、广播电影电视业、政党机关和社会团体等行业的增加值都包含在统计范围之内。

毛泽东时代的MPS体系，是当时所有社会主义国家都使用的指导计划经济的物质产品平衡体系。这个体系的理论基础是马克思主义经济学，其核心观点是：物质资料生产是人类社会存在和发展的基础，只有创造物质产品和

增加产品价值的劳动,才是社会的基本生产劳动,非物质生产部门的收入是在国民收入再分配中形成的,所以统计中不体现非物质资料生产和服务活动。1984年前,中国许多非物质生产部门,如房地产业、金融保险业、科教文卫、广播电影电视业、政党机关和社会团体等行业的增加值,都是不统计在内的。但那时并非没有这些职能部门,由于强有力的国家机器和计划体制,这些部门在低成本高效运转,服务于国家建设的各项事业和社会生活的方方面面。

毛泽东时代的经济统计数据,不仅不体现非物质资料生产和服务活动,而且还没有外资这个今天占相当比重的大块头。

关于当今中国的经济统计数据,要注意两个不同的概念:一个是GNP(国民生产总值),另一个是GDP(国内生产总值)。不少人一直认为,现在经济统计用的是GDP,而毛泽东时代用的是GNP,这个认识是错误的。正确的认识应当是,GDP和GNP这两个概念,毛泽东时代都没有用于经济统计,是20世纪八九十年代改革统计方法之后才陆续使用的。从国务院政府工作报告和统计公报中使用的概念来看,1981年前用的是工农业总产值,包括工业和农业两大物质生产部门全部产品的价值总和;1982—1986年用的是社会总产值,统计范围已经不再限于工农业了,而是扩大为农业、工业、建筑业、运输邮电业和商业(包括饮食业和物资供销业)五大生产部门的总产值之和;再往后,1987—1991年用的是国民生产总值GNP,1992年至今用的是国内生产总值GDP,这两个概念更不同于此前的概念,相互之间也很不同。

GNP和GDP的不同在于:GNP统计遵循的是国民原则,不包括外资产值,但包括国民在外国创造的产值;GDP统计遵循的是国土原则,包括外资在国内创造的产值,不包括国民在外国创造的产值。对于经济落后国家,GNP比GDP更能反映真实状况,因为本国没有多少资本在外国投资,更多是外国资本在本国增值。引进外资后,又需要付出环境、市场和资源的代价,才能求得在工资、税收及生产力提高等方面的获利。但外资财富最终要流回外国,正如一些外商自己所说:把利润打回老家,让GDP留给中国。看起来喜人的GDP像挂在拉磨的驴前面的那根胡萝卜,近在眼前却难享受到。所以,统计GDP对国民意义不大,相反,还会掩盖外国资本在本国的扩张程度。包括美国和世界银行在内,更关注各国的GNP,并以此分析世界各国的贫富差异。美国历史上一直沿用GNP统计,1991年后才改为GDP统计,中国1992年也紧随其后改为GDP统计,此后,美国的统计中不再包括美国在外国的财富,中国的统计中却大量隐含着美国等外资的财富。

目前中国有多少外国资本产生的GDP呢?据商务部发布的信息,2002年外资企业工业产值占中国工业总产值的33.37%,基本是三分天下有其一,2017年外企创造了中国近50%对外贸易、1/4规模以上工业企业利润、1/5税收收入。国家统计局公布,到2017年底,国有控股工业企业资产总计

439 622.86亿元，利润总额17 215.49亿元，用工1 595.82万人；私营工业企业资产总计242 636.74亿元，利润总额23 043.00亿元，用工3 230.03万人；外商和港澳台商投资工业企业资产总计215 998.05亿元，利润总额18 412.38亿元[①]，用工2 052.25万人。[②]从资产总计来看：总额共898 257.65亿元，国有控股占48.94%，私营占27.01%，外商和港澳台商投资占24.05%；从利润总额看：共278 264.61亿元，国有控股占6.19%，私营占87.20%，外资和港澳台投资占6.61%。从用工人数看：共用工6 878.10万人，国有控股占23.20%，私营占46.96%，外商和港澳台商投资占29.84%。根据国家统计局的这个数据，外资占工业企业总资产近1/4，用工量占总数近1/3。

毛泽东时代中国基本没有外资企业，拿外资占如此比例的GDP与毛泽东时代比较，使用的显然不是一个标准。

还有一个关键性问题必须清楚，GDP统计数据是货币单位，是最终产品在市场上达成交换的价值，是用货币衡量、通过市场交换价格来体现的。因此，决定和影响GDP的主要因素，不止有实际生产力、生产业绩和产品的产量质量水平，还有当时的市场价格和通货膨胀等因素，如果市场价格上涨，同样产品产生的GDP数值就高，反之则反。毛泽东时代是低物价，那时人民币包括美元的含金量，与现在不可同日而语。20世纪六七十年代，1 000元人民币可在农村建造一个砖瓦结构的农家小院，现在基本可视为天方夜谭。一套位于北京二环内的住房，2005年建筑面积市场价每平方米不到7 000元，到2015年每平方米可达17万元，10年间上涨24倍多，同样一套住房，以交易价格产生的GDP数值相差如此巨大，而实质财富水平却没有任何变化。即使用美元计算也面临同样的难题，我们用黄金衡量一下美元的价值变化，就能清楚地看出，20世纪70年代初的基本价格是35美元兑换1盎司黄金，而现在市场价却上涨到1 588美元左右[③]，不到50年美元对黄金贬值达45倍多，用美元能准确衡量GDP吗？不同时代的GDP能进行简单比较吗？

有人认为，进行GDP比较时，已经考虑到物价变动和货币贬值因素，专门有一个不变价格GDP。但也应当知道，不变价格所用的“基期”是不同的，现在的不变价格不是20世纪50年代的不变价格，因为随着工农业产品价格水平的变化，国家统计局先后若干次制定工业产品不变价格和农产品不变价格。从1949年到1957年使用1952年工（农）业产品不变价格；从1957年到1971年使用1957年不变价格；从1971年到1981年使用1970年不变价格；从1981

---

① 国家统计局发布的外资利润数据与商务部发布的数据差距较大，不知道哪个是准确的，只能都写明。

② 数据来源于《2018年中国统计年鉴》。

③ 2020年2月1日伦敦金1盎司黄金价格。

年到1991年使用1980年不变价格；从1991年开始使用1990年不变价格；再往后2000年、2005年、2010年、2015年也都是不同的价格基期。不同基期计算的GDP进行短期对比或许可以，要进行跨越半个世纪的对比能比出高低吗？即使用某个基期的不变价格计算几十年或者更长时期的GDP，如此复杂的市场价格、统计项目及其内涵变化，能计算得清楚、准确吗？

相对而言，对经济发展速度和水平进行历史比较，尽量排除价格变化影响，基本用物量变化的数据，用各类产品产量尤其基础性产品的数据来进行历史比较，或许更可靠些。因为这个数字是不能随意调整改变的，它表现的是实实在在的生产力发展速度与水平、产品产量和物质财富水平，不存在用货币衡量的投机和市场交换的扭曲因素，也不存在通货膨胀造成的泡沫，无法随意进行调整修改，尽管也会有这样那样的不准确，但只要不是故意系统地篡改数据，就能进行更客观的历史比较。

三、客观界定毛泽东时代的起止时间

一般把毛泽东时代截止到1978年。讲两个30年，一个是从1949年到1978年，一个是从1978年到2007年。

以1978年划线，区分改革开放前和改革开放后是准确的。但从经济政治的客观实际看，1978年作为毛泽东时代的终止时间不合适。1976年10月粉碎了“四人帮”，这恰恰是改革开放新时期的前提，而不是毛泽东时代的延续，尽管这两年经济发展速度不低，也不能算入毛泽东时代。

以完整的经济发展年度来看，毛泽东时代应以1950年为起点，终止于1975年底，一共26年时间。

从起点看，中华人民共和国1949年10月成立，之前从法理上讲还是“中华民国”。新中国成立时还有大片国土没有解放，国内还处在大规模战争状态，对经济生产和活动的破坏很大。如果以1949年为起点，会导致物量数据基点偏低，对比的增长倍数偏高。毛泽东等老一辈革命家全年度领导中国经济建设，是从1950年开始的。

计算GDP的权威文件，往往把数据起点设为1952年，把新中国成立之初最艰苦的3年恢复时期隔离在公布数据之外，这是很不合适的。中国共产党领导获得翻身解放的中国人民，在一穷二白的烂摊子上搞建设，不到3年就超过了旧中国所能达到的最高水平，怎能把这样的伟大成就排除出去呢？苏联解体后，进行了所谓“一步到位”的改革，俄罗斯终于走上美国人帮助设计的贪腐权贵资本主义道路，至今已经过去近30年了，仍没有恢复到苏联时期经济发展的最高水平，可见改朝换代之后经济建设恢复发展之难。

从终点看，到1976年9月9日，毛泽东时代后期党和国家的核心领导人毛泽东、周恩来、朱德等都已去世，之后实行的经济政治方针政策及成败，完全是在新的领导者主持下制定实施的，毛泽东等不应当再负任何实际领导责任。而 1975 年，无论他们身体状况如何不好，都还在核心领导岗位上发挥作用，应当对全年度负责任。

四、物量数据来源和客观比较方法

毛泽东时代经济发展真的不如撒哈拉以南非洲国家、不如印度和蒋介石统治的旧中国吗？本文力图通过比较那个时代的产品产量来说明问题，但是困难在于找不到完整数据。他们所说的撒哈拉以南非洲国家和旧中国，当时连个完整的统计数据都没有，真不知他们言之凿凿的 GDP 是怎么搞出来的。

好在，我们能找到印度、美国、苏联、日本、联邦德国、英国、法国等一些国家的可靠数据，如果毛泽东时代中国的经济发展速度与这些国家相比是更高的，那么一定比非洲那些至今都是最不发达的国家发展得更好，否则，就连他们最推崇的西方国家和印度都不如非洲撒哈拉以南了，若是那样的话，那些权威们的理论创造和解释任务就太重了。至于旧中国，即使留下的只是几个可怜的可以对比的统计数据，也足以让周天勇们目瞪口呆。

进行这个比较的根本目的，不是为了证明一些权威们的轻率荒唐，根本目的是希望党和国家在讲改革开放必要性和成就时，不要被那些经不起推敲的历史虚无主义论调左右，尽量给人民群众传播符合实际的正确历史观。以否定毛泽东时代来讲改革开放，没有任何事实依据和说服力，反而否定了第一代党的领导集体、广大党员和亿万群众艰苦奋斗取得的伟大成就。邓小平早就明确说过：新中国前 30 年“取得了旧中国几百年、几千年所没有取得过的进步”，“大大缩短了同发达资本主义国家在经济发展方面的差距”（邓小平，1994：167）。怎么现在就不如旧中国、不如印度、不如非洲了呢？无原则地践踏自己的历史和根基，只会符合国内外和党内外敌对势力的心愿。

本文引用的产品产量数据，全部源于改革开放后国家权威部门编辑的资料。有些资料年代久远，找到很不容易，也算是给有志研究这段历史的同志提供一个系统的资料查询帮助。

1.《新中国 60 年统计资料汇编》，由国家统计局国民经济综合统计司编辑。

2.《国外经济统计资料（1949—1978 年）》，中国统计出版社 1981 年出版，社会科学院世界经济研究所、国家统计局等依据联合国《统计年鉴》等提供的数据编辑。部分数据来自 1979 年中国财政经济出版社出版的《国外经济统计资料（1949—1976 年）》。

3. 少量数据来自网上，由国家统计局“北海居”编制的《百年来中美发电量比较(1902—2011)》《美国、日本、英国和中国钢产量(1871—2005)》等。

本文只是比较物量数据,凡是能找到可比较权威数据的、国际公认的对经济发展具有源头性、指标性和基础性作用的物质产品产量都列入比较范围。考虑到便于计算人均水平,前面加了一项人口增长数量比较。一般不对货币计算的各类数据进行比较。比较的基本方法如下:

1. 起点数据:1950年各类产品的总量和人均量。

2. 终点数据:1975年各类产品的总量和人均量。

3. 增长速度:以1975年数据除以1950年数据,得出产品总量增长和人均增长的倍数。

4. 新兴产业产品:以毛泽东时代出现此类产品统计的第二年为基点,以免比较基点偏低而倍数偏高,截止到1975年为终点。按照同样的年度和时间跨度,对比世界各主要经济体。

5. 与旧中国的比较:以各个时期第一年的数据为起点和基点,以最后一年的数据除以起点数据,比较增长的倍数,理解和计算起来也比较简洁方便。民国时期只能找到人口、电力和钢产量的数据,只能比较有数据的产品。

这样的比较不一定非常精确,但却完全建立在实际产品统计的基础上,比较的是物量变化和物质财富增加的速度,以期提供一个相对可靠的认识毛泽东时代的视角。

五、产品总量和人均产量增长速度比较结果

因为比较的数据量比较多,看起来比较费时间,先把比较结果放在前面讲一下,如果有兴趣可以继续往下看。能找到产品产量可靠可比数据的共24项,比较结果如下:

产品总量增速:中国20项第一,3项第二,1项第三。

人均产量增速:中国20项第一,3项第二,1项第五。

结果毫无疑问,中国是增速最快的国家,苏联、印度、日本属于第二梯队,再往后是法国、美国、西德、英国等。

这样,得出一个与权威专家灌输给大家的完全不同的结论:毛泽东时代的经济发展,比同时期任何一个主要国家都有很大发展速度优势。所谓新中国不如旧中国、不如印度,甚至不如非洲,完全是颠倒事实的胡说。

下面是各个具体项目的比较情况。包括1950年和1975年人口、产品总量和人均产量的基本数据、总量增长速度和人均增长速度的比较结果。

(一)比较1:人口[①]增长速度

新中国前26年:人口数量,1950年55 196万人,1975年92 420万人,是1950年的1.674倍。年均增长人口1 488.96万人。

印度:人口数量,1950年35 493万人,1975年59 222万人,是1950年的1.669倍。年均增长人口949.16万人。

美国:人口数量,1950年15 227万人,1975年21 354万人,是1950年的1.40倍。年均增长人口245.08万人。

苏联:人口数量,1950年18 008万人,1975年25 439万人,是1950年的1.41倍。年均增长人口297.24万人。

日本:人口数量,1950年8 290万人,1975年11 157万人,是1950年的1.35倍。年均增长人口114.68万人。

联邦德国:人口数量,1950年4 785万人,1975年5 983万人,是1950年的1.25倍。年均增长人口47.92万人。

英国:人口数量,1950年5 062万人,1975年5 593万人,是1950年的1.10倍。年均增长人口21.24万人。

法国:人口数量,1950年4 174万人,1975年5 271万人,是1950年的1.26倍。年均增长人口43.88万人。

人口增长速度排位:(1)新中国前26年1.674倍;(2)印度1.669倍;(3)苏联1.41倍;(4)美国1.40倍;(5)日本1.35倍;(6)法国1.26倍;(7)联邦德国1.25倍;(8)英国1.10倍。

年均增长数量排位:(1)新中国前26年1 488.96万人;(2)印度949.16万人;(3)苏联297.24万人;(4)美国245.08万人;(5)日本114.68万人;(6)联邦德国47.92万人;(7)法国43.88万人;(8)英国21.24万人。

再看看令人吃惊的民国时期人口增长情况:民国时期21年(1923年无统计数据,只能从1928年蒋介石上台算起,到1948年共21年):人口数量,1928年47 478.74万人,1948年46 349.34万人,是1928年的0.98倍(侯杨方,2000)。1927年4月,蒋介石发动"四一二"政变上台,从1928年到1948年的21年间,人口的绝对数量减少了1 129.4万人,年均增长是负数,—56.47万人。

新中国同样计算21年:1950年55 196万人,1970年82 992万人,是1950年的1.5倍,年均增长人口1 389.7万人。这个增长率无关人口基数大小,在人种没有任何变化的情况下,人口由负增长到净增长千万以上,只能用新旧中国两重天来形容。

---

① 中国人口数据来源于:《中国统计年鉴(1987)》,中国统计出版社1987年版,第89页。外国人口数据来源于:《国外经济统计资料(1949—1978年)》,中国统计出版社1981年版,第10页。

毛泽东时代人口增长率排在世界主要国家第一位，却被一些信口雌黄的势力说成饿殍遍野，饿死了几千万甚至上亿，蒋介石统治期间绝对数量平均每年减少56万多，竟然被一些专家学者和舆论鼓吹成中国的“黄金时期”，离谱到极点，这到底是谁的悲哀？

(二)比较2:发电量[①]增长速度

新中国前26年:发电量，1950年46亿度，1975年1 958亿度，是1950年的42.57倍。人均发电量，1950年8.33度，1975年211.86度，是1950年的25.43倍。

印度:发电量，1950年51亿度，1975年856亿度，是1950年的16.78倍。人均发电量，1950年14.37度，1975年144.54度，是1950年的10.06倍。

美国:发电量，1950年3 887亿度，1975年20 009亿度，是1950年的5.15倍。人均发电量，1950年2 552.7度，1975年9 370.14度，是1950年的3.67倍。

苏联:发电量，1950年912亿度，1975年10 386亿度，是1950年的11.39倍。人均发电量，1950年506.44度，1975年4 082.71度，是1950年的8.06倍。

日本:发电量，1950年449亿度，1975年4 758亿度，是1950年的10.60倍。人均发电量，1950年541.62度，1975年4264.59度，是1950年的7.87倍。

联邦德国:发电量，1950年445亿度，1975年3 018亿度，是1950年的6.78倍。人均发电量，1950年929.99度，1975年5 044.29度，是1950年的5.42倍。

英国:发电量，1950年565亿度，1975年2 720亿度，是1950年的4.81倍。人均发电量，1950年1 122.59度，1975年4 860.61度，是1950年的4.33倍。

法国:发电量，1950年330亿度，1975年1 853亿度，是1950年的5.62倍。人均发电量，1950年790.61度，1975年3 510.13度，是1950年的4.44倍。

总量增长速度排位:(1)新中国前26年42.57倍;(2)印度16.78倍;(3)苏联11.39;(4)日本10.60倍;(5)联邦德国6.78倍;(6)法国5.62倍;(7)美国5.15倍;(8)英国4.81倍。

人均增长速度排位:(1)新中国前26年25.43倍;(2)印度10.06倍;(3)苏联8.06;(4)日本7.87倍;(5)联邦德国5.42倍;(6)法国4.44倍;

---

① 中国发电量数据来源于:《新中国60年统计资料汇编》，中国统计出版社2010年版，1—37续表1。外国发电量数据来源于:《国外经济统计资料(1949—1978年)》，中国统计出版社1981年版，第106页。

(7)英国4.33倍;(8)美国3.67倍。

发电量是衡量国民经济发展的指标性数据。李克强总理为了挤掉GDP统计中的水分,常用耗电量、铁路货运量和银行贷款发放量三项指标核准上报数字,受到众多国际机构认可,被称为“克强指数”,其中用电量占比40%,是最重要的指标。电力数据的这种指标性,基于其突出特点:

1. 电是一切现代经济活动最主要的动力。对于一个现代国家来说,没有发电量增长的经济发展,要么是经济泡沫,要么是子虚乌有的无源之水、无本之木,除非发生重大的全局性科技进步和经济转型升级,如当前正在执行的去产能政策和抑制大量耗电的房地产业等,否则是不可想象的。

2. 发电量是用电表记录下来汇总的,不能通过拍脑袋编造出来,前面编造了后面没有办法修改。它的历史数据保留得也特别完整,中国从1912年至今每年的数据都有完整记录,世界主要国家也都作为经济发展的主要数据统计留存。

3. 发电量还有一个特点,不像石油、煤炭那样能大量储备起来,发电、输电和用电瞬间同时完成,数量基本一致,发多少就要用多少,用不掉就不能继续生产,不够用就要拉闸限电。各类现代经济生产活动增长越多,生活现代化程度越高,必然伴随着用电量相应的上升,否则增速就会降低。

4. 发电量这一产品不存在升级换代问题。百年前的1度电与现在的1度电没什么区别,不像其他一些工业产品,科技内涵与质量内涵变化升级大,单纯的数量统计缺乏可比性。

当然,发电量衡量也有不确定性。因为,国民经济还有相当一部分不是电能推动的,尤其是在经济不发达国家,存在大量的人力、畜力、自然力、内燃机等非电能生产,新中国初期电力生产极不普及,非电力的人拉肩扛生产占相当大比重,只计算发电量指标会存在速度偏低的失真。在科技进步、经济发展转型和管理升级挖潜后,同样的发电量可以创造更多财富,以发电量增速衡量也会存在低估经济增长速度的可能。但是,这些因素在一个国家的全局性效率变化,是一个渐进的历史过程,不是一下子就能实现的,尤其在连续的历史比较中,只有渐进影响而不可能是断崖式变化。因此,以发电量作为基本衡量指标进行时间跨度较大的经济发展速度比较,有特殊的可靠性和准确性。

毛泽东时代26年人均发电量增长了25.43倍,人均增长速度是印度的2.53倍、是苏联的3.16倍、是日本的3.23倍、是联邦德国的4.69倍、是法国的5.73倍、是英国的5.87倍、是美国的6.93倍,增长速度碾压所有西方发达国家和主要经济体。但当代中国一些权威们的结论,却是新中国人均GDP在世界排位不断大幅度下降,直到改革开放近40年后竟然远远没有赶上蒋介石时期的排位。专家学者真的会相信这样离谱的结论吗?那些信口开河的权威们,能不能拿出自己能说得明白也能让大家理解的计算方式来?

从发电量看，毛泽东时代结束时，发展水平与西方发达国家差距仍然很大。改革开放初期，不少人走出国门时，看到这个差距后，就开始怀疑否定自己的国家了。问题在于，我们不但要看到这个差距，更要知道为什么差距那么大。1950年，中国的发电量只有46亿度，美国是3 887亿度，美国总发电量是中国的84.50倍，人均发电量是中国的270多倍，这几乎就是有和没有的差别，直到1975年，美国发电总量仍是中国的10.22倍，人均发电量是中国的44倍多。旧中国留下来的，就是这样一个一穷二白的烂摊子，几乎在所有经济领域都存在这种极大差距。不认识或是忘记新中国成立之初这个极大的落后差距，只记得毛泽东时代结束时还没有像今天这样富强，动不动就指责毛泽东时代这也不行那也不行，由此断定那一代领导者无能无为，或者是选择走社会主义道路不对，要么是极端无知，要么就是别有用心。

与民国时期发电量做个比较。也比较26年：民国时期发电总量，1923年6.44亿度，1948年44.98亿度，是1923年的6.98倍。

民国时期由于缺乏相应的人口统计数量，因此只能计算发电量总量增长速度。与毛泽东时代和改革开放后1979—2004年相比：(1)毛泽东时代42.57倍；(2)改革开放后7.81倍；(3)民国时期6.98倍。

一般认为，基数越小增长翻番可能越容易些。民国初期的发电量基数最小，按一般逻辑应当是增长速度最快的，但增长速度却是最低的。民国时期1943年发电总量比较高，但在抗日战争时期，这个统计数据包含了日占区的发电量，只能说明日寇加速开动战争机器，这部分是破坏中国发展的力量。新中国在毛泽东时代几乎是爆炸式发展，发电量增长速度远高于之前之后时期。如此超高速发展，竟然让人用言之凿凿的GDP数据，贬低为不如兵荒战乱的旧中国，真是极端到不可思议的程度了。

(三)比较3：铁路货运量[①]增长速度

新中国前26年：铁路货运量，1950年9 983万吨，1975年88 955万吨，是1950年的8.91倍。人均铁路货运量，1950年180.86公斤，1975年962.5公斤，是1950年的5.32倍。

印度：铁路货运量，1950年8 000万吨，1975年19 664万吨，是1950年的2.46倍。人均铁路货运量，1950年225.4公斤，1975年332.03公斤，是1950年的1.47倍。

美国：铁路货运量，1950年122 800万吨，1975年126 688万吨，是1950年的1.03倍。人均铁路货运量，1950年8 064.62公斤，1975年5 932.75公斤，是1950年的73.57%。

---

① 中国铁路货运量数据来源于：《新中国60年统计资料汇编》，中国统计出版社2010年版，1—46。外国铁路货运量数据来源于：《国外经济统计资料(1949—1978年)》，中国统计出版社1981年版，第191页。

苏联:铁路货运量,1950 年 83 430 万吨,1975 年 362 110 万吨,是 1950 年的 4.34 倍。人均铁路货运量,1950 年 4 632.94 公斤,1975 年 14 234.44 公斤,是 1950 年的 3.07 倍。

日本:铁路货运量,1950 年 13 570 万吨,1975 年 14 169 万吨,是 1950 年的 1.04 倍。人均铁路货运量,1950 年 1 636.91 公斤,1975 年 1 269.97 公斤,是 1950 年的 77.58%。

联邦德国:铁路货运量,1950 年 22 930 万吨,1975 年 30 173 万吨,是 1950 年的 1.32 倍。人均铁路货运量,1950 年 4 792.06 公斤,1975 年 5 043.12 公斤,是 1950 年的 1.05 倍。

英国:铁路货运量,1950 年 30 280 万吨,1975 年 17 645 万吨,是 1950 年的 58.27%。人均铁路货运量,1950 年 6 016.29 公斤,1975 年 3 152.02 公斤,是 1950 年的 52.39%。

法国:铁路货运量,1950 年 17 350 万吨,1975 年 22 760 万吨,是 1950 年的 1.31 倍。人均铁路货运量,1950 年 4 156.68 公斤,1975 年 4 311.42 公斤,是 1950 年的 1.04 倍。

总量增长速度排位:(1)新中国前 26 年 8.91 倍;(2)苏联 4.34 倍;(3)印度 2.46 倍;(4)联邦德国 1.32 倍;(5)法国 1.31 倍;(6)日本 1.04 倍;(7)美国 1.03 倍;(8)英国 58.27%。

人均增长速度排位:(1)新中国前 26 年 5.32 倍;(2)苏联 3.07 倍;(3)印度 1.47 倍;(4)联邦德国 1.05 倍;(5)法国 1.04 倍;(6)日本 77.58%;(7)美国 73.57%;(8)英国 52.39%。

(四)比较 4:铁路货物周转量①增长速度

新中国前 26 年:铁路货物周转量,1950 年 394.1 亿吨公里,1975 年 4 255.6 亿吨公里,是 1950 年的 10.80 倍。人均铁路货物周转量,1950 年 71.40 吨公里,1975 年 460.46 吨公里,是 1950 年的 6.45 倍。

印度:铁路货物周转量,1950 年 394 亿吨公里,1975 年 1 348 亿吨公里,是 1950 年的 4.18 倍。人均铁路货物周转量,1950 年 111 吨公里,1975 年 227.62 吨公里,是 1950 年的 2.05 倍。

美国:铁路货物周转量,1950 年 9 977 亿吨公里,1975 年 11 462 亿吨公里,是 1950 年的 1.15 倍。人均铁路货物周转量,1950 年 6 552.17 吨公里,1975 年 5 367.11 吨公里,是 1950 年的 81.0%。

苏联:铁路货物周转量,1950 年 6 023 亿吨公里,1975 年 32 365 亿吨公里,是 1950 年的 5.37 倍。人均铁路货物周转量,1950 年 3 344.62 吨公里,

① 中国铁路货物周转量数据来源于:《新中国 60 年统计资料汇编》,中国统计出版社 2010 年版,1—47。外国铁路货物周转量数据来源于:《国外经济统计资料(1949—1978 年)》,中国统计出版社 1981 年版,第 192 页。

1975年12 722.59吨公里，是1950年的3.80倍。

日本：铁路货物周转量，1950年333亿吨公里，1975年466亿吨公里，是1950年的1.40倍。人均铁路货物周转量，1950年401.69吨公里，1975年417.68吨公里，是1950年的1.04倍。

联邦德国：铁路货物周转量，1950年431亿吨公里，1975年565亿吨公里，是1950年的1.31倍。人均铁路货物周转量，1950年900.73吨公里，1975年944.34吨公里，是1950年的1.05倍。

英国：铁路货物周转量，1950年362亿吨公里，1975年210亿吨公里，是1950年的58.01%。人均铁路货物周转量，1950年715.13吨公里，1975年375.47吨公里，是1950年的52.5%。

法国：铁路货物周转量，1950年424亿吨公里，1975年656亿吨公里，是1950年的1.55倍。人均铁路货物周转量，1950年1 015.81吨公里，1975年1 244.55吨公里，是1950年的1.23倍。

总量增长速度排位：(1)新中国前26年10.80倍；(2)苏联5.37倍；(3)印度4.18倍；(4)法国1.55倍；(5)日本1.40倍；(6)联邦德国1.31倍；(7)美国1.15倍；(8)英国58.01%。

人均增长速度排位：(1)新中国前26年6.45倍；(2)苏联3.80倍；(3)印度2.05倍；(4)法国1.23倍；(5)联邦德国1.05倍；(6)日本1.04倍；(7)美国81%；(8)英国52.5%。

(五)比较5：钢产量[①]增长速度

新中国前26年：钢产量，1950年61万吨，1975年2390万吨，是1950年的39.18倍。人均钢产量，1950年1.1公斤，1975年25.86公斤，是1950年的23.51倍。

印度：钢产量，1950年146万吨，1975年788万吨，是1950年的5.40倍。人均钢产量，1950年4.11公斤，1975年13.3公斤，是1950年的3.24倍。

美国：钢产量，1950年8 785万吨，1975年10 582万吨，是1950年的1.2倍。人均钢产量，1950年576.94公斤，1975年495.55公斤，是1950年的85.89%。

苏联：钢产量，1950年2 733万吨，1975年14 134万吨，是1950年的5.17倍。人均钢产量，1950年151.77公斤，1975年555.6公斤，是1950年的3.57倍。

日本：钢产量，1950年484万吨，1975年10 231万吨，是1950年的21.14倍。人均钢产量，1950年58.38公斤，1975年917公斤，是1950年的17.18

① 中国钢产量数据来源于：《新中国60年统计资料汇编》，中国统计出版社2010年版，1—37续表1。外国钢产量数据来源于：《国外经济统计资料(1949—1978年)》，中国统计出版社1981年版，第82页。

倍。

联邦德国:钢产量,1950年1 212万吨,1975年4 041万吨,是1950年的3.33倍。人均钢产量,1950年253.29公斤,1975年675.41公斤,是1950年的2.67倍。

英国:钢产量,1950年1 655万吨,1975年2 010万吨,是1950年的1.21倍。人均钢产量,1950年326.95公斤,1975年359.38公斤,是1950年的1.1倍。

法国:钢产量,1950年865万吨,1975年2 153万吨,是1950年的2.49倍。人均钢产量,1950年207.24公斤,1975年408.46公斤,是1950年的1.97倍。

总量增长速度排位:(1)新中国前26年39.18倍;(2)日本21.14倍;(3)印度5.40倍;(4)苏联5.17倍;(5)联邦德国3.33倍;(6)法国2.49倍;(7)英国1.21倍;(8)美国1.2倍。

人均增长速度排位:(1)新中国前26年23.51倍;(2)日本17.18倍;(3)苏联3.57倍;(4)印度3.24倍;(5)联邦德国2.67倍;(6)法国1.97倍;(7)英国1.10倍;(8)美国85.89%。

钢铁是工业的粮食,没有钢铁就没有工业化,钢铁工业发展速度跟不上,国家的经济发展速度就会受限,所以钢产量和人均钢产量是衡量各国经济实力的重要指标。在这个领域,毛泽东时代创造的发展速度是无与伦比的。

民国时期26年:钢产量,1923年3万吨,1948年7.6万吨,是1923年的2.53倍。人均钢产量,1928年0.06公斤,1948年0.16公斤,是1928年的2.67倍。

总量增长速度比较:民国时期26年2.53倍,新中国前26年39.18倍。新中国是旧中国钢产量增速的15.49倍。

(六)比较6:原煤产量[①]增长速度

新中国前26年:原煤产量,1950年为0.43亿吨,1975年为4.82亿吨,是1950年的11.21倍。人均原煤产量,1950年77.9公斤,1975年521.53公斤,是1950年的6.69倍。

印度:原煤产量,1950年为0.33亿吨,1975年为0.99亿吨,是1950年的3倍。人均原煤产量,1950年92.97公斤,1975年167.17公斤,是1950年的1.8倍。

美国:原煤产量,1950年5.08亿吨,1975年5.86亿吨,是1950年的1.15倍。人均原煤产量,1950年3 336.18公斤,1975年2 744.22公斤,是

① 中国原煤产量数据来源于:《新中国60年统计资料汇编》,中国统计出版社2010年版,1—37续表1。外国原煤产量数据来源于:《国外经济统计资料(1949—1978年)》,中国统计出版社1981年版,第98页。

1950年的82.26%。

苏联:原煤产量,1950年2.61亿吨,1975年7.01亿吨,是1950年的2.69倍。人均原煤产量,1950年1 449.36公斤,1975年2 755.61公斤,是1950年的1.90倍。

日本:原煤产量,1950年0.40亿吨,1975年0.19亿吨,是1950年的47.5%。人均原煤产量,1950年482.50公斤,1975年170.30公斤,是1950年的35.29%。

联邦德国:原煤产量,1950年2.02亿吨,1975年2.20亿吨,是1950年的1.09倍。人均原煤产量,1950年4 221.53公斤,1975年3 677.09公斤,是1950年的87.1%。

英国:原煤产量,1950年2.20亿吨,1975年1.29亿吨,是1950年的58.64%。人均原煤产量,1950年4 346.11公斤,1975年2 306.45公斤,是1950年的53.07%。

法国:原煤产量,1950年0.53亿吨,1975年0.27亿吨,是1950年的50.94%。人均原煤产量,1950年1 269.77公斤,1975年512.24公斤,是1950年的40.34%。

总量增长速度排位:(1)新中国前26年11.21倍;(2)印度3倍;(3)苏联2.69倍;(4)美国1.15倍;(5)联邦德国1.09倍;(6)英国58.64%;(7)法国50.94%;(8)日本47.5%。

人均增长速度排位:(1)新中国前26年6.69倍;(2)苏联1.9倍;(3)印度1.8倍;(4)联邦德国87.1%;(5)美国82.26%;(6)英国53.07%;(7)法国40.34%;(8)日本35.29%。

(七)比较7:原油产量[①]增长速度

新中国前26年:原油产量,1950年为20万吨,1975年为7 706万吨,是1950年的385.30倍。人均原油产量,1950年0.36公斤,1975年83.38公斤,是1950年的231.61倍。

印度:原油产量,1950年为25万吨,1975年为828万吨,是1950年的33.12倍。人均原油产量,1950年0.7公斤,1975年13.98公斤,是1950年的19.97倍。

美国:原油产量,1950年26 671万吨,1975年41 309万吨,是1950年的1.55倍。人均原油产量,1950年1 751.55公斤,1975年1 934.22公斤,是1950年的1.10倍。

苏联:原油产量,1950年3 788万吨,1975年49 080万吨,是1950年的

① 中国原油产量数据来源于:《新中国60年统计资料汇编》,中国统计出版社2010年版,1—37续表1。外国原油产量数据来源于:《国外经济统计资料(1949—1978年)》,中国统计出版社1981年版,第101页。

12.96 倍。人均原油产量,1950 年 210.35 公斤,1975 年 1 929.32 公斤,是 1950 年的 9.17 倍。

日本:原油产量,1950 年 29 万吨,1975 年 61 万吨,是 1950 年的 2.1 倍。人均原油产量,1950 年 3.5 公斤,1975 年 5.47 公斤,是 1950 年的 1.56 倍。

联邦德国:原油产量,1950 年 112 万吨,1975 年 574 万吨,是 1950 年的 5.13 倍。人均原油产量,1950 年 23.41 公斤,1975 年 95.94 公斤,是 1950 年的 4.1 倍。

英国:原油产量,1950 年 16 万吨,1975 年 122 万吨,是 1950 年的 7.63 倍。人均原油产量,1950 年 3.16 公斤,1975 年 21.81 公斤,是 1950 年的 6.9 倍。

法国:原油产量,1950 年 15 万吨,1975 年 102 万吨,是 1950 年的 6.8 倍。人均原油产量,1950 年 3.59 公斤,1975 年 19.35 公斤,是 1950 年的 5.39 倍。

总量增长速度排位:(1)新中国前 26 年 385.3 倍;(2)印度 33.12 倍;(3)苏联 12.96 倍;(4)英国 7.63 倍;(5)法国 6.8 倍;(6)联邦德国 5.13 倍;(7)日本 2.1 倍;(8)美国 1.55 倍。

人均增长速度排位:(1)新中国前 26 年 231.61 倍;(2)印度 19.97 倍;(3)苏联 9.17 倍;(4)英国 6.9 倍;(5)法国 5.39 倍;(6)联邦德国 4.1 倍;(7)日本 1.56 倍;(8)美国 1.10 倍。

(八)比较 8:天然气产量[①]增长速度

新中国前 26 年:天然气产量,1950 年 0.07 亿立方米,1975 年 88.5 亿立方米,是 1950 年的 1 264.29 倍。人均天然气产量,1950 年 0.01 立方米,1975 年 9.58 立方米,是 1950 年的 958 倍。

印度:天然气产量,1950 年没有统计,1975 年 9 亿立方米。人均天然气产量,1975 年 1.52 立方米。

美国:天然气产量,1950 年 1 779 亿立方米,1975 年 5 453 亿立方米,是 1950 年的 3.06 倍。人均天然气产量,1950 年 1 168.32 立方米,1975 年 2 553.38 立方米,是 1950 年的 2.19 倍。

苏联:天然气产量,1950 年 58 亿立方米,1975 年 2 889 亿立方米,是 1950 年的 49.81 倍。人均天然气产量,1950 年 32.21 立方米,1975 年 1 135.66 立方米,是 1950 年的 35.26 倍。

日本:天然气产量,1950 年 0.7 亿立方米,1975 年 28 亿立方米,是 1950 年的 40 倍。人均天然气产量,1950 年 0.84 立方米,1975 年 25.1 立方米,是 1950 年的 29.88 倍。

---

① 中国原油产量数据来源于:《新中国 60 年统计资料汇编》,中国统计出版社 2010 年版,1—37 续表 1。外国原油产量数据来源于:《国外经济统计资料(1949—1978 年)》,中国统计出版社 1981 年版,第 104 页。

法国：天然气产量，1950年2.5亿立方米，1975年76亿立方米，是1950年的30.4倍。人均天然气产量，1950年5.99立方米，1975年144.19立方米，是1950年的24.07倍。

总量增长速度排位：(1)新中国前26年1 264.29倍；(2)苏联49.81倍；(3)日本40倍；(4)法国30.4倍；(5)美国3.06倍(印度、英国没有完整数据)。

人均增长速度排位：(1)新中国前26年958倍；(2)苏联35.26倍；(3)日本29.98倍；(4)法国24.07倍；(5)美国2.19倍(印度、英国没有完整数据)。

(九)比较9：水泥产量[①]增长速度

新中国前26年：水泥产量，1950年141万吨，1975年4 626万吨，是1950年的32.81倍。人均水泥产量，1950年2.55公斤，1975年50.05公斤，是1950年的19.63倍。

印度：水泥产量，1950年266万吨，1975年1 625万吨，是1950年的6.11倍。人均水泥产量，1950年7.49公斤，1975年27.44公斤，是1950年的3.66倍。

美国：水泥产量，1950年3 872万吨，1975年6 182万吨，是1950年的1.6倍。人均水泥产量，1950年254.29公斤，1975年289.5公斤，是1950年的1.14倍。

苏联：水泥产量，1950年1 019万吨，1975年12 206万吨，是1950年的11.98倍。人均水泥产量，1950年56.59公斤，1975年479.81公斤，是1950年的8.48倍。

日本：水泥产量，1950年446万吨，1975年6 552万吨，是1950年的14.69倍。人均水泥产量，1950年53.8公斤，1975年587.25公斤，是1950年的10.92倍。

联邦德国：水泥产量，1950年1 088万吨，1975年3 350万吨，是1950年的3.08倍。人均水泥产量，1950年227.38公斤，1975年559.92公斤，是1950年的2.46倍。

英国：水泥产量，1950年991万吨，1975年1 689万吨，是1950年的1.7倍。人均水泥产量，1950年195.77公斤，1975年301.98公斤，是1950年的1.54倍。

法国：水泥产量，1950年742万吨，1975年2 971万吨，是1950年的4倍。人均水泥产量，1950年177.77公斤，1975年563.65公斤，是1950年的3.17倍。

总量增长速度排位：(1)新中国前26年32.81倍；(2)日本14.69倍；

---

① 中国原油产量数据来源于：《新中国60年统计资料汇编》，中国统计出版社2010年版，1—37续表1。外国原油产量数据来源于：《国外经济统计资料(1949—1978年)》，中国统计出版社1981年版，第134页。

(3)苏联 11.98 倍;(4)印度 6.11 倍;(5)法国 4 倍;(6)联邦德国 3.08 倍;(7)英国 1.7 倍;(8)美国 1.6 倍。

人均增长速度排位:(1)新中国前 26 年 19.63 倍;(2)日本 10.92 倍;(3)苏联 8.48 倍;(4)印度 3.66 倍;(5)法国 3.17 倍;(6)联邦德国 2.46 倍;(7)英国 1.54 倍;(8)美国 1.14 倍。

(十)比较 10:黄金储备量[①]增长速度

新中国前 26 年:黄金储备,1950 年 14.15 吨[②],1975 年 362.24 吨,是 1950 年的 25.6 倍。人均黄金储备,1950 年 0.000 025 6 公斤,1975 年 0.000 392 公斤,是 1950 年的 15.31 倍。

印度:黄金储备,1950 年 219.5 吨,1975 年 209.2 吨,是 1950 年的 95.3%。人均黄金储备,1950 年 0.000 618 公斤,1975 年 0.000 353 公斤,是 1950 年的 57.1%。

美国:黄金储备,1950 年 20 279 吨,1975 年 8 295.3 吨,是 1950 年的 40.9%。人均黄金储备,1950 年 0.133 177 9 公斤,1975 年 0.038 846 6 公斤,是 1950 年的 29.2%。

日本:黄金储备,1950 年 105.7 吨,1975 年 637.2 吨,是 1950 年的 6.03 倍。人均黄金储备,1950 年 0.001 3 公斤,1975 年 0.005 7 公斤,是 1950 年的 4.39 倍。

联邦德国:黄金储备,没有 1950 年的数据,1975 年 3 549.4 吨。

英国:黄金储备,1950 年 2 578 吨,1975 年 632.8 吨,是 1950 年的 24.55%。人均黄金储备,1950 年 0.051 公斤,1975 年 0.011 公斤,是 1950 年的 22.18%。

法国:黄金储备,1950 年 588.3 吨,1975 年 3 047.0 吨,是 1950 年的 5.18 倍。人均黄金储备,1950 年 0.014 公斤,1975 年 0.058 公斤,是 1950 年的 4.13 倍。

总量增长速度排位:(1)新中国前 26 年 25.6 倍;(2)日本 6.03 倍;(3)法国 5.18 倍;(4)印度 95.3%倍;(5)美国 40.9%;(6)英国 24.55%(联邦德国没有完整数据)。

人均增长速度排位:(1)新中国前 26 年 15.31 倍;(2)日本 4.39 倍;(3)法国 4.13 倍;(4)印度 57.1%倍;(5)美国 29.2%倍;(6)英国 22.18%倍(联邦德国没有完整数据)。

---

① 中国黄金储备量数据来源于:《新中国 60 年统计资料汇编》,中国统计出版社 2010 年版,1—62,单位由万盎司换算成吨。外国黄金储备量数据来源于:《国外经济统计资料(1949—1976 年)》,中国财政经济出版社 1979 年版,第 504 页。

② 中国统计资料汇编只有 1952 年以后的数据。1955 年 3 月 1 日的《人民日报》社论说:"国家掌握的黄金、外汇也在逐日增多,单单黄金储备一项 1954 年就比 1950 年增加了 10 倍以上。"统计资料显示:1954 年为 500 万盎司,除以 10 得出 1950 年的数据。

(十一)比较11:粮食产量[①]增长速度

新中国前26年:粮食产量,1950年13 212.5万吨,1975年28 451.5万吨,是1950年的2.15倍。人均粮食产量,1950年239.37公斤,1975年307.85公斤,是1950年的1.29倍。

印度:粮食产量,1950年为5 865万吨,1975年为14 070万吨,是1950年的2.4倍。人均粮食产量,1950年165.24公斤,1975年237.58公斤,是1950年的1.44倍。

美国:粮食产量,1950年15 235万吨,1975年29 520万吨,是1950年的1.94倍。人均粮食产量,1950年1 000.53公斤,1975年1 382.41公斤,是1950年的1.38倍。

苏联:粮食产量,1950年9 890万吨,1975年15 865万吨,是1950年的1.6倍。人均粮食产量,1950年549.2公斤,1975年623.65公斤,是1950年的1.14倍。

日本:粮食产量,1950年1 810万吨,1975年1 890万吨,是1950年的1.04倍。人均粮食产量,1950年218.34公斤,1975年169.4公斤,是1950年的77.58%。

联邦德国:粮食产量,1950年1 590万吨,1975年2 350万吨,是1950年的1.48倍。人均粮食产量,1950年332.29公斤,1975年392.78公斤,是1950年的1.18倍。

英国:粮食产量,1950年1 010万吨,1975年1 505万吨,是1950年的1.49倍。人均粮食产量,1950年199.53公斤,1975年269.09公斤,是1950年的1.35倍。

法国:粮食产量,1950年1 690万吨,1975年3 730万吨,是1950年的2.21倍。人均粮食产量,1950年407.52公斤,1975年707.65公斤,是1950年的1.74倍。

总量增长速度排位:(1)印度2.4倍;(2)法国2.21倍;(3)新中国前26年2.15倍;(4)美国1.94倍;(5)苏联1.6倍;(6)英国1.49倍;(7)联邦德国1.18倍;(8)日本1.04倍。

人均增长速度排位:(1)法国1.74倍;(2)印度1.44倍;(3)美国1.38;(4)英国1.35倍;(5)新中国前26年1.29倍;(6)联邦德国1.18倍;(7)苏联1.14倍;(8)日本77.58%。

---

① 中国粮食产量数据来源于:《新中国60年统计资料汇编》,中国统计出版社2010年版,1—32。外国粮食产量数据来源于:《国外经济统计资料(1949—1978年)》,中国统计出版社1981年版,第31页。

为了揭示人类社会的发展规律，从而为人类社会的发展指明前进的方向。马克思指出："人们在生产中不仅仅影响自然界，而且也互相影响。他们只有以一定的方式共同活动和互相交换其活动，才能进行生产。为了进行生产，人们相互之间便发生一定的联系和关系；只有在这些社会联系和社会关系的范围内，才会有他们对自然界的影响，才会有生产"（马克思、恩格斯，2009b）。因此，马克思由此而得出结论："生命的生产，无论是通过劳动而生产自己的生命，还是通过生育而生产他人的生命，就立即表现为双重关系：一方面是自然关系，另一方面是社会关系；社会关系的含义在这里是指许多个人的共同活动"（马克思、恩格斯，2009c）。由此我们可以知道，马克思是把物质生产落在生命的生产上。因此，生命的生产是物质生产的目的和本质，"双重关系"是人的生命的内在的整体的有机联系，是"自然的类关系"。在这种整体的有机联系中，"自然关系"中的人与"社会关系"中的人是与自然相互联系的人。于是，马克思这样指出："在这种自然的类关系中，人对自然的关系直接就是人对人的关系，正像人对人的关系直接就是人对自然的关系，就是他自己的自然的规定"（马克思、恩格斯，2009d）。因此，"自然的类关系"中的人以这样的"类"为生存发展方式，从而形成人类。由此可见，"人对自然的关系"与"人对人的关系"是人类的结构，"双重关系"具有"天人合一"的整体性特征。正因为这样，马克思指出了对于人的本质中的"本质"的含义："本质只能被理解为'类'，理解为一种内在的、无声的、把许多个人自然地联系起来的普遍性"（马克思、恩格斯，2009e）。由此可知，只有在"自然的类关系"中的人，才有其本质的含义。这也说明，"人类"蕴含了人的本质。因此，马克思指出："人的本质并不是单个人的抽象物，在其现实性上，它是社会关系的总和"（马克思、恩格斯，2009e）。于是，马克思就指出了"社会"的含义："社会是人同自然界的完成了的本质的统一"（马克思、恩格斯，2009f）。"人同自然界的完成了的本质的统一"就是"天人合一"。因此，马克思便这样指出："自然界的人的本质只有对社会的人说来才是存在的"（马克思、恩格斯，2009b）。注意，马克思在"人的本质"之前加上"自然界的"之定语，既深刻说明了不能离开"自然界"来认识"人的本质"，又深刻说明了"人的本质"与"自然界"的有机统一；依据马克思指出的"社会"的含义，这里的"社会的人"是指"天人合一"的人，这样，马克思也就由此而充分说明了，没有孤立于自然界之外的抽象的人，以及"天人合一"的人才具备人的本质，以及人的本质具有"天人合一"的内涵。而人需要通过"吃喝住穿以及其他一些东西"来维持生命的存在，然而"吃喝住穿以及其他一些东西"都源于自然界，因此，人靠自然界而生活。如果没有自然界，获取"吃喝住穿以及其他一些东西"的人的致富实践的劳动就不能存在，生命也就不能存在。因此，马克思深刻地指出："人靠自然界生活。这就是说，自然界是人为了不致死亡而必须与之处于持续不断的交互作用过程的、人的身体。所谓人的肉体生活和

(十二)比较12:棉花产量[①]增长速度

新中国前26年:棉花产量,1950年69.2万吨,1975年238.1万吨,是1950年的3.44倍。人均棉花产量,1950年1.25公斤,1975年2.58公斤,是1950年的2.06倍。

印度:棉花产量,1950年59.3万吨,1975年119.3万吨,是1950年的1.01倍。人均棉花产量,1950年1.67公斤,1975年2.01公斤,是1950年的1.2倍。

美国:棉花产量,1950年217.1万吨,1975年180.7万吨,是1950年的83.23%。人均棉花产量,1950年14.26公斤,1975年8.46公斤,是1950年的59.33%。

苏联:棉花产量,1950年118.0万吨,1975年264.8万吨,是1950年的2.44倍。人均棉花产量,1950年6.55公斤,1975年10.41公斤,是1950年的1.59倍。

总量增长速度排位:(1)新中国前26年3.44倍;(2)苏联2.44倍;(3)印度1.01倍;(4)美国83.23%。

人均增长速度排位:(1)新中国前26年2.06倍;(2)苏联1.59倍;(3)印度1.2倍;(4)美国59.33%。

(十三)比较13:化肥产量[②]增长速度

新中国前26年:化肥产量,1950年1.5万吨,1975年524.7万吨,是1950年的349.8倍。人均化肥产量,1950年0.03公斤,1975年5.68公斤,是1950年的189.33倍。

印度:化肥产量,1950年2万吨,1975年183万吨,是1950年的91.5倍。人均化肥产量,1950年0.056公斤,1975年3.09公斤,是1950年的55.18倍。

美国:化肥产量,1950年426万吨,1975年1 822万吨,是1950年的4.28倍。人均化肥产量,1950年27.98公斤,1975年85.32公斤,是1950年的3.05倍。

日本:化肥产量,1950年64万吨,1975年215万吨,是1950年的3.36倍。人均化肥产量,1950年7.72公斤,1975年19.27公斤,是1950年的2.5倍。

联邦德国:化肥产量,1950年184万吨,1975年376万吨,是1950年的

① 中国棉花产量数据来源于:《新中国60年统计资料汇编》,中国统计出版社2010年版,1—32。外国棉花产量数据来源于:《国外经济统计资料(1949—1978年)》,中国统计出版社1981年版,第50页。

② 中国化肥产量数据来源于:《新中国60年统计资料汇编》,中国统计出版社2010年版,1—37续表2。外国化肥产量数据来源于:《国外经济统计资料(1949—1978年)》,中国统计出版社1981年版,第113页。

2.04倍。人均化肥产量,1950年38.45公斤,1975年62.84公斤,是1950年的1.63倍。

英国:化肥产量,1950年56万吨,1975年153万吨,是1950年的2.73倍。人均化肥产量,1950年11.06公斤,1975年27.36公斤,是1959年的2.47倍。

法国:化肥产量,1950年165万吨,1975年435万吨,是1950年的2.64倍。人均化肥产量,1950年39.53公斤,1975年82.53公斤,是1950年的2.09倍。

总量增长速度排位:(1)新中国前26年349.8倍;(2)印度91.5倍;(3)美国4.28倍;(4)日本3.36倍;(5)英国2.73倍;(6)法国2.64倍;(7)联邦德国2.04倍。

人均增长速度排位:(1)新中国前26年189.33倍;(2)印度55.18倍;(3)美国3.05倍;(4)日本2.5倍;(5)英国2.47倍;(6)法国2.09倍;(7)联邦德国1.63倍。

(十四)比较14:糖产量[①]增长速度

新中国前26年:糖产量,1950年24万吨,1975年174万吨,是1950年的7.25倍。人均糖产量,1950年0.43公斤,1975年1.88公斤,是1950年的4.37倍。

印度:糖产量,1950年124万吨,1975年505万吨,是1950年的4.07倍。人均糖产量,1950年3.49公斤,1975年8.53公斤,是1950年的2.44倍。

美国:糖产量,1950年226万吨,1975年568万吨,是1950年的2.51倍。人均糖产量,1950年14.84公斤,1975年26.6公斤,是1950年的1.79倍。

苏联:糖产量,1950年274万吨,1975年820万吨,是1950年的2.99倍。人均糖产量,1950年15.22公斤,1975年32.23公斤,是1950年的2.12倍。

日本:糖产量,1950年4万吨,1975年46万吨,是1950年的11.5倍。人均糖产量,1950年0.48公斤,1975年4.12公斤,是1950年的8.59倍。

联邦德国:糖产量,1950年102万吨,1975年257万吨,是1950年的2.52倍。人均糖产量,1950年21.32公斤,1975年42.96公斤,是1950年的2.01倍。

英国:糖产量,1950年76万吨,1975年72万吨,是1950年的94.74%。人均糖产量,1950年15.01公斤,1975年12.87公斤,是1950年的85.76%。

法国:糖产量,1950年143万吨,1975年298万吨,是1950年的2.08倍。人均糖产量,1950年34.26公斤,1975年56.54公斤,是1950年的1.65倍。

---

① 中国糖产量数据来源于:《新中国60年统计资料汇编》,中国统计出版社2010年版,1—37。外国糖产量数据来源于:《国外经济统计资料(1949—1978年)》,中国统计出版社1981年版,第144页。

总量增长速度排位:(1)日本 11.5 倍;(2)新中国前 26 年 7.25 倍;(3)印度 4.07 倍;(4)苏联 2.99 倍;(5)联邦德国 2.52 倍;(6)美国 2.51 倍;(7)法国 2.08 倍;(8)英国 94.74%。

人均增长速度排位:(1)日本 8.59 倍;(2)新中国前 26 年 4.37 倍;(3)印度 2.44 倍;(4)苏联 2.12 倍;(5)联邦德国 2.01 倍;(6)美国 1.79 倍;(7)法国 1.65 倍;(8)英国 85.76%。

(十五)比较 15:水产品产量①增长速度

新中国前 26 年:水产品产量,1950 年 91 万吨,1975 年 441.2 万吨,是 1950 年的 4.85 倍。人均水产品产量,1950 年 1.65 公斤,1975 年 4.77 公斤,是 1950 年的 2.89 倍。

印度:水产品产量,1950 年 82 万吨,1975 年 227 万吨,是 1950 年的 2.77 倍。人均水产品产量,1950 年 2.31 公斤,1975 年 3.83 公斤,是 1950 年的 1.66 倍。

美国:水产品产量,1950 年 260 万吨,1975 年 292 万吨,是 1950 年的 1.12 倍。人均水产品产量,1950 年 17.07 公斤,1975 年 13.67 公斤,是 1950 年的 80.1%。

苏联:水产品产量,1950 年 163 万吨,1975 年 997 万吨,是 1950 年的 6.12 倍。人均水产品产量,1950 年 9.05 公斤,1975 年 39.19 公斤,是 1950 年的 4.33 倍。

日本:水产品产量,1950 年 337 万吨,1975 年 1 052 万吨,是 1950 年的 3.12 倍。人均水产品产量,1950 年 40.65 公斤,1975 年 94.29 公斤,是 1950 年的 2.32 倍。

联邦德国:水产品产量,1950 年 55 万吨,1975 年 44 万吨,是 1950 年的 80%。人均水产品产量,1950 年 11.49 公斤,1975 年 7.47 公斤,是 1950 年的 64.98%。

英国:水产品产量,1950 年 99 万吨,1975 年 98 万吨,是 1950 年的 98.99%。人均水产品产量,1950 年 19.56 公斤,1975 年 17.52 公斤,是 1950 年的 89.58%。

法国:水产品产量,1950 年 51 万吨,1975 年 81 万吨,是 1950 年的 1.59 倍。人均水产品产量,1950 年 12.22 公斤,1975 年 15.37 公斤,是 1950 年的 1.26 倍。

总量增长速度排位:(1)苏联 6.12 倍;(2)新中国前 26 年 4.85 倍;(3)日本 3.12 倍;(4)印度 2.77 倍;(5)法国 1.59 倍;(6)美国 1.12 倍;(7)英国

① 中国水产品产量数据来源于:《新中国 60 年统计资料汇编》,中国统计出版社 2010 年版,1—32 续表。外国水产品产量数据来源于:《国外经济统计资料(1949—1978 年)》,中国统计出版社 1981 年版,第 67 页。

98.99%;(8)联邦德国80%。

人均增长速度排位:(1)苏联4.33倍;(2)新中国前26年2.89倍;(3)日本2.32倍;(4)印度1.66倍;(5)法国1.26倍;(6)英国89.58%;(7)美国80.1%;(8)联邦德国64.98%。

(十六)比较16:铁路营业里程[①]增长速度

新中国前26年:铁路营业里程,1950年2.22万公里,1975年4.86万公里,是1950年的2.19倍。人均铁路营业里程,1950年0.000 04公里,1975年0.000 053公里,是1950年的1.33倍。

印度:铁路营业里程,1950年5.58万公里,1975年6.03万公里,是1950年的1.08倍。人均铁路营业里程,1950年0.000 16公里,1975年0.000 102,是1950年的63.8%。

美国:铁路营业里程,1950年36.42万公里,1975年33.13万公里,是1950年的91%。人均铁路营业里程,1950年0.002 392公里,1975年0.001 551公里,是1950年的64.9%。

苏联:铁路营业里程,1950年11.69万公里,1975年13.83万公里,是1950年的1.18倍。人均铁路营业里程,1950年0.65公里,1975年0.54公里,是1950年的83.08%。

日本:铁路营业里程,1950年1.98万公里,1975年2.13万公里,是1950年的1.08倍。人均铁路营业里程,1950年0.24公里,1975年0.19公里,是1950年的79.17%。

联邦德国:铁路营业里程,1950年3.04万公里,1975年2.88万公里,是1950年的94.74%。人均铁路营业里程,1950年0.64公里,1975年0.48公里,是1950年的75.21%。

英国:铁路营业里程,1950年3.14万公里,1975年1.81万公里,是1950年的57.64%。人均铁路营业里程,1950年0.62公里,1975年0.32公里,是1950年的51.61%。

法国:铁路营业里程,1950年4.13万公里,1975年3.43万公里,是1950年的83.05%。人均铁路营业里程,1950年0.99公里,1975年0.65公里,是1950年的65.73%。

总量增长速度排位:(1)新中国前26年2.19倍;(2)苏联1.18倍;(3)日本1.08倍;(4)印度1.08倍;(5)联邦德国94.74%;(6)美国91%;(7)法国83.05%;(8)英国57.64%。

人均增长速度排位:(1)新中国前26年1.33倍;(2)苏联83.08%;(3)日

① 中国铁路营业里程数据来源于:《新中国60年统计资料汇编》,中国统计出版社2010年版,1—43。外国铁路营业里程数据来源于:《国外经济统计资料(1949—1976年)》,中国财政经济出版社1979年版,第314页。

本79.17%;(4)联邦德国75.21%;(5)法国65.73%;(6)美国64.9%;(7)印度63.8%;(8)英国51.61%。

(十七)比较17:公路里程①增长速度

新中国前26年:公路里程,1950年9.96万公里,1975年78.36万公里,是1950年的7.87倍。人均公路里程,1950年0.18公里,1975年0.85公里,是1950年的4.71倍。

印度:公路里程,1950年38万公里,1975年没有统计数据。

美国:公路里程,1950年533万公里,1975年618万公里,是1950年的1.16倍。人均公路里程,1950年35公里,1975年28.94公里,是1950年的82.69%。

苏联:公路里程,1950年155万公里,1975年140万公里,是1950年的90.32%。人均公路里程,1950年8.6公里,1975年5.5公里,是1950年的63.99%。

日本:公路里程,1950年没有统计数据,1975年107万公里。

联邦德国:公路里程,1950年25万公里,1975年46万公里,是1950年的1.84倍。人均公路里程,1950年5.22公里,1975年7.69公里,是1950年的1.47倍。

英国:公路里程,1950年30万公里,1975年34万公里,是1950年的1.13倍。人均公路里程,1950年5.93公里,1975年6.08公里,是1950年的1.03倍。

法国:公路里程,1950年72万公里,1975年148万公里,是1950年的2.06倍。人均公路里程,1950年17.25公里,1975年28.98公里,是1950年的1.63倍。

总量增长速度排位:(1)新中国前26年7.87倍;(2)法国2.06倍;(3)联邦德国1.84倍;(4)美国1.16倍;(5)英国1.03倍;(6)苏联90.32%。

人均增长速度排位:(1)新中国前26年4.71倍;(2)法国1.63倍;(3)联邦德国1.47倍;(4)英国1.03倍;(5)美国82.69%;(6)苏联63.99%。

(十八)比较18:民用汽车②拥有量③增长速度

新中国前26年:民用汽车拥有量,1950年5.43万辆,1975年91.77万辆,是1950年的16.9倍。人均民用汽车拥有量,1950年0.000 098辆,1975

---

① 中国公路里程数据来源于:《新中国60年统计资料汇编》,中国统计出版社2010年版,1—43。外国公路里程数据来源于:《国外经济统计资料(1949—1976年)》,中国财政经济出版社1979年版,第319页。

② 国外统计叫商用车,不含个人轿车。

③ 中国民用汽车拥有量数据来源于:《新中国60年统计资料汇编》,中国统计出版社2010年版,1—48。外国民用汽车拥有量数据来源于:《国外经济统计资料(1949—1978年)》,中国统计出版社1981年版,第198页。

年0.000 99辆，是1950年的10.1倍。

印度：民用汽车拥有量，1950年11万辆，1975年48万辆，是1950年的4.36倍。人均民用汽车拥有量，1950年0.000 31辆，1975年0.000 81辆，是1950年的2.61倍。

美国：民用汽车拥有量，1950年883万辆，1975年2 484万辆，是1950年的2.81倍。人均民用汽车拥有量，1950年0.058辆，1975年0.116辆，是1950年的2.01倍。

苏联：民用汽车拥有量，1950年228万辆，1975年512万辆，是1950年的2.25倍。人均民用汽车拥有量，1950年0.013辆，1975年0.02辆，是1950年的1.55倍。

日本：民用汽车拥有量，1950年17万辆，1975年1 088万辆，是1950年的64倍。人均民用汽车拥有量，1950年0.002 1辆，1975年0.098辆，是1950年的46.44倍。

联邦德国：民用汽车拥有量，1950年56万辆，1975年129万辆，是1950年的2.3倍。人均民用汽车拥有量，1950年0.012辆，1975年0.022辆，是1950年的1.8倍。

英国：民用汽车拥有量，1950年99万辆，1975年191万辆，是1950年的1.93倍。人均民用汽车拥有量，1950年0.02辆，1975年0.034辆，是1950年的1.7倍。

法国：民用汽车拥有量，1950年74万辆，1975年213万辆，是1950年的2.88倍。人均民用汽车拥有量，1950年0.018辆，1975年0.04辆，是1950年的2.24倍。

总量增长速度排位：(1)日本64倍；(2)新中国前26年16.9倍；(3)印度4.36倍；(4)法国2.88倍；(5)美国2.81倍；(6)联邦德国2.3倍；(7)苏联2.25倍；(8)英国1.93倍。

人均增长速度排位：(1)日本46.44倍；(2)新中国前26年10.1倍；(3)印度2.61倍；(4)法国2.24倍；(5)美国2.01倍；(6)联邦德国1.8倍；(7)英国1.7倍；(8)苏联1.55倍。

(十九)比较19：棉纱产量①增长速度

新中国前26年：棉纱产量，1950年43.7万吨，1975年210.8万吨，是1950年的4.82倍。人均棉纱产量，1950年0.79公斤，1975年2.28公斤，是1950年的2.89倍。

印度：棉纱产量，1950年53万吨，1975年103万吨，是1950年的1.94

① 中国棉纱产量数据来源于：《新中国60年统计资料汇编》，中国统计出版社2010年版，1—37。外国棉纱产量数据来源于：《国外经济统计资料(1949—1978年)》，中国统计出版社1981年版，第137页。

倍。人均棉纱产量,1950年1.49公斤,1975年1.74公斤,是1950年的1.17倍。

美国:棉纱产量,1950年180万吨,1975年110万吨,是1950年的61.11%。人均棉纱产量,1950年11.82公斤,1975年5.15公斤,是1950年的43.57%。

苏联:棉纱产量,1950年66万吨,1975年157万吨,是1950年的2.38倍。人均棉纱产量,1950年3.67公斤,1975年6.17公斤,是1950年的1.68倍。

日本:棉纱产量,1950年24万吨,1975年46万吨,是1950年的1.92倍。人均棉纱产量,1950年2.89公斤,1975年4.12公斤,是1950年的1.43倍。

联邦德国:棉纱产量,1950年28万吨,1975年19万吨,是1950年的67.85%。人均棉纱产量,1950年5.85公斤,1975年3.18公斤,是1950年的54.28%。

英国:棉纱产量,1950年43万吨,1975年13万吨,是1950年的30.23%。人均棉纱产量,1950年8.49公斤,1975年2.32公斤,是1950年的27.38%。

法国:棉纱产量,1950年25万吨,1975年23万吨,是1950年的92%。人均棉纱产量,1950年5.99公斤,1975年4.36公斤,是1950年的72.85%。

总量增长速度排位:(1)新中国前26年4.82倍;(2)苏联2.38倍;(3)印度1.94倍;(4)日本1.92倍;(5)法国92%;(6)联邦德国67.85%;(7)美国61.11%;(8)英国30.23%。

人均增长速度排位:(1)新中国前26年2.89倍;(2)苏联1.68倍;(3)日本1.43倍;(4)印度1.17倍;(5)法国72.85%;(6)联邦德国54.28%;(7)美国43.57%;(8)英国27.38%。

(二十)比较20:机制纸及纸板产量[①]增长速度

新中国前26年:机制纸及纸板产量,1950年14万吨,1975年341万吨,是1950年的22.73倍。人均机制纸及纸板产量,1950年0.25公斤,1975年3.69公斤,是1950年的14.76倍。

印度:机制纸及纸板产量,1950年9万吨,1975年88万吨,是1950年的9.78倍。人均机制纸及纸板产量,1950年0.25公斤,1975年1.49公斤,是1950年的5.94倍。

美国:机制纸及纸板产量,1950年1 094万吨,1975年4 468万吨,是1950年的4.08倍。人均机制纸及纸板产量,1950年71.85公斤,1975年

① 中国机制纸及纸板产量数据来源于:《新中国60年统计资料汇编》,中国统计出版社2010年版,1—37。外国机制纸及纸板产量数据来源于:《国外经济统计资料(1949—1976年)》,中国财政经济出版社1979年版,第252页。

209.23公斤,是1950年的2.91倍。

苏联:机制纸及纸板产量,1950年119万吨,1975年820万吨,是1950年的6.89倍。人均机制纸及纸板产量,1950年6.61公斤,1975年32.23公斤,是1950年的4.88倍。

日本:机制纸及纸板产量,1950年69万吨,1975年1 360万吨,是1950年的19.71倍。人均机制纸及纸板产量,1950年8.32公斤,1975年121.9公斤,是1950年的14.65倍。

联邦德国:机制纸及纸板产量,1950年115万吨,1975年529万吨,是1950年的4.6倍。人均机制纸及纸板产量,1950年24.03公斤,1975年88.42公斤,是1950年的3.68倍。

英国:机制纸及纸板产量,1950年190万吨,1975年362万吨,是1950年的1.91倍。人均机制纸及纸板产量,1950年37.53公斤,1975年64.72公斤,是1950年的1.72倍。

法国:机制纸及纸板产量,1950年106万吨,1975年410万吨,是1950年的3.87倍。人均机制纸及纸板产量,1950年25.4公斤,1975年77.78公斤,是1950年的3.06倍。

总量增长速度排位:(1)新中国前26年22.73倍;(2)日本19.71倍;(3)印度9.78倍;(4)苏联6.89倍;(5)联邦德国4.6倍;(6)美国4.08倍;(7)法国3.87倍;(8)英国1.91倍。

人均增长速度排位:(1)新中国前26年14.76倍;(2)日本14.65倍;(3)印度5.94倍;(4)苏联4.88倍;(5)联邦德国3.68倍;(6)法国3.06倍;(7)美国2.91倍;(8)英国1.72倍。

(二十一)比较21:硫酸产量①增长速度

新中国前26年:硫酸产量,1950年6.9万吨,1975年484.7万吨,是1950年的70.25倍。人均硫酸产量,1950年0.13公斤,1975年5.24公斤,是1950年的40.34倍。

印度:硫酸产量,1950年10万吨,1975年133万吨,是1950年的13.3倍。人均硫酸产量,1950年0.28公斤,1975年2.25公斤,是1950年的8.02倍。

美国:硫酸产量,1950年1182万吨,1975年2 938万吨,是1950年的2.49倍。人均硫酸产量,1950年77.63公斤,1975年137.59公斤,是1950年的1.77倍。

苏联:硫酸产量,1950年213万吨,1975年1 865万吨,是1950年的8.76

① 中国硫酸产量数据来源于:《新中国60年统计资料汇编》,中国统计出版社2010年版,1—37续表1。外国硫酸产量数据来源于:《国外经济统计资料(1949—1976年)》,中国财政经济出版社1979年版,第209页。

倍。人均硫酸产量,1950年11.83公斤,1975年73.31公斤,是1950年的6.2倍。

日本:硫酸产量,1950年203万吨,1975年600万吨,是1950年的2.96倍。人均硫酸产量,1950年24.49公斤,1975年53.78公斤,是1950年的2.2倍。

联邦德国:硫酸产量,1950年145万吨,1975年416万吨,是1950年的2.87倍。人均硫酸产量,1950年30.3公斤,1975年69.53公斤,是1950年的2.29倍。

英国:硫酸产量,1950年183万吨,1975年317万吨,是1950年的1.73倍。人均硫酸产量,1950年36.15公斤,1975年56.68公斤,是1950年的1.57倍。

法国:硫酸产量,1950年122万吨,1975年376万吨,是1950年的3.08倍。人均硫酸产量,1950年29.23公斤,1975年71.33公斤,是1950年的2.44倍。

总量增长速度排位:(1)新中国前26年70.25倍;(2)印度13.3倍;(3)苏联8.76倍;(4)法国3.08倍;(5)日本2.96倍;(6)联邦德国2.87倍;(7)美国2.49倍;(8)英国1.57倍。

人均增长速度排位:(1)新中国前26年40.34倍;(2)苏联8.76倍;(3)印度8.02倍;(4)法国2.44倍;(5)联邦德国2.29倍;(6)日本2.2倍;(7)美国1.77倍;(8)英国1.57倍。

(二十二)比较22:汽车产量①增长速度②

中国毛泽东时代:汽车产量,1956年0.17万辆,1975年13.98万辆,是1956年的82.24倍。人均汽车产量,1956年62 828万人,人均0.000 002 7辆,1975年0.000 15辆,是1956年的55.56倍。

印度:汽车产量,1956年3.2万辆,1975年7.5万辆,是1956年的2.34倍。人均汽车产量,1956年39 081万人,人均0.000 082辆,1975年0.000 13辆,是1956年的1.59倍。

美国:汽车产量,1956年692.1万辆,1975年898.9万辆,是1956年的1.3倍。人均汽车产量,1956年16 890万人,人均0.041辆,1975年0.042辆,是1956年的1.02倍。

苏联:汽车产量,1956年46.4万辆,1975年196.4万辆,是1956年的4.23倍。人均汽车产量,1956年19 966万人,人均0.002 3辆,1975

① 中国汽车产量数据来源于:《新中国60年统计资料汇编》,中国统计出版社2010年版,1—37续表2。外国汽车产量数据来源于:《国外经济统计资料(1949—1978年)》,中国统计出版社1981年版,第123页。

② 以下为毛泽东时代的新兴产业,是在新中国成立以后建立起来的,都不足26年。

年0.007 7辆，是1956年的3.36倍。

日本：汽车产量，1956年11.1万辆，1975年694.8万辆，是1956年的62.59倍。人均汽车产量，1956年8 995万人，人均0.0012辆，1975年0.062辆，是1956年的51.9倍。

联邦德国：汽车产量，1956年107.5万辆，1975年319.1万辆，是1956年的3.64倍。人均汽车产量，1956年5 078万人，人均0.021辆，1975年0.053辆，是1956年的2.54倍。

英国：汽车产量，1956年100.5万辆，1975年164.8万辆，是1956年的1.64倍。人均汽车产量，1956年5 078万人，人均0.02辆，1975年0.029辆，是1956年的1.47倍。

法国：汽车产量，1956年82.7万辆，1975年329.7万辆，是1956年的3.99倍。人均汽车产量，1956年4 384万人，人均0.019辆，1975年0.063辆，是1956年的3.29倍。

总量增长速度排位：(1)中国毛泽东时代82.24倍；(2)日本62.59倍；(3)苏联4.23倍；(4)法国3.99倍；(5)联邦德国3.64倍；(6)印度2.34倍；(7)英国1.64倍；(8)美国1.3倍。

人均增长速度排位：(1)中国毛泽东时代55.56倍；(2)日本51.9倍；(3)苏联3.36倍；(4)法国3.29倍；(5)联邦德国2.54倍；(6)印度1.59倍；(7)英国1.47倍；(8)美国1.02倍。

(二十三)比较23：乙烯产量①增长速度

中国毛泽东时代：乙烯产量，1961年0.01万吨，1975年6.47万吨，是1961年的647倍。人均乙烯产量，1961年65 859万人，人均0.000 15公斤，1975年0.07公斤，是1961年的466.67倍。

美国：乙烯产量，1961年257万吨，1975年931万吨，是1961年的3.62倍。人均乙烯产量，1961年18 376万人，人均13.99公斤，1975年43.6公斤，是1961年的3.12倍。

日本：乙烯产量，1961年11万吨，1975年340万吨，是1961年的30.91倍。人均乙烯产量，1961年9 406万人，人均1.17公斤，1975年30.47公斤，是1961年的26.04倍。

联邦德国：乙烯产量，1961年27万吨，1975年214万吨，是1961年的7.93倍。人均乙烯产量，1961年5 403万人，人均5公斤，1975年36.31公斤，是1961年的7.26倍。

法国：乙烯产量，1961年9万吨，1975年124万吨，是1961年的13.78

① 中国乙烯产量数据来源于：《新中国60年统计资料汇编》，中国统计出版社2010年版，1—37续表2。外国乙烯产量数据来源于：《国外经济统计资料(1949—1978年)》，中国统计出版社1981年版，第118页。

倍。人均乙烯产量,1961年4 616万人,人均1.95公斤,1975年23.52公斤,是1961年的12.06倍。

总量增长速度排位:(1)中国毛泽东时代647倍;(2)日本30.91倍;(3)法国13.78倍;(4)联邦德国7.93倍;(5)美国3.62倍。

人均增长速度排位:(1)中国毛泽东时代466.67倍;(2)日本26.04倍;(3)法国12.06倍;(4)联邦德国7.26倍;(5)美国3.12倍。

(二十四)比较24:化学纤维[①]产量增长速度

中国毛泽东时代:化学纤维产量,1958年0.03万吨,1975年15.48万吨,是1958年的516倍。人均化学纤维产量,1958年65 994万人,人均0.000 45公斤,1975年0.16公斤,是1958年的355.56倍。

印度:化学纤维产量,1958年2.9万吨,1975年13万吨,是1958年的4.48倍。人均化学纤维产量,1958年40 722万人,人均0.071公斤,1975年0.22公斤,是1958年的3.1倍。

美国:化学纤维产量,1958年69.2万吨,1975年300.6万吨,是1958年的4.34倍。人均化学纤维产量,1958年17 488万人,人均3.96公斤,1975年14.08公斤,是1958年的3.44倍。

苏联:化学纤维产量,1958年16.6万吨,1975年95.5万吨,是1958年的5.75倍。人均化学纤维产量,1958年20 679万人,人均0.8公斤,1975年3.75公斤,是1958年的4.69倍。

日本:化学纤维产量,1958年37.2万吨,1975年145.2万吨,是1958年的3.9倍。人均化学纤维产量,1958年9 155万人,人均4.06公斤,1975年13.01公斤,是1958年的3.2倍。

联邦德国:化学纤维产量,1958年22.8万吨,1975年74.9万吨,是1958年的3.29倍。人均化学纤维产量,1958年5 206万人,人均4.38公斤,1975年12.52公斤,是1958年的2.86倍。

英国:化学纤维产量,1958年19.1万吨,1975年56.3万吨,是1958年的2.95倍。人均化学纤维产量,1958年5 165万人,人均3.7公斤,1975年10.07公斤,是1958年的2.72倍。

法国:化学纤维产量,1958年14.9万吨,1975年28.8万吨,是1958年的1.93倍。人均化学纤维产量,1958年4 479万人,人均3.33公斤,1975年5.46公斤,是1958年的1.64倍。

总量增长速度排位:(1)中国毛泽东时代516倍;(2)苏联5.75倍;(3)印度4.48倍;(4)美国4.34倍;(5)日本3.9倍;(6)联邦德国3.29倍;(7)英国

---

① 中国化学纤维产量数据来源于:《新中国60年统计资料汇编》,中国统计出版社2010年版,1—37续表2。外国化学纤维产量数据来源于:《国外经济统计资料(1949—1978年)》,中国统计出版社1981年版,第136页。

2.95倍;(8)法国1.93倍。

人均增长速度排位:(1)中国毛泽东时代355.56倍;(2)苏联4.69倍;(3)美国3.44倍;(4)日本3.2倍;(5)印度3.1倍;(6)联邦德国2.86倍;(7)英国2.72倍;(8)法国1.64倍。

在这个时期,几乎所有可比较的基础性工业产品产量,中国的增长速度都遥遥领先,但在GDP增速上中国却成了倒数第一。因而这也成了一些人否定毛泽东时代的根本依据,这种情况不能不引起我们的重视。一个国家的GDP增长,应当与物质财富增长呈正比关系,而不是负比关系。换言之,毛泽东时代的经济成就和经济增长速度,应当用更加科学的方法,进行实事求是的比较总结。

参考文献

[1]许宪春,2000,《中国国内生产总值核算》,北京:北京大学出版社。

[2]邓小平,1994,《邓小平文选》(第2卷),北京:人民出版社。

[3]侯杨方,2000,民国时期全国人口统计数字的来源,《历史研究》,第4期。

Severe Misrepresentation of Using GDP to Deny the Mao Zedong Era

—Discussion with Professor Lin Yifu and Professor Zhou Tianyong

Wang Lihua

Abstract For a period of time, devaluing the Mao Zedong era with GDP has become a fashion for some people. However, there is no GDP statistics in the first 40 years of New China, and the GDP data estimated and revised many times later cannot accurately reflect the history. Let's change the angle and use the output data of more than 20 products that are source, basic and iconic in the Mao Zedong era, and compare them with relevant data from the US, USSR, Japan, Germany, UK, France and India released by authoritative departments. There is a surprising finding: China in the era of Mao Zedong was the country with the fastest economic growth, higher than the major developed countries and major economies, and the economic development of the Soviet Union was also higher than the major developed countries.

Key words Mao Zedong Era Product Output　Gross Domestic Product Growth

论现代化经济体系的产权基础

高建昆

内容提要 公有制为主体、国有制为主导、多种所有制共同发展的社会主义现代化产权体系,是我国现代化经济体系的产权基础。社会主义现代化产权体系在我国现代化经济体系中的基础性地位,体现在现代化经济体系的各个环节、各个层面、各个领域,尤其是产业体系、市场体系、收入分配体系、城乡区域发展体系、绿色发展体系、开放体系、经济调节体系等核心子系统的建设过程中。建设现代化经济体系,需要正确处理公有制经济与非公有制经济之间的关系,积极促进两者相互支持、协同配合,形成相辅相成、相得益彰的发展共同体与创新共同体,为提升我国经济体系的整体创新力和竞争力奠定坚实的产权基础。

关键词 社会主义现代化产权体系 现代化经济体系 高质量发展 竞争力

中图分类号 F042

在新时代经济发展中,我国建设的现代化经济体系是以高质量发展为基本运行特征的动态有机系统。从纵向看,这一系统的基本运行特征是以创新力和竞争力的不断增强为核心的高质量发展。从横向看,这一系统主要包括产业体系、市场体系、收入分配体系、城乡区域发展体系、绿色发展体系、开放体系、资源配置体系和产权体系等不同层面的核心子系统(高建昆,2018:92—98)。其中,社会主义现代化产权体系,即公有制为主体、国有制为主导、多种所有制共同发展的产权体系,在整个体系中处于基础性地位。

一、社会主义现代化产权体系在现代化经济体系中的基础性地位

社会主义现代化产权体系在我国现代化经济体系中的基础性地位,体现

收稿日期:2019—11—01

作者简介:高建昆,复旦大学马克思主义学院副教授,主要研究方向为中外马克思主义及其经济学。

基金项目:本文系国家社科基金后期资助项目“新发展理念引领经济新常态若干问题研究”(17FJL001)的阶段性成果。

在现代化经济体系的各个环节、各个层面、各个领域，尤其是核心子系统的建设过程中。

(一)在现代化产业体系建设中的基础性作用

在新时代我国经济发展中，现代化产业体系建设，需要紧紧围绕创新引领与协同发展，从各级产业子系统之间的协调平衡和产业体系的综合实力与整体竞争力两个维度，着力加快建设实体经济、科技创新、现代金融、人力资源协同发展的产业体系，从而高质量、动态系统地推进产业结构的合理化和高级化。在这一进程中，公有制为主体、国有制为主导、多种所有制共同发展的产权体系，在产业体系的创新引领与协同发展等核心环节发挥着基础性作用。

首先，社会主义现代化产权体系在提高产业体系的综合实力与整体竞争力方面凝聚构筑现代化产业体系的协同创新合力。在创新层次上，科技创新可细分为核心技术创新和非核心技术的外围创新两种情形。核心技术创新即重大科技、核心科技的创新，大企业和大公司是核心技术创新的主体力量。世界主要发达国家的技术创新，尤其是核心技术的创新，主要依靠大企业。在我国产业体系中，国有企业是核心技术创新的主体力量。我国国有企业具有规模优势、技术优势与人才优势，在重大科技攻关、组织搭建协同创新平台、产学研深度融合、培养造就创新人才和创新团队等方面都发挥基础性战略引领作用。而非核心技术的外围创新则是主要依靠小微企业的外围技术创新。从世界科技发展史看，非核心技术的外围创新主要是为大企业的核心技术创新提供外围服务。在我国产业体系中，中小规模的私有企业与个体企业在扩大就业方面发挥重要作用，但主要从事非核心技术的外围创新；外资企业一般具有较强的技术基础与创新能力，但在华分支机构及其代工企业仍然主要从事为本企业核心技术创新服务的外围创新。因此，在新时代我国经济发展中，建设创新引领的现代化产业体系，需要借鉴吸收国际经验，充分发挥国有企业在重大科技、核心科技和关键科技创新中的引领和主导作用，并鼓励、支持、引导非公有企业尤其是中小企业积极从事一般技术、一般产品的创新等各种非核心技术外围创新，从而凝聚构筑现代化产业体系的协同创新合力。

其次，社会主义现代化产权体系在推进各级产业子系统协调发展、防止产业空心化方面发挥基础性支撑作用。现代化产业体系是由各级产业子系统相互协调与动态平衡而构成的有机整体。相应地，作为主体的公有制经济与作为辅体的各种形式的非公有制经济在产业层面形成相辅相成、相得益彰的发展共同体。作为主体的公有制经济，尤其是占主导地位的国有企业是国民经济支柱产业的主体，构成我国国民经济体系的中流砥柱，是防止产业空心化的根本性支撑力量。在新时代我国经济发展中，推进产业子系统协调发展、防止产业空心化，客观上必然要求毫不动摇巩固和发展公有制经济，尤其是做强做大做优国有企业。在我国社会主义初级阶段的生产力发展水平下，作为辅体的各种形式的非公有制经济，仍然是现代化产业体系的重要组成部分。在建设现代化产业体系进程中，推进产业子系统协调发展、防止产业空心化，客观上必然要求毫不动摇鼓励、支持、引导非公有制经济发展。

第三，社会主义现代化产权体系在增强金融服务实体经济能力、防止经济虚拟化方面发挥基础性支撑作用。习近平总书记指出，为实体经济服务是金融的天职与宗旨，也是防范金融风险的根本举措（习近平，2017：279）。从产权性质看，国有金融企业是我国金融发展的主导力量，私有金融企业也形成了较大规模和较强竞争力。2019年，我国大陆地区共有10家金融企业进入世界500强。其中，国有金融企业有6家，且排名较为靠前；法人股份制金融企业有3家；民营股份制金融企业有1家。① 此外，外资银行在我国的金融业务已初具规模。2018年外资银行总资产达44 177亿元。② 在建设现代化产业体系进程中，增强金融服务实体经济能力以及防止经济虚拟化，客观上要求充分发挥公有制金融机构尤其是国有金融企业服务实体经济的主导作用，提高服务实体经济的科学性、精准性和系统性，并引导各类私有金融积极服务实体经济。同时，系统防范与化解金融风险，客观上要求在金融机构的股权结构上防止外国资本在中国形成外资金融垄断。

（二）在现代化市场体系建设中的基础性作用

在新时代我国经济发展中，现代化市场体系建设，需要紧紧围绕统一开放、竞争有序的市场体系建设，着重处理好有效竞争与适度垄断的关系，从而"加快形成企业自主经营公平竞争、消费者自由选择自主消费、商品和要素自由流动平等交换的现代市场体系"③。在这一进程中，公有制为主体、国有制为主导、多种所有制共同发展的产权体系，在实现现代化市场体系的统一开放、竞争有序等建设目标中发挥着基础性作用。

首先，社会主义现代化产权体系在实现市场体系的统一开放与准入畅通方面发挥基础性支撑作用。产权体系结构对国家总体安全具有根本性影响。一个经济体市场体系的统一开放与准入畅通，需要在维护国家总体安全的前提下科学统筹发展和安全。根据这一原则，在不涉及国家安全的行业、领域、业务，公有制企业与非公有制企业在统一的市场规则下公平有序竞争。而涉及国家安全的行业、领域、业务，特别是关系到人民生命安全和国防安全的关键领域，则应根据其具体性质禁止或限制市场主体准入，采取国有独资或国有控股形式。市场准入负面清单的编制与更新应充分体现这一安全原则。

---

① 《2019年世界500强129家中国上榜公司完整名单》，财富中文网，http://www.fortunechina.com/fortune500/c/2019-07/22/content_339537.htm，2020年2月8日。

② 《中国统计年鉴(2019)》，国家统计局，http://www.stats.gov.cn/tjsj/ndsj/2019/indexch.htm，2020年2月8日。

③ 《深刻认识建设现代化经济体系重要性 推动我国经济发展焕发新活力迈上新台阶》，人民日报，http://politics.people.com.cn/n1/2018/0201/c1001-29798770.html，2018年2月1日。

其次，社会主义现代化产权体系在实现市场体系的竞争有序与防止垄断方面发挥基础性支撑作用。我国现代化市场体系建设，客观上要求坚决依法处罚与限制以攫取垄断利润为目的而破坏市场竞争秩序的各类垄断行为，但不是反对单纯的规模垄断或自然垄断。当代全球化市场竞争的集中表现，是具有较大规模与较强实力的垄断组织或跨国企业集团之间的竞争。这些企业具有规模垄断或自然垄断性质，适应全球范围内社会化大生产的发展要求，能够促进规模经济、推动技术进步，并降低各类成本。在我国社会主义现代化产权体系中，国有企业由于具有较大规模与较强实力，而成为市场竞争的主导力量。国有企业与中外非公有制企业之间的市场竞争是在统一公平的市场规则下展开的。因此，这些国有企业在我国市场竞争的主导地位，不仅不会破坏市场的自由竞争，而且可以促进市场竞争秩序的维护。

（三）在现代化收入分配体系建设中的决定性作用

在新时代我国经济发展中，现代化收入分配体系建设，需要紧紧围绕体现效率、促进公平的收入分配体系建设，着重处理好按劳分配主体与按资分配辅体的关系，从而高质量地推进财富与收入的合理分配，维护社会的公平正义，为全体人民迈向共同富裕奠定坚实的分配体系基石。在这一进程中，公有制为主体、国有制为主导、多种所有制共同发展的产权体系，在实现现代化收入分配体系的体现效率、促进公平等建设目标中发挥着决定性作用。

首先，社会主义现代化产权体系在实现收入分配体系的体现效率方面发挥决定性作用。从社会再生产角度看，生产资料所有制关系决定分配关系。在我国现阶段的经济中，按劳分配原则只能由公有制经济来贯彻。作为狭义的（不包括劳动要素）按要素产权分配的基本内容就是按资分配，即把货币、房地产、技术、信息和知识等要素折合成和量化成一定量的资本或股本，再将资本所有者在生产经营单位的出资份额作为剩余价值及其转化形式的利润或收益分配的基本依据。① 按私有资本分配体现在外资经济、民营经济以及混合所有制的私有持股形式的分配过程中。按劳分配既实现分配的短期效率与局部效率，又实现分配的长期效率与整体效率。作为公有制经济的基本分配方式，按劳分配原则将劳动者在生产经营中的劳动量作为分配的基本依据。一方面，它能够较充分地反映劳动者在生产经营中的劳动差别，以实现分配促进劳动者积极性的短期效率与局部效率；另一方面，它能够保持劳动者报酬在初次分配中的较大份额，从根本上缓解生产的无限扩大和有支付能力的需求不

① 西方经济学的信仰者蔡继明教授认为，按资分配除了依据资本产权，还依据资本贡献的论断，显然是违背事实和逻辑的。因为所谓按资分配，就是指资本所有者按照出资一定数量的资本来分配，并不存在出资产权数量以外的所谓贡献。例如，黄世仁的"要素贡献"就是出租一定数量的土地给杨白劳去耕种，提供劳动的前提条件之一，收获的庄稼只是杨白劳的劳动贡献与土地的自然贡献的结晶，而黄世仁凭借一定土地的产权无偿占有庄稼的一部分。参见蔡继明，2018，改革开放以来我国分配理论创新与分配制度变革，《深圳大学学报（人文社会科学版）》，第7期，第22—30页、第87页。

断缩小之间的矛盾,以实现分配的长期效率与整体效率。而按私有资本分配则主要通过反映资本所有者的产权收益而实现短期利益,从而实现短期效率与局部效率。

其次,社会主义现代化产权体系在实现收入分配体系的促进公平方面发挥决定性作用。公有制经济的市场型按劳分配,通过保持劳动者报酬在初次分配中的较大份额,能够较充分地反映劳动者在生产经营中的实质性贡献,从而较好地实现分配的公平。由于受到私有剩余价值规律的作用,按资分配侧重保持私有剩余价值在初次分配中的较大份额,而无法实现劳动者报酬在初次分配中的较大份额。从动态看,按资分配不断拉大资本所有者与劳动者之间收入分配差距,因而无法实现分配的公平。近年来,由于我国非公经济的大规模发展、政府对各种收入分配的不合理现象没有及时调节、社会保障机制不健全和结构性失业等多种因素的共同作用,使得收入差距逐渐增多,导致了不少不公平问题的出现(程恩富、柴巧燕,2018:3—13,30)。

(四)在现代化城乡区域发展体系建设中的基础性作用

在新时代我国经济发展中,现代化城乡区域发展体系建设,需要紧紧围绕彰显优势、协调联动的城乡区域发展体系建设,着重处理好协同发展与自身发展的关系,从而高质量地推进城乡区域的协同发展,从整体上打造有机融合的高效经济体。在这一进程中,公有制为主体、国有制为主导、多种所有制共同发展的产权体系,在实现城乡区域发展体系的彰显优势、协调联动等建设目标中发挥着基础性引领作用。

首先,社会主义现代化产权体系在实现城乡区域发展体系的彰显优势方面发挥基础性引领作用。产权体系在城乡区域层面的空间格局,形成了各城乡区域发展的优势基础。各城乡区域发展只有充分发挥各自产权体系优势,才能为优化城乡区域格局,从而实现城乡区域高质量的协同发展奠定坚实的基础。各区域的国土空间开发与生态环境保护,需要将当地经济发展与人口调节和国土空间开发有机结合。各区域的经济发展战略也需要紧密结合本区域的产权体系格局特点,发挥本地区优势,突出本地区特点。例如,东北老工业基地振兴需要紧紧依靠区域内国有企业,以做强做大做优国有企业带动区域经济高质量发展。

其次,社会主义现代化产权体系在实现城乡区域发展体系的协调联动方面发挥基础性引领作用。经济的城乡区域结构是产权结构、产业结构、对外开放、生态环境、资本、劳动力、居民生活等经济变量在空间上的展开。城乡区域发展体系的协调联动,需要以城乡区域产权体系布局的优化为基础。全局统筹协调各区域的经济发展战略,全局统筹协调区域之间的经济管理制度体系,规划统筹协调、分类指导各区域的国土空间开发与生态环境保护,以及城乡融合发展均需要以城乡区域产权体系格局为基础,充分发挥公有制经济尤其是国有企业的引领带动作用。例如，各级城乡区域参与“一带一路”建设，需要充分发挥城乡区域内国有企业在基础设施网络体系建设等领域的开拓性先锋作用。雄安新区建设需要在“千年大计、国家大事”战略定位下充分发挥国有企业在基础设施建设、产业布局、金融支持等领域的引领示范作用。

(五)在现代化绿色发展体系建设中的基础性作用

在新时代我国经济发展中，现代化绿色发展体系建设，需要紧紧围绕资源节约、环境友好的绿色发展体系建设，着重处理好经济发展中的人与自然之间关系，以“实现绿色循环低碳发展、人与自然和谐共生”①。在这一进程中，公有制为主体、国有制为主导、多种所有制共同发展的产权体系，在实现绿色发展体系的资源节约、环境友好等建设目标中发挥着基础性主导作用。

首先，社会主义现代化产权体系在坚持绿色发展理念发挥基础性主导作用。在短期，在既定生产力水平下，以及生产力水平没有获得实质性提高从而无法依靠科技保护良好生态的阶段，生产关系(尤其是生产资料所有制关系)对生态环境产生重要影响，甚至是决定性影响(比如，一些文明古国覆灭，以及古代中国楼兰等古国的衰落)。在生产资料私有制条件下，生产单位只追求私利而不顾环境保护的生产活动，导致生态环境的逐步恶化；而且，生产规模越大，对生态环境的破坏就越严重。因此，坚持绿色发展理念，必须发挥公有制经济的主体作用，尤其是国有企业的主导作用，从我国经济社会发展全局出发，主动树立和践行绿水青山就是金山银山的绿色发展理念，遵从党中央关于绿色发展的战略部署。

其次，社会主义现代化产权体系在构建绿色技术创新体系方面发挥基础性主导作用。在长期，生产力水平(尤其是绿色科技水平)是生态环境的最终决定因素。生态环境保护最终需要靠生产力的发展，尤其是科技水平的提高来解决。现代化绿色发展体系建设，需要以市场为导向、以政府为引领，充分发展和运用绿色科学技术。构建绿色技术创新体系要充分发挥公有制经济的主体地位，以及国有经济的主导作用，并不完全以本企业利润最大化为目标，而是以社会利益最大化为经营目标，实现贯彻绿色发展的国家战略目标。

第三，社会主义现代化产权体系在绿色发展制度体系的完善与执行方面发挥基础性主导作用。从理论上看，归属清晰的资产产权制度是生态保护的一种激励手段。但是，生态环境和自然资源属于公共产品，其财产权并不能明确确定，而市场机制固有的利益个体性、时空局部性、力量分散性以及信息不对称等局限性，容易导致在生态保护领域，资产产权制度在内的生态市场机制运作不能达到资源配置的最优化和有效保护环境。以资产私有为基础的自然

① 《深刻认识建设现代化经济体系重要性 推动我国经济发展焕发新活力迈上新台阶》，人民日报，http://politics.people.com.cn/n1/2018/0201/c1001-29798770.html，2018年2月1日。

资源产权法律制度，在市场盲目性作用下难免引发对生态环境的破坏性影响。因此，绿色发展制度体系的完善与执行，需要建立健全的自然资源的产权法律制度，在坚持自然资源资产全民所有制的基础上，由专业职能部门统一行使全民所有自然资源资产所有权人职责。同时，绿色发展制度体系的完善与执行，需要充分发挥公有制经济的主体地位尤其是国有企业的主导作用，主动贯彻执行绿色发展制度体系。

（六）在全面开放体系建设中的基础性作用

在新时代我国经济发展中，全面开放体系建设，需要多元平衡、安全高效的全面开放体系建设，着重处理好对等全面开放与经济安全、人民福利之间的关系，通过“发展更高层次开放型经济”，“推动开放朝着优化结构、拓展深度、提高效益方向转变”。① 在这一进程中，公有制为主体、国有制为主导、多种所有制共同发展的产权体系，在实现全面开放体系的多元平衡、安全高效等建设目标中发挥着基础性主导作用。

首先，社会主义现代化产权体系在实体经济开放体系的高质量发展方面发挥基础性主导作用。实体经济开放体系的高质量发展，主要反映在实体经济的创新力和竞争力在对外开放过程中获得较大程度的系统性持续提升。全球化经济实质上是以价值规律为核心的竞争经济。如何赢得经济发展的主动和国际竞争的主动，成为全球化时代一国经济对外开放的核心命题。因此，推进实体经济开放体系的高质量发展，需要充分发挥公有制经济尤其是国有企业在科技创新领域的主导作用，通过自主创新培育和增强知识产权竞争优势，打造实体经济的核心竞争力。

其次，社会主义现代化产权体系在金融开放体系的高质量发展方面发挥基础性主导作用。金融开放体系的高质量发展，既反映金融体系自身在对外开放中国际竞争力的持续增强，又反映金融体系服务实体经济能力和层次的不断提升。推进金融开放体系的高质量发展，需要充分发挥公有制金融机构的主体作用尤其是国有金融企业的主导作用，不断提高服务于实体经济开放的能力；在金融机构的股权结构上防止外国金融资本通过层层控股、联合控股建立分支机构等形式而形成金融垄断。

（七）在经济调节体系建设中的基础性作用

在新时代我国经济发展中，以现代化经济调节体系建设，需要紧紧围绕充分发挥市场作用、更好发挥政府作用的经济调节体系建设，着重处理好基于市场价值规律的市场决定作用与基于国家调节规律的政府主导作用的关系。在这一进程中，公有制为主体、国有制为主导、多种所有制共同发展的产权体系，

---

① 《深刻认识建设现代化经济体系重要性 推动我国经济发展焕发新活力迈上新台阶》，人民日报，http://politics.people.com.cn/n1/2018/0201/c1001-29798770.html，2018 年 2 月 1 日。

在实现经济调节体系的充分发挥市场作用、更好发挥政府作用等建设目标中发挥着基础性主导作用。

首先，在市场活动中的公有制企业，通过确定积累与消费的适当比例和按劳分配，能够确保劳动报酬在初次分配中的合理比重，促进劳动报酬增长与劳动生产率等提高同步，从而能够避免贫富的严重分化，从根本上缓解生产的无限扩大和有支付能力的需求不断缩小之间的矛盾。

其次，公有制企业为政府高效调节“市场决定性作用”，提供了必要保障和财力支撑。与私有企业和私有垄断公司具有反国家调控的特点不同，公有制企业一般愿意服从和配合国家调控。政府为以熨平经济波动而对“市场决定性作用”的干预和调节需要大量的财力支持。改革以来，我国国有经济上缴利税一直占国家财政收入相当部分。

第三，公有制经济通过填补其他所有制的投资空白，来弥补“市场决定性作用”的严重不足，促进经济全面而均衡地发展。“市场决定性作用”有效的投资领域主要是资金回收周期较短、风险较小、利润率较高的经济领域。在这些领域，公有制经济和其他所有制可以实现公平的商业竞争。而一些对国计民生极为重要，但因资金回收周期长、风险高、利润率低、涉及国家核心安全而不适合其他所有制的领域，只能由公有制经济来运营。

二、巩固与加强现代化经济体系的产权基础

在我国社会主义经济体系中，公有制经济与非公有制经济不是根本对立的，而是相辅相成、相得益彰的发展共同体。习近平总书记指出，公有制经济、非公有制经济应该相辅相成、相得益彰，而不是相互排斥、相互抵消（习近平，2017：260）。

我国现阶段的公有制经济，包括全民所有制（其基本实现形式为国有企业和国有资源）和集体所有制（主要包括农村土地集体所有制和城乡集体企业）的独资形式，以及以公有资本控股的不同所有制之间的相互持股形式和交叉持股形式。

在坚持和发展农村土地集体所有制方面，要通过深化农村集体产权制度改革，以保障农民的合法财产权益为出发点，以提高粮食生产能力为核心，以耕地保护为基石，不断探索壮大农村集体经济和农业合作经济。

在企业层面，以新发展理念引领我国现代化企业体系建设，应着力增强各类企业的创新力和竞争力，形成国有企业、民营企业和中小企业相互支持、协同配合的创新共同体。

（一）将国有企业培育成具有全球竞争力的世界一流企业

将国有企业培育成培育具有全球竞争力的世界一流企业，是党的十九大

报告提出的重要战略目标。做强做大做优国有企业既是加强中国共产党领导的必然要求，又是巩固中国特色社会主义经济基础的必然要求。习近平总书记强调，国有企业是中国特色社会主义的重要物质基础和政治基础，是中国特色社会主义经济的"顶梁柱"。[①] 实现这一战略目标，需要以新发展理念为引领，紧密结合当代全球化企业竞争特点和我国国有企业发展实际，系统增强国有企业的国际竞争力。

在当前全球经济竞争中，我国国有企业总体上呈现出大而不强的特点。在资产规模和市场份额方面，我国已有相当数量的国有企业跻身世界财富500强。但是在品牌影响力方面，我国能够进入世界品牌500强的企业仍然较少。2019年，加上腾讯、华为等少数民营企业，中国仅有40家企业登上世界品牌500强，而美国有208家企业上榜。[②] 在技术创新力方面，我国企业还未能掌握很多核心技术的自主知识产权。由于缺乏航空发动机、智能手机芯片、超高精密机床等一系列核心技术的自主研发能力，我国企业需要以高价大量进口这些核心技术产品。更为严峻的是，由于半导体加工设备等核心技术产品被生产商独家供应给英特尔等特定垄断企业，我国企业无法通过购买获取这些产品。核心技术研发能力的不足，使得我国企业生产主要处于全球产业链中附加值较低的中低端环节。这直接影响了我国企业的盈利能力。

将国有企业培育成具有全球竞争力的世界一流企业，可从以下几方面系统发力。

一是通过加强和完善党的领导提高国有企业的经营管理水平。习近平总书记指出，坚持党的领导、加强党的建设，是我国国有企业的光荣传统，是国有企业的"根"和"魂"，是我国国有企业的独特优势。[③] 在总体方向上，国有企业中党的领导与党的建设要服务生产经营，把提高企业效益、增强企业竞争实力、实现国有资产保值增值作为国有企业党组织工作的出发点和落脚点。在人才建设上，党组织要充分发挥对国有企业选人用人的领导和把关作用，既要着力培养高素质的企业领导人员队伍，又要培养造就具有国际水平和责任担当的战略科技人才、科技领军人才、青年科技人才和高水平创新团队。在组织建设上，国有企业基层党组织建设要结合生产经营的实际状况而不断加强。随着国有企业的全球化生产、研发与经营布局，国有企业中党的建设也要相应地跟进与延伸，实现党支部的战斗堡垒作用在新形势下的全面系统覆盖。

二是以自主知识产权为核心打造世界一流品牌。在全球化竞争中，以自

---

① 《深入学习贯彻党的十九大精神 紧扣新时代要求推动改革发展》，人民日报，http://politics.people.com.cn/n1/2017/1214/c1024-29705276.html，2017年12月14日。

② 《2019世界品牌500强榜单》，世界品牌实验室官网，http://www.worldbrandlab.com/world/2019/brand/brand.html，2020年2月8日。

③ 《坚持党对国有企业的领导不动摇 开创国有企业党的建设新局面》，人民日报，http://politics.people.com.cn/n1/2016/1012/c1001-28770251.html，2016年10月12日。

主知识产权为核心的企业品牌是企业竞争力的集中体现。首先，国有企业要发挥规模优势，紧紧围绕市场需求，加大科技研发的投入力度，重点攻克本领域的关键共性技术、前沿引领技术和现代工程技术，努力实现颠覆性技术创新，以占领本领域的世界制高点、掌控技术话语权。其次，国有企业要与相关领域的大学和科研机构开展战略合作，构建产学研一体化、资源共享、利益共赢的研发平台。第三，国有企业要加强创新人才队伍建设，为创新人才的工作学习创造良好条件，加快形成有利于科研人才研发创新的体制机制。在薪酬制度方面，要坚持按劳分配原则，实行突出研发贡献的创新激励制度。在创新人才的选拔任用方面，坚持择天下英才而用之，遵循创新人才的工作特点和规律，让创新人才把更多精力集中于科技研发工作，培养造就一大批具有国际水平的战略科技人才、科技领军人才、青年科技人才和高水平创新团队。第四，国有企业要加强创新文化建设。一方面，要紧紧围绕科技创新实践，鼓励支持科技研发人才主动担当、积极作为、刻苦钻研、勤奋工作、积极营造有利于创新的文化氛围；另一方面，要强化知识产权意识，系统掌握国内外知识产权制度体系，加强知识产权的保护和运用，积极应对与化解全球化过程中的知识产权风险。

三是以提高创新力和竞争力为基点发展混合所有制经济。发展混合所有制经济，必须坚持习近平总书记提出的“有利于国有资本保值增值，有利于提高国有经济竞争力，有利于放大国有资本功能”的方针①，而决不能为混合而混合。

在股权结构上，要在合作共赢的基础上重点发展公有资本控股的混合所有制经济，既要充分发挥国有企业在规模经济、科技研发、市场渠道等方面的独特优势，又要发挥公有资本股份在贯彻按劳分配原则方面的影响力与控制力，从而为实现共同富裕奠定坚实的经济基础与制度条件（高建昆、程恩富，2015：108—113）。首先，在企业的产业布局上，要着眼于全球产业分工的价值链布局与产业链延伸，既要科学布局国有企业所在的既有传统产业，又要跟进布局战略性、前瞻性产业和现代服务业。其次，要防止公有股权被稀释。在公有资本与非公有资本进行股权混合的初始阶段，公有资本的资产价值必须得到科学评估，不仅要考虑净资产价值，而且要考虑原有公有资产的盈利能力、成长性和社会影响力，而不能简单评估账面净资产。在股权混合改制后的经营阶段，企业激励制度设计要重点采用不享有股权的分红权激励手段，而严格控制简单的股权激励手段。简单直接的股权激励手段将只增加私有资本持股，不增加公有资本持股，从而导致公有资本股权逐渐被稀释。

---

① 《坚持党对国有企业的领导不动摇 开创国有企业党的建设新局面》，人民日报，http://politics.people.com.cn/n1/2016/1012/c1001-28770251.html，2016年10月12日。

在治理结构上，要通过公有股份与非公有股份的系统融合提高企业的整体经济管理能力。首先，混合所有制企业要积极探索构建科学高效的企业决策体系。这不仅需要正确处理企业内部各利益主体的利益关系，而且需要统筹协调各级各类责任主体的责任关系，以在企业内部形成公有股份与非公有股份相互监督、相互激励、有机融合的利益共同体。其次，混合所有制企业要积极探索塑造具有品牌效应的企业文化体系。形成品牌效应的企业文化是企业的软实力。混合所有制企业需要通过各层级管理组织的系统协调，将企业组建前不同股份所代表的企业文化进行有机融合与整体塑造，以形成具有品牌效应的企业新文化。

（二）鼓励、支持、引导民营企业尤其是中小企业的发展与创新

民营企业尤其是中小企业，是非公有制经济的重要形式。习近平总书记指出，非公有制经济与公有制经济一样，都是社会主义市场经济的重要组成部分，都是我国经济社会发展的重要基础。① 以新发展理念引领现代化企业体系建设，应按习近平总书记提出的“激发非公有制经济活力和创造力”的方针，鼓励、支持、引导民营企业尤其是中小企业的发展与创新。

一是营造与维护包括民营企业在内的各种市场主体公平竞争的市场环境。一方面，在经营领域上，要按十九大报告的要求，全面实施市场准入负面清单制度，使民营企业能够依法平等进入市场准入负面清单以外的经营领域；另一方面，在竞争秩序上，要依法处罚与限制以攫取垄断利润为目的而破坏市场竞争秩序的垄断行为，但不是简单地反对社会主义市场经济中的规模垄断，从而确保市场相关主体的地位一律平等。

二是鼓励与支持民营企业的自主创新活动，以增强民营企业的创新力和竞争力。一方面，要鼓励与支持民营企业与国有企业开展技术创新合作与创新协同，充分发挥各自的研发优势，以形成我国民族企业较强的自主创新合力；另一方面，要依法保护民营企业的知识产权，并提供相应的法律咨询服务。

总之，公有制为主体、国有制为主导、多种所有制共同发展的社会主义现代化产权体系，是我国现代化经济体系的产权基础。建设现代化经济体系，需要正确处理公有制经济与非公有制经济之间的关系，积极促进两者相互支持、协同配合，形成相辅相成、相得益彰的发展共同体与创新共同体，为提升我国经济体系的整体创新力和竞争力奠定坚实的产权基础。

参考文献

[1]程恩富、柴巧燕，2018，现代化经济体系：基本框架与实现战略，《经济研究参考》，

① 《毫不动摇坚持我国基本经济制度 推动各种所有制经济健康发展》，人民日报，http://cpc.people.com.cn/xuexi/GB/387488/index5.html/n1/2016/0309/c64094-28183110.html，2016 年 3 月 9 日。

第7期,第3—13页、第30页。

[2]高建昆,2018,现代化经济体系八大横向核心子系统建设重点研究,《经济纵横》,第6期,第92—98页。

[3]高建昆、程恩富,2015,论中国经济新常态下的价值导向,《探索》,第1期,第108—113页。

[4]习近平,2017,《习近平谈治国理政》第二卷,北京:外文出版社。

On the Base of Property System for China's Modernized Economy

Gao Jiankun

Abstract China's modern socialist property system in which the public ownership plays as the mainstay, and state ownership plays the leading role, and the diverse economic sectors develop side by side, is the base of property system for China's modernized economy. This property system plays its foundational role in the whole process of China's developing a modernized economy, especially the development of industry system, market system, income distribution system, urban-rural and regional system, green development system, opening system, and economic adjusting system. China's developing a modernized economy ought to coordinate the predominant public ownership with the subsidiary non-public ownership, promoting cooperation between them to build a community of development and technical innovation, and then consolidating the groundwork for the improving of the innovation and competitiveness of the economy.

Key words Modern Socialist Property System Modernized Economy System High-quality Development Competitiveness

资本主义、社会主义与市场竞争
——重提社会主义劳动竞赛

徐文斌 董金明

内容提要 社会主义市场经济的建立推动我国经济快速发展,但是市场竞争在激发市场的活力、提高劳动者积极性的同时,也存在着一定的弊端。通过对资本主义与社会主义的市场竞争进行对比,以及对劳动力在经济发展过程中的重要作用的分析,本文认为,通过开展劳动竞赛、发挥劳动力的主体作用是解决市场竞争效率缺失的重要途径。为此,应在企业内部管理以及企业外部经济环境中通过政府、市场和企业等各种力量组织劳动竞赛,以实现劳动者自身、企业以及社会经济整体的协调和可持续发展。

关键词 资本主义 社会主义 市场竞争 劳动竞赛
中图分类号 F03, F04

党的十四大确定了我国建设社会主义市场经济体制的目标,并在此之后实现了经济的迅猛发展。二十多年的社会主义市场经济实践使我国无论在经济总量上还是在人民的生活水平上,都取得了前所未有的进步。在经济总量上,国内生产总值从 1992 年的 2.7 万亿元上升至 2018 年的 90 万亿元,增长 33 倍,平均增长速度为 9.64%;规模以上工业企业专利申请数量从 2004 年的 64 569 件逐年增加到 2017 年的 817 037 件;城镇居民家庭人均可支配收入从 1992 年的 2 026.6 元上升至 2018 年的 39 251 元,城镇居民的消费水平也由 1992 年的 1 057 元上升至 2017 年的 22 935 元;此外,人均寿命从 1990 年的 68.55 岁增加到了 2015 年的 76.34 岁。[①]这些都表明社会主义市场经济对我国发展的促进作用,但在对劳动者进行观察后,可以发现随着市场经济的深入,劳动者收入占 GDP 的比重出现了下降,劳动人事争议事件不断增加,一些劳动者劳动时间超过法定时间,劳动环境出现了某种恶化,劳资纠纷加剧,这

收稿日期:2019—10—22

作者简介:徐文斌,上海财经大学马克思主义学院博士研究生,主要研究方向为政治经济学;董金明,上海海事大学马克思主义学院院长、教授,主要研究方向为马克思主义理论与政治经济学。

基金项目:本文系上海财经大学研究生创新基金"基于马克思再生产论的发展不平衡理论与现实分析"(CXJJ—2019—444)的阶段性研究成果。

① 数据来源:根据各年《中国统计年鉴》整理。

些问题的出现对我国社会主义市场经济的健康发展提出了挑战。党的十九大报告中提出，要加快完善社会主义市场经济体制，要创新和完善政府的宏观调控，在建设现代化经济体系的过程中建设体现效率、促进公平的收入分配体系，要建设统一开放、竞争有序的市场体系。本文拟通过对资本主义和社会主义在市场经济条件下市场竞争与劳动者关系的回顾与分析，提出应当采取劳动竞赛的方式缓解我国市场竞争中出现的问题，以进一步完善社会主义市场经济，促进效率和公平关系的协调与统一。

一、资本主义市场经济下的市场竞争

从重商主义时代开始，资本主义生产方式在五六百年的时间中，历经形成、确立、完善和改进等阶段，早已成为世界经济发展中的主导性制度。在资本主义经济制度下，市场竞争是促进劳动生产力提高的重要手段，它极大地激发了人的潜能，成为社会发展的重要动力，但是资本主义市场竞争也导致“一切人反对一切人”的社会斗争，导致资本与劳动的严重对立和生产过剩的经济危机，使资本主义成为一个金钱至上、弱肉强食的社会，从而背离了人类善良与互助合作的天然本性。

(一)西方传统经济思想中的市场竞争

在思想传统上，西方经济学一向认为市场竞争可以实现资源的最有效配置，而政府在市场经济中的作用是低效或无效的。作为资本主义古典经济学的开山鼻祖，亚当·斯密在《国富论》中对个人在市场中的行为所实现的效果进行了分析：“各个人都不断地努力为他自己所能支配的资本找到最有利的用途。固然，他所考虑的不是社会的利益，而是他自身的利益，但他对自身利益的研究自然或者毋宁说必然会引导他选定最有利于社会的用途。”(亚当·斯密，1983a)意思是说，个人在做理性选择的同时，能促使社会经济向良性发展。而政府作为“代办人和代理人的管理是疏忽的、浪费的和专横的”(亚当·斯密，1983b)，所以政府只需要以“守夜人”的身份来维护国家的安全。随着技术革新使经济在市场竞争的作用下迅速发展，强大的经济实力让英、法等国不断向海外市场扩张，并同时将这种资本主义市场竞争关系逐渐扩张到殖民地半殖民地地区。

资本主义市场竞争的不断发展，在加大对劳动者压迫的同时，会造成生产过剩危机的产生。随着扩大再生产的不断进行、资本的不断积累，资本对剩余价值的占有使劳动者的生活水平不断下降，资本与劳动者的矛盾不断加大，而生产的进一步扩大又带来更多的剩余产品，这样最终造成经济危机的产生。西斯蒙第、马尔萨斯等在分析当时的生产过程时都看到了盲目生产下产生危机的可能性。西斯蒙第这样写道：“全部生产都应该用来消费；如果它生产的产品送到市场上找不到消费者，再生产就会陷于停顿，国家就会由于过剩产品而陷入灭亡。”（西斯蒙第，1977）然而，在他们之后，西方经济学对这个问题却没有更多的重视，对市场竞争的缺陷的研究大多集中在如何寻找均衡或是市场信息不完全等问题上。直到 20 世纪 30 年代由生产过剩导致的世界范围内经济危机的产生，凯恩斯经济学系统提出有效需求不足的问题，肯定了政府在应对危机以及在促进经济发展中的应有作用，建议政府应该通过宏观经济政策对市场竞争中出现的问题进行修正，对劳资关系的改善也有一定的调节作用。但是，凯恩斯经济学是改良性质的，它并不否认市场竞争对资本主义经济发展的基础性推动作用。以私有财产制度和个人主义分析范式为理论前提的西方经济学也不可能从根本上反思资本主义市场竞争使劳动者付出的社会代价或牺牲。

（二）马克思主义经济思想中的市场竞争

资本主义市场经济下的市场竞争问题，也是马克思主义经济学研究的一个重点。马克思经济学对资本主义市场竞争和生产方式的分析是历史的、辩证的。一方面，马克思与恩格斯充分肯定自由竞争的重要意义，只要社会存在商品生产，就必然会存在竞争，而资本主义市场竞争的强制作用挖掘了人的潜能，成为推动生产力发展的重要动力，“资产阶级在它的不到一百年的阶级统治中所创造的生产力，比过去一切世代创造的全部生产力还要多、还要大”。“过去哪一个世纪料想到在社会劳动里蕴藏有这样的生产力呢?”（马克思、恩格斯，2009a）另一方面，他们又深刻批判资本主义生产方式包含的深刻矛盾，认为资本主义竞争的结果就是社会的两极分化，是无产阶级的相对贫困和绝对贫困。马克思在《资本论》中进一步分析市场竞争导致资本主义危机的可能性和必然性，他认为，随着产品交换的发展，货币成为交换商品的媒介，危机伴随着货币的流通手段和支付手段而可能产生；在市场交换中，商品内在的使用价值和价值的二重性使得“这种内在的矛盾在商品形态变化的对立中取得了发展的运动形式。这些形式包含着危机的可能性”（马克思、恩格斯，2009b）。而资本主义积累规律则使这种可能性成为现实。马克思指出，在资本主义竞争的驱使下，资本的积累和集中将导致两极分化日益扩大，劳动者贫困化加剧，经济危机不断加深，其最终必然结果将是剥夺者被剥夺、资本主义被社会主义所取代。资本主义制度在市场竞争中必然会走向灭亡，这是马克思经济学对资本主义生产方式分析中得出的基本结论，也是马克思经济学与西方经济学的重要不同。

（三）当今资本主义市场竞争的新特征

当代，随着世界经济的不断发展以及全球化进程的不断推进，资本形式、运行方式、分配方式、阶级结构等方面都发生了变化。在此背景下，资本主义的市场竞争也出现了一些新特征。

首先,市场竞争的主体和形态发生变化。由于股份制、跨国企业以及互联网的发展,资本积聚和集中的加快,以跨国公司为主体的法人资本成为私人资本的主要组织形式,资本的社会化日益发展。与此同时,由于自由竞争必然走向垄断,资本主义早已经进入垄断阶段,垄断竞争特别是国际垄断竞争成为当代资本主义市场竞争的主要形态。其次,国家对市场竞争进行广泛干预和调节。在国内、国际竞争不断增强并愈演愈烈的情况下,资本主义国家通过财政、金融、产业等政策的实施,以避免由于信息不对称、负外部效应等方面造成的效率损失,同时增强本国企业在世界市场的竞争力。第三,剩余价值的占有和分配方式发生着局部变化。在发达资本主义国家,现阶段资本主要通过不是原来的靠延长工人劳动时间以获取更多绝对剩余价值,而是转向通过使用高技术等复杂劳动来获得更多相对剩余价值,同时,通过“员工持股”“工人参与管理”等方式,资本由尽可能多占有剩余价值到可以将一定的利润分配给劳动者,以缓和劳资矛盾。

但是,这些资本主义市场竞争新特征改变的只是其形态或形式,而没有改变其本质,它不可能从根本上解决资本主义生产资料个人占有和生产社会化的基本矛盾,解决资本与劳动之间的对立关系。“员工持股”和“工人参与管理”等丝毫不影响垄断资本对企业的控制权。不仅如此,在现代资本主义市场竞争条件下,社会的财富分配的差距在不断扩大,资本的经济、政治、社会权力不断增长,而劳动者对资本的从属性也更强。

二、社会主义市场经济下的市场竞争

社会主义是一种与资本主义相对的思想体系和社会制度。社会主义制度与资本主义制度的根本不同在于它不是以资本为中心,而是以人民为中心。克服和超越资本主义条件下的劳动异化、实现劳动者当家做主,是社会主义制度建立的初心。这一制度属性决定了社会主义市场竞争与资本主义市场竞争存在本质区别。

(一)社会主义与市场竞争关系的演进

将市场竞争引入社会主义,在理论和实践上都经历了一个不断探索和深化的过程。近代空想社会主义思想家们站在维护劳苦大众利益和人类长远利益的立场上,从道德和伦理的角度对资本主义的残酷竞争和剥削制度造成的失业、贫困、两极分化等社会问题进行深刻反思和无情批判,提出在社会公有制的基础上实行联合劳动和对社会生产实行计划调节的社会理想,并且设想在这样的社会基础上通过倡导劳动竞赛激发劳动热情,提升生产效率,增进人际合作与友爱。马克思与恩格斯批判性地继承空想社会主义的理论成果,创立了科学社会主义理论。他们根据历史唯物主义原理揭示了资本主义社会必然被社会主义代替的历史发展总趋势，并通过科学抽象对未来社会的基本特征做了预测，包括实行生产资料社会占有，消灭商品生产、对社会生产实行有计划调节，按劳分配等。科学社会主义理论揭示了社会运动的基本规律，指明了社会主义运动的方向和目的，为社会主义制度的建立提供了基本的理论依据。

但是，社会主义建设既是前无古人的伟业，也是一个充满艰辛的探索过程。马克思与恩格斯关于未来社会的总体原则是根据社会发展的总趋势以及在发达资本主义国家进行社会主义革命而所做的一种科学预见，并非是未来社会及其演进的详细蓝图。对这些原理的实际运用，应该根据各国不同的历史条件和实践进行具体分析，不能看作是一成不变的教条。随着社会主义从理论到实践的发展，包括苏联和中国等在内的社会主义国家在生产资料公有制基础上建立了社会主义计划经济体制。这一经济体制极大地推动了生产力的发展，保障了劳动者的权益。但是，社会主义经济建设的曲折经历也告诉我们，在社会发展的现阶段，在现有经济技术基础和管理水平上完全用计划取代市场进行资源配置的办法是行不通的。高度集中的计划经济体制在推进经济高速增长的同时，也逐步暴露出严重缺陷，妨碍了社会主义优越性的充分发挥。因此，社会主义在坚持经济计划性的同时还要自觉利用市场机制的作用。这就是包括苏联和中国在内的社会主义国家在 20 世纪中后期普遍进行经济体制改革的总体背景。

社会主义市场经济是中国共产党的一个重大理论突破和创新。在改革开放以来一系列理论和实践探索的基础上，1992 年党的十四大明确提出建立社会主义市场经济体制的改革目标。1993 年党的十四届三中全会通过的《中共中央关于建立社会主义市场经济体制若干问题的决定》，系统阐明了建立社会主义市场经济的总体框架和具体任务，由此，我国的经济体制改革进入全面而深入推进的新阶段，《劳动法》《劳动合同法》《公司法》《证券法》等市场法规相继出台，商品市场、劳动力市场和资本市场逐步建立和完善。2007 年，党的十七大提出要深化对社会主义市场规律的认识，从制度上更好地发挥市场在资源配置中的基础性作用。2013 年，党的十八届三中全会通过的《中共中央关于全面深化改革若干重大问题的决定》进一步提出，社会主义市场经济要使市场在资源配置中起决定性作用和更好发挥政府作用。经过长期的努力，我国的社会主义市场经济体制日渐完善。实践表明，社会主义市场经济体制激发了经济活力，促进了经济的持续增长。

(二)社会主义市场经济下的市场竞争

社会主义市场经济是与社会主义基本制度相结合的市场经济。社会主义的市场竞争具有如下基本特征：

1. 社会主义市场竞争是以社会主义基本制度为基础的市场竞争。社会主义基本制度在经济上的集中体现是以生产资料公有制为主体的所有制制度，在政治上的集中体现是共产党领导的社会主义国家制度。在这一制度前提下，社会主义市场经济的发展要服从于国家发展的总体战略，服务于最广大人民群众的根本利益，市场竞争是为了更好促进生产力发展、实现社会主义的生产目的。但是，市场竞争在客观上会产生垄断、贫富日益分化等效应，这些都会妨碍生产力的发展，制约劳动者迈向美好生活，因此要充分利用社会主义的制度优势矫正市场机制的固有弊端。具体地说，就是要坚持和加强党的领导，坚持生产资料公有制的主体地位，更好地发挥政府作用，通过政府宏观管理和市场竞争的共同作用推进社会生产力的不断提高。

2. 社会主义市场竞争是各市场主体之间自主、平等、规范、有序的市场竞争。市场经济是市场在资源配置中起决定性作用的经济体制。历史上，在简单商品经济向资本主义商品经济转化之后，资本主义市场在资源配置中就开始发挥决定性作用。在我国社会主义市场经济中，尽管市场发挥作用的条件与资本主义市场经济不同，但在一定范围内的资源配置中同样起决定性作用。市场经济是通过市场供求、价格和竞争相互作用的市场机制实现资源配置的，而只有市场主体之间自主、平等、规范、有序的竞争，才能充分发挥市场机制信息灵敏、效率较高、激励有效、调节灵活等优点。为此，社会主义市场经济要通过市场法律法规和政策的建立和完善，加快形成统一开放、竞争有序的市场体系，促进企业自主经营、公平竞争，消费者自由选择、自主消费，商品和要素自由流动、平等交换，着力清除市场壁垒，提高资源配置效率和公平性。

3. 社会主义市场竞争是以维护劳动者社会主人翁地位、更好地激发劳动者的积极性和创造性为目标的市场竞争。社会主义制度下的劳动是全体劳动者在根本利益一致基础上的联合劳动，所以在社会主义市场经济条件下，劳动者之间竞争是通过联合劳动、以实现劳动者共同富裕和全面发展为根本目标的良性竞争。在我国的市场经济中，虽然劳动者通过在劳动力市场中签订劳动合同重新具有了劳动力商品的性质，但社会主义公有制的本质决定劳动者是生产资料的主人。在分配制度上，社会成员的收入分配实行以按劳分配为主体、多种分配方式并存，运用包括市场在内的各种调节手段，既鼓励先进，促进效率，合理拉开收入差距，又防止两极分化，注重社会公平。

从根本上说，社会主义市场经济下市场竞争的上述特征实际上体现了两重特性：一是社会主义的制度属性，一是市场竞争的固有属性。确立社会主义市场经济的初衷也是为了更好地将社会主义与市场经济两者的优势更好地结合起来，换言之，则为了在社会主义基本制度上更自觉地利用和驾驭市场，以发展社会生产力，而不是任由市场竞争的自发作用来支配和主宰社会。为了实现这一目标，需要更好、更充分地发挥社会主义的制度优势。其中，从维护劳动者的社会主义地位和权益、充分调动劳动者的生产积极性来说，则应当在社会主义联合劳动的基础上自觉开展和推动劳动竞赛。

三、劳动竞赛是社会主义市场经济的重要补充

列宁在《怎样组织竞赛》中明确提出,“资产阶级的著作家”在“赞扬资本家和资本主义制度的竞争、私人进取心及其他绝妙的品质和魅力”的过程中忽视了“在这样的资本主义制度下,竞争意味着空前残暴地压制”“劳动者的进取心、毅力和大胆首创精神”,同时还排斥着竞赛。而“社会主义不仅不窒息竞赛,反而第一次造成真正广泛地、真正大规模地运用竞赛的可能”(列宁,1984:200)。在社会主义市场经济条件下,应当从企业内部管理和企业外部的宏观环境两方面大力开展劳动竞赛,以实现劳动者个人、企业,以及社会整体的协同发展。

(一)企业内部的劳动竞赛有益于企业的长效发展

自改革开放以来,我国企业在市场化改革中以追求自身利润的最大化、增强自身的市场竞争为基本目标来进行内部的制度设计。这一制度实践确实为企业带来了明显的经济效益,但是若从企业和社会的长远发展来看也存在很大不足,其中之一就是在内部管理制度设计中对劳动者地位和作用的重视不够。这不仅在一定程度上损害了企业的内部效率,而且牺牲了劳动者的合法权益,并产生日益严重的社会问题。因此在企业改革中,通过组织劳动竞赛,将“比、学、赶、帮、超”激励机制合理地嵌入企业内部的制度已经势在必行。

首先,建立合理的绩效评价与考核制度和机制,实现员工间公平的劳动竞赛。劳动竞赛是劳动者在基本利益一致基础上的竞争,而只有公平的竞争才能真正激发人的上进心和潜能。在社会主义市场经济中,企业是自主经营、自负盈亏的法人实体和市场主体,企业之间的市场竞争围绕产品的质量和生产成本展开,为此,企业要通过加强内部的绩效管理,提高产品质量、降价生产成本,这是企业在市场经济中生存和发展的关键所在。具体到企业管理上,就是要在企业内部建立合理的绩效评价与考核制度和机制,使员工在公平、公正、公开的状态下进行劳动的比较和竞赛,激发劳动者的潜能,在比赛中共同进步,努力提高劳动的数量和质量。这样,可以使劳动竞赛中的“比”的方面在劳动过程中得到充分实现,并通过绩效收入的形式反映到员工的工资水平上。广大企业员工在劳动竞赛中实现的个人劳动生产率的提高是企业发展的根本保证。

其次,丰富和拓展劳动能力竞赛的方式,强化员工通过“干中学”而不断提高的激励机制。分工的产生在促进劳动生产力的提高的同时,也让劳动者局限在不断重复的劳动中,这在一定程度上会影响劳动能力的创造性发展。为了更好地发挥劳动者在生产过程中创造的可能性,在不断熟练的劳动过程中

突破自己,可以组织诸如增值型、创新型、攻关型、技能型、节约型等多种方式的劳动竞赛,鼓励员工不断学习和提高。这种协作型的劳动竞赛有利于形成和发扬劳动者间的集体意识和联合劳动关系,使员工在协同工作中共同提高。在激烈的市场竞争中,企业通过激励员工不断相互学习和能力竞赛,提升整体能力和素质,是提高企业核心竞争力、实现长远发展的关键。

再次,建立协作和帮扶机制,鼓励"老带新""优扶差"。随着市场经济的不断深入和发展,企业之间的竞争会不断加强,劳动者之间的关系也是如此。组织劳动竞赛,其区别于传统竞争的最大特征之一在于将竞争中的淘汰转化为帮扶。这一转变看似损失优秀员工劳动效率,实则在于将老员工或优秀员工的工作经验或工作方法进行分享和传授,可以更好平衡劳动者之间的劳动能力,并且可以在帮扶过程中增进劳动者之间人际关系的紧密性和亲密性。这种劳动关系的转变可以使劳动者之间的合作更为稳定与和谐,并实现集体劳动生产率的提升。诚然,在市场经济环境中,对自身利益没有任何益处的员工间的帮扶很难持续实现。因上,要通过与收入相联系来激励优秀员工进行帮扶政策的实施。为此,企业除了加强对员工的思想教育(例如从分析个人发展与企业发展的长远利益来鼓励员工形成和提高协作和帮扶意识)之外,还要在制度设计上通过实际的工资增加来鼓励员工之间进行互帮互助,包括可以将优秀员工对相对劣势员工的帮扶效果折算到其收入中去,即将劣势员工的工作绩效的增加按比例补贴给对其进行帮扶的优秀员工等,以实现帮扶制度的可持久与相对稳定。

最后,鼓励员工进行自觉学习、提高工作效率,实现个人长远发展。增进劳动者的劳动积极性,助力企业发展,除在通过一定的制度设置来激励员工的工作效率外,还需要引导员工加强自我学习和提高的引导。当代,经济与科技的迅猛发展更需要劳动者通过不断学习提升其知识和技能。虽然对于劳动者而言,自我学习会耗费时间和精力,短期内可能不一能带来个人效用的提高,但就长期而言,由于在自我学习或"干中学"所积累的个人能力的提高,会使劳动者自身的不可替代性不断提高,并会在工资水平中得到反映,从而为劳动者自身带来更多的满足。而这一过程对劳动竞赛也有正向推动作用。因此,企业在组织劳动竞赛的同时,应当通过制定员工发展计划、岗位培训等各种方式,推动员工不断学习,为劳动竞赛高质量的持续推进创造条件。

(二)外部宏观环境促进企业进行劳动竞赛

首先,国家的宏观政策推动市场公平,有效激励企业间开展劳动竞赛。从一定意义上说,劳动竞赛是市场竞争在企业内部的延续,所以公平的市场环境是促进企业内部开展劳动竞赛的重要条件。在中国特色社会主义市场经济下,政府通过财政金融政策和相关法律制度的构建与完善,规范市场行为、维持市场秩序,促进市场的统一、开放、竞争、有序,实现市场公平竞争,对于帮助企业发展、激励企业开展劳动竞赛具有重要作用。对一些特殊行业，则需要通过进行政策性倾斜和补贴，使其能更好地进行企业与企业间的合理竞赛，促进市场竞争与劳动竞赛良性互动。现阶段，随着中国经济的日益开放，经济全球化的不断发展，企业在生产过程中除了要考虑国内企业的竞争，还要考虑国际市场的竞争。为此，政府还要通过对保税区、自贸区等的建设，一方面鼓励企业更多地参与国际市场竞争，一方面为企业构建更为公平、合理、发展的市场外部环境，促进企业间的劳动竞赛。

其次，健全覆盖全社会劳动者的保障体系，维护劳动者生存与发展的基本权益。社会主义的劳动竞赛本质上体现的是一种合作劳动关系。在全社会范围内建立和完善统一公平的社会保障制度，加强劳动安全保护，构建面向全社会劳动者知识和技术的教育培训，既是社会主义条件下促进劳动者全面发展的重要任务和内容，也是在社会范围内开展劳动竞赛的基础。现阶段，要加快完善社会保障体系，加强对劳动者权益保护的立法与执行，要通过推进基本公共服务均等化、社会政策托底、保护弱势群体等方式保障基本民生，切实维护社会主义的公平正义。

再次，利用产业集聚集群效应，促进企业间和行业间的劳动竞赛。在市场经济不断发展的过程中，由于市场正外部性的存在，会出现某一行业内的竞争性企业和与这些企业相关联的合作企业、专业化供应商等相关厂商，以及一些相关的机构聚集在某一特定区域的现象，这就是产业的集聚集群效应。相关企业在同一区域内的共同发展有利于提高产业的整体竞争力，并且对个体企业而言，产业的集聚集群能够降低成本、刺激创新、提高效率等。从企业的劳动竞赛来说，厂商在地理位置上的接近也为新思想、新观念、新技术和新知识的传播提供了更多的方便。因此，我国社会主义市场经济中，要充分利用这种产业集聚集群效应，充分发挥行业协会等组织的作用，通过组织企业间和行业间劳动技能的展示与交流等活动，有效拓展企业间劳动竞赛的空间与途径，努力实现企业自身及产业整体的发展。

最后，搭建各类信息平台，推进资源共享，形成劳动竞赛的良好环境。在科技进步日新月异的时代背景下，企业需要在不断创新中寻求发展，而创新并不等同于劳动熟练程度的增加或是单纯学习程度的加深，而需要通过对经济、技术、市场等信息的准确判断以及与企业间的相互学习与协作才能实现，因此，需要通过搭建各类信息平台，使企业能够通过资源分享、技术支持、利益共享、互利共赢的方式，在“比、学、赶、帮、超”的过程中共同发展，并推动企业员工的相互追赶和不断学习，由此实现创新、成本降低、劳动生产效率提高等企业发展目标。

综上所述，通过对资本主义市场经济活动和社会主义市场经济活动进行比较，以及对劳动者在经济活动中所处的重要作用的分析可以看到，我国现行的社会主义市场经济中应当更合理、更充分地发挥劳动者在经济活动中的作用,在企业内部管理以及企业外部经济环境中通过政府、市场和企业等各种力量组织劳动竞赛,以实现劳动者自身、企业、产业以及社会经济整体的协调和可持续发展。

参考文献

[1]列宁,1984,《列宁全集》(第33卷),北京:人民出版社,第200页。

[2]马克思、恩格斯,2009a,《马克思恩格斯全集》(第2卷),北京:人民出版社,第36页。

[3]马克思、恩格斯,2009b,《马克思恩格斯全集》(第5卷),北京:人民出版社,第135页。

[4]西斯蒙第,1977,《政治经济学新原理》,北京:商务印书馆,第63页。

[5]亚当·斯密,1983a,《国民财富的性质和原因的研究》(上卷),北京:商务印书馆,第310页。

[6]亚当·斯密,1983b,《国民财富的性质和原因的研究》(上卷),北京:商务印书馆,第27—28页。

Capitalism, Socialism and Market Competition

—The Re-mention of Socialist Labor Competition

Xu Wenbin Dong Jinming

Abstract The establishment of socialist market economy promotes the rapid development of China's economy. Market competition stimulates the vitality of the market and improves the enthusiasm of workers, but there are also some drawbacks. By comparing the market competition of capitalism and socialism and analyzing the important role of labor force in the process of economic development, it can be concluded that developing labor competition and giving full play to the main role of labor force is an important way to solve the lack of efficiency in market competition. In order to realize the coordinated and sustainable development of laborers themselves, enterprises and social economy, we should organize labor competition through government, market and enterprises in the internal management of enterprises and the external economic environment of enterprises.

Key words Capitalism Socialism Market Competition Labor Competition

中国居民收入差距现状的国际比较研究
——与日本、瑞典、德国、新加坡、英国、美国、法国的对比分析

李立男

内容提要　中国经济体量增长迅速,同时,收入差距也在扩大,基尼系数一度超越警戒线,中国最富 1%、10%人口收入占比逐年增大。其中,基尼系数与日本、瑞典、德国、新加坡、英国、美国、法国相比,中国处于较高的位置;中国最富 10%人口与最贫困 10%人口差距数值在这些国家中也较大。文章分析提出:(1)除了中国发展模式的特殊性外,历史与文化以及国家责任、市场化、层级化等都是影响收入差距的重要因素;(2)从日本、瑞典、德国、新加坡、英国、美国、法国实施的社会保障政策看,20 世纪 70 年代以来实行的新自由主义经济政策是其根源;(3)中国想要缩短收入差距,应该摒弃国际上导致收入差距的做法。在具体的实施措施上注重政府的作用,从税收、教育、劳动者地位的提高、公共财富的管理等方面入手,缩短收入差距。

关键词　收入差距　中国收入　国际比较
中图分类号　D616

改革开放以来,中国经济的快速发展举世瞩目,被誉为“中国奇迹”。经济高速发展过程中,对于全世界愈演愈烈的收入差距问题,中国却没有幸免。中国的居民收入差距,随着经济的不断快速发展,呈现出扩大的趋势,中国的基尼系数值增大,最富有 1%、最富有 10%人群的财富占比在逐年扩大。对于目前我国经济社会发展中的不和谐因素,中央政府已采取了相应的措施,提出“以人民为中心”发展理念,确定脱贫攻坚战略部署等。但是,我国经济社会发展过程中的收入差距问题仍然需要引起进一步的重视。

一、中国居民收入的现状

改革开放 40 年来,中国 GDP 总量呈大幅上升趋势,经济体量逐年增大

收稿日期:2019—11—04

作者简介:李立男,厦门工学院马克思主义学院副院长,副教授,经济学博士,主要研究方向为经济美学、马克思主义理论。

基金项目:本文系 2018 年福建省社会科学规划马工程重点项目“以人民为中心发展思想下人类发展指数拓展研究”(FJ2018MGCA011)的阶段性研究成果。

(见图1),与此同时,中国人均GDP也呈稳步上升趋势,1978年到2018年间,人均GDP从381元上升到64 644元,增长了168.7倍。

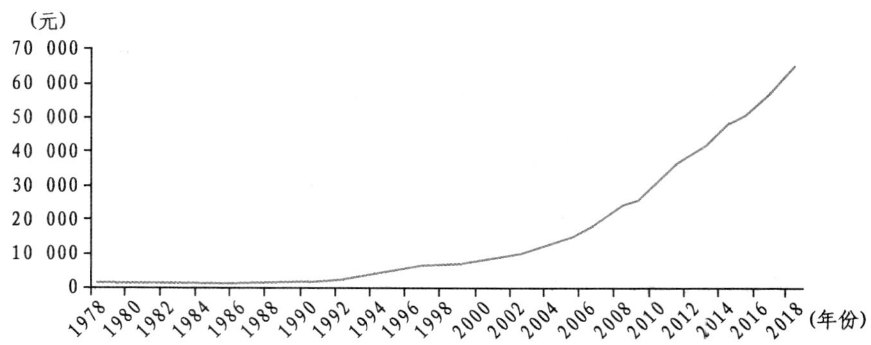

图1 中国GDP与人均GDP

资料来源:《中国统计年鉴》(2014年、2016年、2018年、2019年)。[①]

联合国开发计划署在《2018年人类发展报告》中指出,不平等的发展"是危险的,它可能助长极端主义并破坏人们对包容性和可持续发展的支持。高度不平等可能对社会凝聚力以及制度和政策的质量造成不良后果,从而减缓人类发展进程"[②]。从联合国开发计划署对世界各国人类发展指数以及不平等指数的测算中发现,从全球范围来看,收入不平等对总体不平等的影响最大,其次是教育和预期寿命。学术界关于国家内部收入不平等的辩论,大多集中在最富裕的1%人口[③],甚至是最富裕的0.1%人口在收入和财富方面与其他部分人的收入的对比。根据2017年全球财富的统计数据可以看到,82%的社会财富都由最富的1%人口掌握,而全球低层的一半人口的财富完全则不见增长。这些因素,都为不平等问题的解决带来巨大的阻碍。鉴于此,我们利用WIID4数据库、国家统计局、WID数据、联合国开发计划署四个机构关于居民基尼系数、可支配收入以及税前收入最富1%人口、最富10%人口、最贫困的10%人口、最贫困的50%人口等数据,设为分析切入点来分析我国居民收入不平等现状。

根据2018年WIID4的数据显示,中国基尼系数为48.66。[④] 其中,城镇居民中,最富10%的居民社会财富占有率为27.86%,最贫困10%的社会财

---

① 《中国统计年鉴》(2019年、2018年、2016年、2014年),国家统计局,http://data.stats.gov.cn/index.htm。

② 联合国开发计划署(UNDP),《2018年人类发展报告》,http://hdr.undp.org/sites/default/files/2018_human_development_statistical_update.pdf,第4页。

③ 联合国开发计划署(UNDP),《2018年人类发展报告》,http://hdr.undp.org/sites/default/files/2018_human_development_statistical_update.pdf,第4页。

④ 数据来源:WorldIncomeInequalityDatabase (WIID4),https://www.wider.unu.edu/project/government-revenue-dataset。

富占有率为 2.76%；而在农村居民中，最富 10%的居民社会财富占有率为 26.44%，最贫困 10%的居民社会财富占有率为 3.33%。这些数据表明，中国基尼系数已经突破了 40。

(一)中国基尼系数现状

根据基尼系数的数值，世界各国被依次分为五大类：最低 0～25；次低 26～35；中间 36～45；较高 46～55；最高 56～100。在各大分类中，中国居于较高类次，同居于这一类此的包括除了乌拉圭和委内瑞拉的全部南美洲国家，以及位于非洲的肯尼亚、尼日利亚、中非、安哥拉、赞比亚、博茨瓦纳，也包括亚洲的沙特阿拉伯、菲律宾、马来西亚、斯里兰卡、孟加拉国。居于最高类次的则是南非、哥伦比亚、洪都拉斯、多米尼加、纳米比亚，基尼系数都超过了 55。最低类次的则是瑞典和斯洛文尼亚，基尼系数均居于 25 以下。

中国自改革开放以来，基尼系数总体呈上升趋势。从中国基尼系数的纵向发展来看(见图 2)，自 1977 年有数据开始到 1987 年，基尼系数一直在 30 以下。从 1987 年开始持续走高，在 1988 年达到 38.2 之后有短暂的回落。1993 年开始又一次突破 30。到了 2000 年后，中国基尼系数开始突破警戒线后，一直居高不下，2012 年后略有回落。

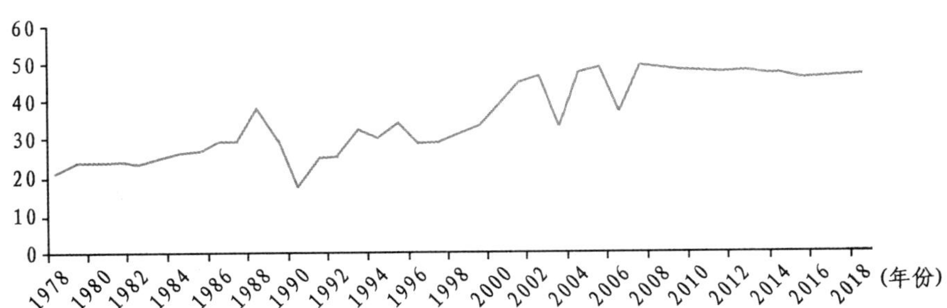

图 2　中国基尼系数的历史发展

资料来源：World Income Inequality Database (WIID4)。①

(二)中国城镇居民五等份分组可支配收入分析

我国城镇居民五等份分组的居民收入分配显示的收入差距状况同样不容忽视。图 3、图 4、图 5 中数据显示，2000 年以后居民整体的收入都呈明显上升的趋势，其中，趋势最为明显的是高收入户，然后依次是中等偏上户、中等收入户、中等偏下户和低收入户。而 2018 年城镇居民资产占比情况按照占比的高低依次是：高收入户 41%、中等偏上户 23%、中等收入户 20%、中等偏下户

---

① 数据来源：World Income Inequality Database (WIID4)，https://www.wider.unu.edu/project/government-revenue-dataset。

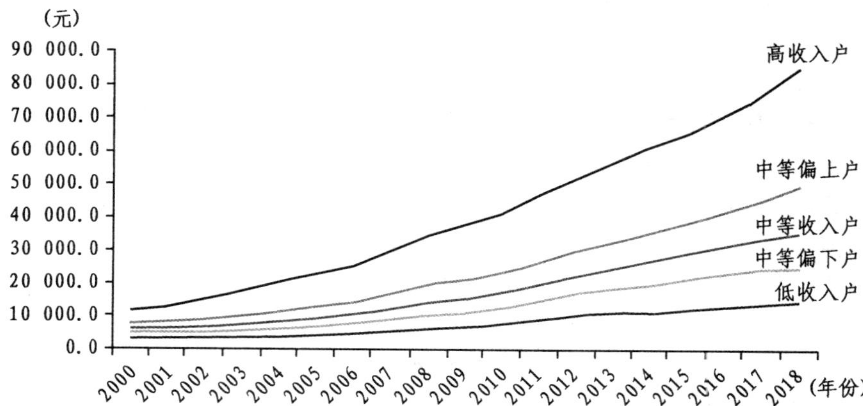

图3 中国城镇居民五等份分组可支配收入

资料来源:《2019年中国统计年鉴》。①

12%和低收入户7%。与2000年相比,变化较为明显的是高收入户的增长6%和低收入户的减少3%。

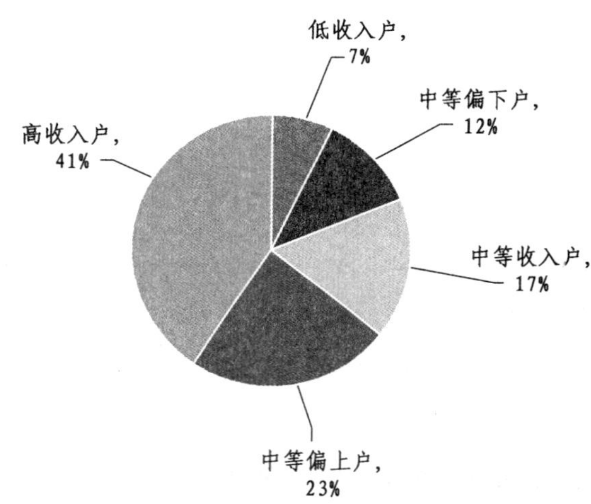

图4 中国城镇居民五等份分组可支配收入(2018年)

资料来源:《2019年中国统计年鉴》。②

① 数据来源:《2019年中国统计年鉴》,国家统计局,http://data.stats.gov.cn/index.htm。

② 数据来源:《2019年中国统计年鉴》,国家统计局,http://data.stats.gov.cn/index.htm。

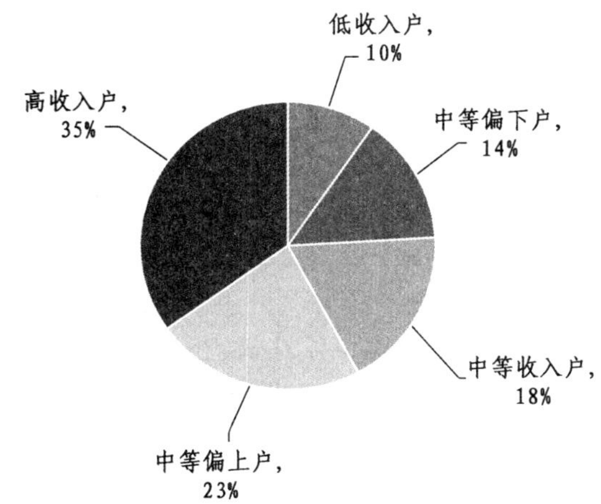

图 5　中国城镇居民五等份分组可支配收入(2000 年)

资料来源:《2019 年中国统计年鉴》。①

(三)中国最富 1%人口收入占比

《2018 年世界不平等报告》指出,全世界不平等趋势加剧,收入差距呈扩大化趋势,但是幅度有所不同。北美、中国、印度和俄罗斯等地迅速攀升,特别是俄罗斯、美国、拉丁美洲、南非、中东等国家和地区。虽然,《2018 年世界不平等报告》指出,“中国经济的迅猛增长对这一趋势起到了适度的抑制作用”②,但是,根据 WID 数据显示,2018 年最富裕的 1%人口的收入份额最多的第一个区段的国家增长值为 17%～29%;中国则位于增速较快的第二区段,为 13%～17%。可见,不仅仅是中国最富的 20%人口财富增长较为迅速,最富 1%人口收入占比也呈逐年扩大的趋势。

根据数据显示,从 1979 年开始,最富 1%人口收入份额呈增长趋势,最贫困的 50%人口收入份额呈下降趋势(见图 6)。并且,最富 1%人口收入增长份额与最贫困的 50%人口收入下降份额基本相等。而从 1979 年最富 1%和最贫困 50%人口的收入份额从相等逐渐拉大差距,其中最富 1%人口的收入份额逐年增加,而最贫困 50%人口的收入份额逐年减少,两条线随时间的发展呈喇叭形分布。到 2016 年差距已经超过 25 个百分点,收入差距呈现扩大的趋势。

---

① 数据来源:《2019 年中国统计年鉴》,国家统计局,http://data. stats. gov. cn/index. htm。

② 《2018 年世界不平等报告·执行摘要》(中文版),第 7 页。World Inequality Lab,World Inequality Report 2018,http://wir2018. WID. world/files/download/WIR2018-full-report-English. Pdf。

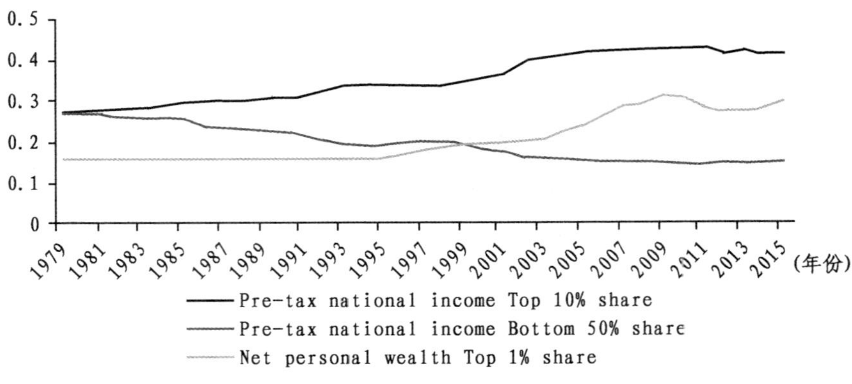

图6 中国收入与财富的不平等

资料来源：World Inequality Lab，World Inequality Report 2018，http://wir2018.WID.world/files/download/WIR2018-full-report-English.Pdf。

二、收入差距的国际比较

从1979年开始，世界的收入差距水平总体呈上升趋势。与此同时，中国基尼系数也在增长，最富1%与最贫困50%人口收入差距也在逐渐拉大。“自1980年以来，收入差距水平在北美、中国、印度和俄罗斯等地迅速攀升，相比之下在欧洲的增长则相对适度。从历史角度来看，这种在世界范围内收入差距的扩大意味着战后平均主义政权时代的终结，同时也意味着世界各地在面临这种终结时所做出的不同选择。”[①]中国的收入差距水平与一些国家相比究竟处于怎样的水平呢？

根据艾斯平·安德森(2010)的福利国家理论，基于国家承担责任的程度、市场化、阶层化进行划分，福利国家包括自由型福利国家、保守型福利国家和社会民主型福利国家三种类型。其中，自由型福利国家在历史上遵循盎格鲁—撒克逊国家模式确立的制度，这些国家运用不同程度的经济调查和家计调查式的社会救助，辅之以少量的普救式转移支付或作用有限的社会保险计划，实施这种制度的国家主要包括美国、英国、加拿大和澳大利亚等；保守型福利国家几乎包括整个欧洲大陆的国家，其特点是拥有社会权利的资格以工作业绩来确定，即以参与劳动力市场和社会保障缴费记录为前提，包括德国、法国、意大利、奥地利等国；社会民主型福利国家基本上囊括了北欧国家，包括瑞典、挪威、丹麦等，这类国家确认贝弗里奇的普遍公民权原则，即福利政策的享

① 《2018年世界不平等报告》，第5页。World Inequality Lab，World Inequality Report 2018，http://wir2018.WID.world/files/download/WIR2018-full-report-English.Pdf。

有主要取决于公民资格或长期居住资格(姜丽美,2010)。本文从实施福利政策的国家类别出发,选择了几个国家与中国进行对比分析。

自由型福利国家选择了美国、英国,保守型福利国家选择了法国,社会民主型国家则选择了瑞典。另外,亚洲的日本和新加坡作为亚洲发达国家之一,也选列其中。新加坡在一定意义上并非福利国家,新加坡的社会保障制度是依据个人储蓄依靠市场机制运作。而日本的社会福利制度严格意义上也不属于这三种类型,但是,日本的基尼系数一直较低,一些日本学者认为日本"不是北欧那样的平等福利国家",而"是和英、法、德并列的普通国家,并非美国那样的贫富分化极大的社会,而且今后也不会有很大变化"(孙章伟,2013)。事实上,近些年,日本基尼系数甚至低于北欧的一些国家。同时,作为受东方文化影响的东亚国家,日本降低基尼系数、缩小贫富分化的经验,对于中国应该具有一定的借鉴意义。

(一)基尼系数的比较

从图 7 可以看出,目前中国基尼系数处于较高点。根据 2001、2010、2011、2013、2015、2016、2017、2018 等年度的数据显示(见表 1),中国基尼系数一直居于最高;这几个国家中,基尼系数由低到高的顺序为:日本、瑞典、德国、新加坡、英国、美国、法国、中国。本文选取的几个国家整体发展趋势基本相同,都是在 2010 年遭遇基尼系数的最高点后有所回落。

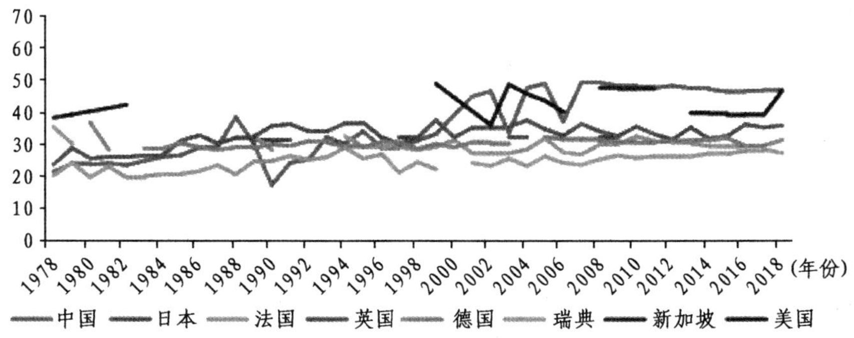

图 7　各国基尼系数

资料来源:WIID,https://www.wider.unu.edu,https://data.oecd.org/inequality/income-inequality.htm#indicator-chart。

表 1　　**各国基尼系数**

年份	中国	日本	法国	英国	德国	瑞典	新加坡	美国
2001	44.7	24.9	32.7	36.1	30	24	—	40.8
2010	47.7	24.9	32.7	36	28.3	25.5	47.2	40.8
2011	47.4	—	—	33	28.3	26	47.3	40.8
2013	47.3	—	30.1	35.1	31.2	26	—	—
2015	46.2	33.9	29.2	32.4	31.8	26.7	—	39
2016	46.5	—	29.1	36	29.3	27.8	—	39.1
2017	46.7	—	—	35.1	29.4	28.2	—	39
2018	46.8	—	—	35.7	31.1	27	—	46.42

数据来源：Human Development Report，http://hdr.undp.org/sites/default/files/2018_human_development_statistical_update_cn.pdf；https://www.wider.unu.edu。

从福利国家类型来看，自由型福利国家的基尼系数基本上高于福利国家。因此，可以预期这样一种趋势：福利国家即非市场化、非层级化、国家管理的程度越高，反映收入差距的基尼系数就会越低。而基尼系数能否反映最终的居民收入差距呢？事实上，正如 2018 年联合国开发计划署所指出的那样，最近关于国家内部收入不平等的辩论大多集中在最富裕的 10%人口，甚至是最富裕的 1%、0.1%人口。① 因此，我们在进一步比较分析不平等状况时，需要对几个国家中最富裕与最贫困的 10%人口，甚至是最富裕的 1%人口的收入情况进行对比分析。

(二)最富 10%与最贫困 10%的比较

数据显示(见图 8)，第一，最富裕 10%人口财产占比大致分为三种情况：新加坡、英国、美国三个国家接近 30%；法国和中国大致占 25%；日本、瑞典、德国则低于 23%，在这几个国家中最富裕的 10%人口财富占比最少。中国在这八个国家中，最富 10%人口财富占比居于第五位。第二，最贫困 10%人口财产占比，在几个国家中都低于 5%。其中，新加坡和美国最低，不足 2%；最高为日本 4.8%，其次分别为中国 3.33%、德国 3.2%、瑞典 3.1%。这一组数据显示，中国在这一方面并没有像基尼系数那样呈现高程度的贫富分化，就是说中国最贫困 10%人口财富份额占比的数据与德国和瑞典相似，最贫困 10%人口财富占比高于其他几个国家。这个结果与“精准扶贫”、保障农村养老保险收入等相关政策密切相关，也显示了中国不同于其他国家的发展模式。

① 数据来源：http://hdr.undp.org/sites/default/files/2018_human_development_statistical_update_cn.pdf。

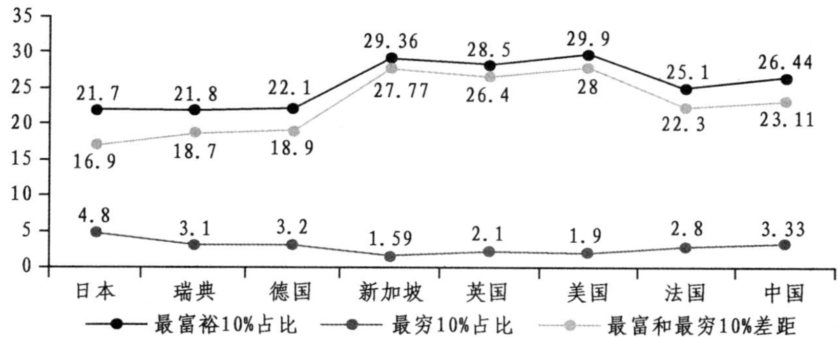

图 8　各国最贫困 10%人口和最富 10%人口财富占比①

资料来源：Human Develop Report 2018，http://hdr.undp.org/sites/default/files/2018_human_development_statistical_update_cn.pdf。

表 2　　各国最贫困 10%人口和最富 10%人口财富占比

国家	最富 10%占比	最贫困 10%占比	最富和最贫困 10%差距
日本	21.7	4.8	16.9
瑞典	21.8	3.1	18.7
德国	22.1	3.2	18.9
新加坡	29.36	1.59	27.77
英国	28.5	2.1	26.4
美国	29.9	1.9	28
法国	25.1	2.8	22.3
中国	26.44	3.33	23.11

资料来源：Human Develop Report 2018，http://hdr.undp.org/sites/default/files/2018_human_development_statistical_update_cn.pdf。

(三)最富 1%人口税前收入占比的比较

我们进一步对几个国家最富 1%人口税前收入占比情况进行分析(见图 9)。以 2005 年为例，占比由高向低的顺序依次是美国、英国、中国、新加坡、法国、德国、日本、瑞典。

从数据显示：(1)在八个国家最富 1%人口资产占比情况中，中国在 2004 年后超过新加坡，仅次于美国和英国。(2)从历史发展情况来看，1979 年仅高于瑞典，1992 年超过日本，1993 年超过德国，2002 年超过法国，2004 年超过新

① 数据来源：http://hdr.undp.org/sites/default/files/2018_human_development_statistical_update_cn.pdf。

加坡。虽然2009年占比数值有所回落,2013年与新加坡占比数值相近。(3)在这几个国家中,中国最富1%人口收入占比仍然居于前列。总体上看,在最富的1%人口收入占比方面,中国由原来的最富1%人口占比倒数第二名,到2015年变成了最富1%人口占比第二名。(4)从1995年至2015年,最富有的1%的人群所占国民财富的份额翻了一番,从15%增长至30%。

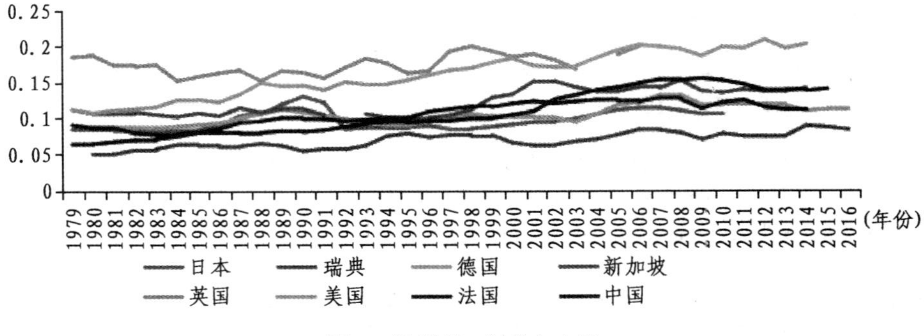

图9 最富裕1%收入占比

资料来源:World Inequality Database,https://wid.world/。

综合以上几项数据的分析显示,中国收入差距在这几十年期间扩大迅速,在这几个国家中居于第一或者第二位次。从福利国家类型分析,中国收入差距已经超过社会民主型国家瑞典,超过了保守型福利国家德国、法国,超过了自由型福利国家英国,也超过了东亚的日本。有些数据与新加坡持平。但是,中国最贫困的10%人口收入占比却不像基尼系数、最富10%、1%人口财富占比显示的那样收入差距极端分化。这也说明了收入差距增长的表现与原因的复杂性。

三、基于安德森福利国家理论的原因分析

一些学者认为,"自1980年以来,世界各地收入差距演变趋势存在着巨大差异,经济政策和社会制度是'造就'如此巨大差异的关键因素"①。从社会福利政策的视角看,非市场化、非阶层化、国家承担责任的程度划分的福利国家,同样在基尼系数的划分构成上也是呈现一种趋势:相比较而言,非市场化、非阶层化、国家承担责任的程度越高,基尼系数则相对较低。其中,瑞典就是较为典型的例子。

(一)非市场化与非阶层化

市场化与阶层化往往密切相关。以美国为例,收入差距的重要原因包括

① 2018世界不平等报告(WIR),第6页。World Inequality Lab,World Inequality Report 2018,http://wir2018.WID.world/files/download/WIR2018-full-report-English.Pdf。

三个方面：教育机会不平等；从2000年以后资本收入所占份额的回升；所得税的累进性大幅下降，相比较而言，欧洲资本收入所占份额虽然也有所回升，但所得税累进性下降幅度却远远低于美国。另外，欧洲大陆的教育政策与工资政策更加倾向于低收入与中等收入家庭。例如，英国不平等状况有所加剧的原因，与20世纪80年代以来撒切尔夫人推行的一系列改革有着密切的关系。这些改革减轻了政府的负担，却将这些负担转嫁到公民身上，特别是中低收入人群，因而加深了层级化程度。所以，市场化与层级化是密切相关的，即市场化程度越高，会导致层级化程度的提高，也会增加收入差距。

（二）国家承担责任的程度

从另一个角度而言，国家承担的责任可以避免因为市场化、层级化带来的一系列问题。例如，信息不对称、供给需求比例的短期失衡等短期问题；社会总供给与社会总需求、社会总生产的协调等长期问题，在政治经济学的理论与实践中，承担国家责任的政府可以在一定程度上有效地解决这些问题。另外，对于层级化问题，政府可以利用相应政策予以调节，缓和收入差距的扩大以及应对层级化过程中出现的问题。

而国家承担责任的程度显然与公共财富在国家总财富中的比例有着密切的关联。事实证明，公共财富过于贫瘠会限制一国政府进行经济调节和遏制不平均水平攀升的能力，也会对该国贫富差距产生深刻影响。自1980年以来，私有化运动无论是在高收入国家还是在经济新兴国家中都屡见不鲜。尤其是高收入国家中，在国民财富不断增长的同时，公共财富总量甚微，甚至为负（见图10）。“在过去的几十年中，国家越来越富，而政府却越来越穷。”①下降较为明显的是英国，近25个百分点，公共财产已经为负数。另一个为负数的是美国。这两个国家都是非市场化、非层级化、国家管理的程度越低的国家。而中国则下降了近40个百分点。

另外，基础设施也是国家承担责任的表现之一。基础设施建设不完善，后续发展只能纸上谈兵；而解决问题需要系统的工业化政策和家庭农业现代化的支持。中国对此采取了一系列措施。例如，中国改革开放前后实施的一些重大举措和战略以及建立的一些系统工程、百年工程（单超、刘小兰，2018）。

（三）中国的特殊性分析

中国与俄罗斯同样被贫富差距迅速扩大的状况所困扰。根据《2018年世界不平等报告》分析，由经济转型引起的中国与俄罗斯的私人财富的增长更加引人注目，私人财富在中国增长了4倍，在俄罗斯则增长了3倍。迄今为止它们的私人财富与国民收入比已接近高收入国家，如法国、英国和美国的水平

① 《2018年世界不平等报告·执行摘要》（中文版），第10页。World Inequality Lab，World Inequality Report 2018，http://wir2018. WID. world/files/download/WIR2018-full-report-English. Pdf。

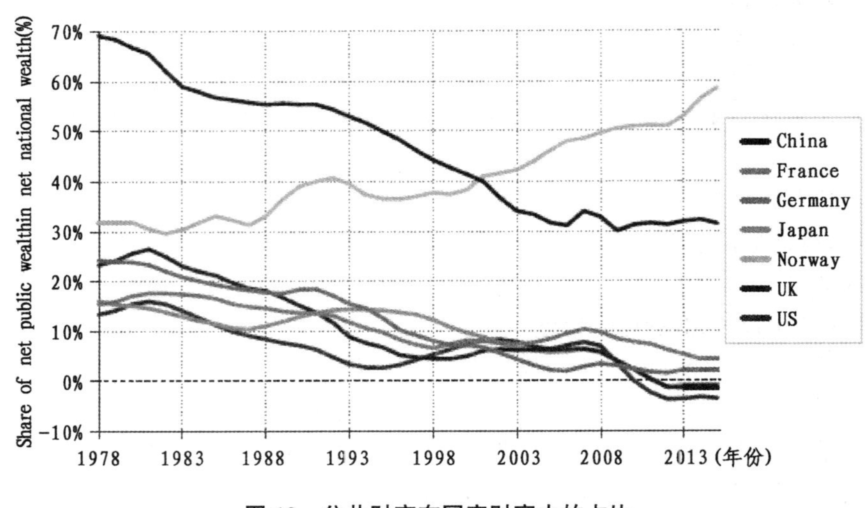

图10 公共财产在国家财富中的占比

资料来源：World Inequality Lab, World Inequality Report 2018, http://wir2018.WID.world/files/download/WIR2018-full-report-English.Pdf。

(见表3)。但是，中国政府在基础设施方面、减少贫困人口方面的政策措施也取得了明显的效果，使得中国最贫困10%人口收入占比并不像基尼系数等表现的那么不平等(见表2、表3)。因而，虽然中国基尼系数升高、最富10%、1%收入占比升高所显示的收入差距加大的主要原因是非公经济的占比大幅度提升，表现为“56789”。① 显示了中国发展模式的特殊性和不平等性，并需要加强共富共享。

表3 收入增长与不平等(1980—2015年)

收入群体	中国		美国		法国	
	年平均增长率%	总增长%	年平均增长率%	总增长%	年平均增长率%	总增长%
全部人口	6.4	776	1.4	63	0.9	38
最低50%	4.6	386	0.1	3	0.8	33
中间40%	6.2	733	1.0	44	0.9	35

① 《“数”说两会“56789”，民营经济有“分量”》，http://www.xinhuanet.com/comments/2019-03/09/c_1124214167.htm，2019年3月6日，十三届全国人大二次会议新闻中心举行记者会。国家发展和改革委员会主任何立峰在回答记者提问时，提到了民营经济的“56789”；5——民营经济贡献了中国经济50%以上的税收；6——民营经济贡献了中国经济60%以上的GDP；7——民营经济贡献了中国经济70%以上的技术创新成果；8——民营经济贡献了中国经济80%以上的城镇劳动就业；9——民营经济的企业数量占90%以上。

续表

收入群体	中国		美国		法国	
	年平均增长率%	总增长%	年平均增长率%	总增长%	年平均增长率%	总增长%
最高 10%	7.7	1 232	2.3	124	1.1	46
最高 1%	8.8	1 800	3.3	208	1.6	77
最高 0.1%	9.5	2 271	4.2	325	1.7	81
最高 0.01%	10.2	2 921	5.0	460	1.9	91
最高 0.001%	10.8	3 524	5.9	646	2.2	110

资料来源：World Inequality Lab。①

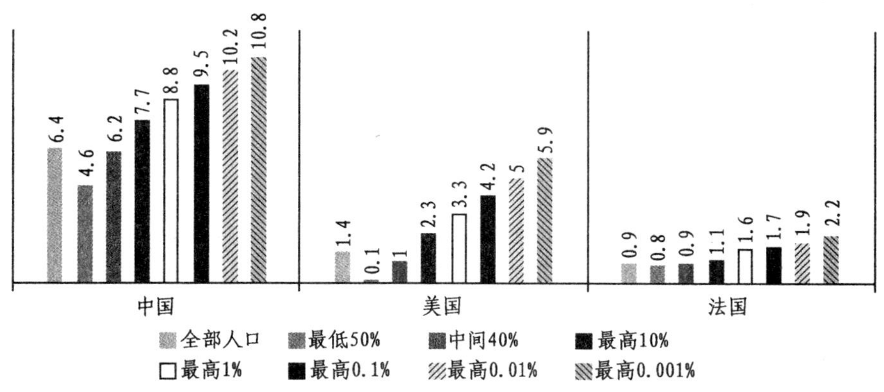

图 11　收入增长与不平等(1980—2015 年)

资料来源：World Inequality Lab, World Inequality Report 2018, http://wir2018.WID.world/files/download/WIR2018-full-report-English.Pdf。

一种模式是不平等在增长，但伴随着人口收入的整体(或几乎所有)增长；另一种模式是不平等伴随着多数人的绝对贫穷化。在中国，几乎所有人的收入增长都是看得见的，都是真实的。中国持续推行的“精准扶贫”等惠民政策，以及对国际减贫扶贫具有重要启示的项目与工程，都取得了显著的成效。因此，可以说中国的贫富差距的扩大是伴随着贫困人口的减少，这与印度、巴西和几乎所有其他南方国家的情况是不同的，这些国家的经济增长只惠及少数人(在某些国家如赤道几内亚，经济增长惠及的人口只占总人口的 1%，某些国家如印度这一比例为 20%)，并没有惠及大多数人，而大多数人甚至都是贫民。因此会出现这样一种情况，中国和印度基尼系数相同，但社会意义大相径

① 数据来源：World Inequality Lab, World Inequality Report 2018, http://wir2018.WID.world/files/download/WIR2018-full-report-English.Pdf。

庭，中国一方面是发展中出现的不平等，另一方面是“共同富裕”大原则下的发展（程恩富、刘伟，2012）。

（四）历史与文化

历史与文化也是收入差距不平等的重要原因，我们以美国、瑞典、德国三种不同福利国家为例。美国是一个没有封建传统负累的国度，从一开始，美国就是一个由不同种族、民族和不同宗教信仰的人组成的直接建立在资本主义的传统上的多元化社会。在宗教信仰上，前工业化时期，支配人们的是提倡修身、禁欲、诚实、和谐的清教；工业化开始以后，盛行的是社会达尔文主义和自由放任主义，人们认为每个人都有平等的成功的机会，导致贫穷的因素在个人；在进入到工业社会阶段以后，个人主义和自由主义被认为是美国社会发展的原动力。因此，美国的社会政策并没有取得大的前进。

而瑞典作为一个单一民族国家，没有种族与宗教的纷争，长期和平环境形成了合作、妥协的历史传统。在宗教信仰和社会观念中，悠久的民主精神、人人平等的观念与公平分配的观念在瑞典社会是被普遍认同的，社会团结、社会安全和社会公正是国家为公民提供政策支持的基本准则，国家有保障所有公民的基本收入和生活的责任。

德国则具有悠久的宗教传统，天主教和新教倡导社会救济的思想对德国社会影响较大。德国知识分子普遍关注社会现实和批判的历史传统，以及德国发展资本主义的需要等因素，促使德国在社会政策选择上强调社会保险和效率优先。

中国有着悠久的历史传统，社会政策发展的历史却非常短暂。1949年以前的中国，家庭保障是社会政策的主要形式。但是，中国人在观念上是非常强调平等的，“不患寡而患不均”是历代社会动荡的主要原因。所以，国民对平等、公正在心理上的诉求源远流长。鉴于这种历史文化传统，缩减收入差距而不是加大差距更符合中国的国情。

四、各国缩减不平等政策的实施

世界一些发达国家都经历了收入差距过大的历史与现实，并且有些国家实施了可供借鉴的、有效的应对措施。考察三种福利国家以及日本、新加坡的社会政策发展进程不难发现，虽然社会政策的起点不同，但是都经过了建立、发展、完善和改革调整的过程。

（一）自由型福利国家

1. 美国

现代意义上，美国社会政策的建立与解决大萧条中大量的失业人口密切相关，并随之成为美国资本主义混合经济的一项长期制度。在此后的40年中，随着美国战后经济的快速增长，美国社会政策迅速发展。20 世纪 70 年代以后，美国社会政策进入改革时期(周云红，2012)。同时，美国基尼系在 1970 年以后突破了 0.4 的警戒线，而这种状况维持到现在，其社会保障制度具有不可替代的作用。

除了相对完善的税收制度和社会保障制度外，美国的慈善事业相对发达。美国对于进行慈善捐助的企业予以免税等政策资助，形成了相对发达的个人资助与社会保障相结合的制度，对于社会的稳定起到了重要作用。另外，从立法到财政补贴再到直接投资等环节，相辅相成的贫困辅助为贫困地区与贫困人群提供了必要的生活保障。

2. 英国

20 世纪 70 年代以后，英国经济发展陷入“滞胀”。1979 年，以撒切尔为首的保守党组阁，对本国福利制度进行大刀阔斧的改革。经济方面确立市场机制的主导作用，进行大规模私有化改革。截至 1990 年，英国所有国有工业除核能、地铁、铁路、煤炭、邮电等部门外全部实现私有化。在福利供给方面减少“普遍性”，增加“选择性”，给真正需要帮助的人提供福利，并引入竞争机制，对福利制度按照市场原则进行部分私有化改造。1997 年，托尼·布莱尔领导的工党在大选中获胜组阁，新政府走“第三条道路”，开始了建设“社会投资型国家”的改革。政府推行“从福利到工作”的就业计划；重视开发国民潜能，加强知识经济时代对人力资本的投资，在坚持教育机会均等的基础上加大了对教育的投资；建立起主要针对低收入群体的“第二养老金”，推广“个人信托保全养老金计划”。保障退休者能获得体面的收入，恢复人们对养老金制度的信心。另外，政府还加强保护弱势群体以减少贫困和社会排斥，加大了对福利欺诈活动的打击力度。

(二)保守型福利国家

1. 德国

德国的社会政策在 19 世纪末基本建立，经过 20 世纪 20—30 年代的经济危机的低迷，在第二次世界大战后也进入快速发展和变革时期(周云红，2012)。1990 年以后，德国政府开始缩减政府的社会保障开支，表现较为明显的是医疗保障和失业救济方面补贴金额的减少，在一定程度上损害了中下层居民的利益。1998 年后，德国政府开始“第三条道路”，表现在社会保障方面为：提供就业率以及改革养老保险制度。积极开辟就业领域，建立劳动者、资方与政府三方参加的“劳动联盟”，创造更多的就业岗位；逐步提高社会保障费，逐步降低养老金替代率，通过税收优惠等措施鼓励个人进行“退休储蓄”(孙涛，2014)。

2. 法国

法国福利制度的基本框架是第二次世界大战后到 70 年代之间建立起来的，后来虽然进行了改革，但是没有根本触动原有的框架结构。法国的社会保障体系是由一系列的社会保障制度组成的。而这些社会保障制度的资金源于国家、劳资三方。社会保险制度则明显不同于社会保障制度,其资金构成只是源自于劳资,国家并未有资金的投入。社会保障与社会保险则统称为社会保护。虽然,法国和德国同属于保守型福利国家,但是存在着根本的差异。首先,德国是自上而下的国家主义;法国则是自下而上,较为琐碎的。其次,法国福利管理机构结构松散,掌握管理权的劳资双方经常会进行斗争;德国的三方合作则比较稳定(于蓓,2013)。

数据显示①,2015年收入非常高:1%的人口收入占收入的7%,占申报财富收入的30%。2015年,单位消费的初始收入超过106 210欧元,一个人被认为是人口中最富裕的1%的一部分,即非常高的收入。这个群体中的个人平均收入几乎是总人口的7倍,占整体收入的6.8%。2004年至2015年,高收入者申报的总收入占比在2004年至2007年间有所上升,直到2012年才出现停滞,然后在2013年下降,稳定在6.5%左右。

(三)福利国家瑞典

瑞典的社会政策从19世纪中期到20世纪20年代基本形成,经过第二次世界大战前的发展,到20世纪70年代建成福利国家(周云红,2012)。面对20世纪90年代严峻的经济形势,瑞典政府进行了一系列福利制度改革。首先,提高社会保险金个人承担比例,适度削减社会福利,削减病假津贴及失业津贴,增加等候期,减少领取期限,并将养老金的个人收益与对社会贡献挂钩,实现了养老金改革的巨大跨越;其次,福利管理实行分散化改革,让地方政府拥有更大的自主权、承担更多责任,引入市场机制。再次,推行"积极福利",把享受福利与就业联系起来,并建立推广终身教育和就业培训的"社会投资型"国家,再有就是调低边际税税率,激发国民工作热情。

(四)日本

日本社会保障制度框架形成于20世纪60～70年代,包括最低生活保障、残疾及高龄人士就业、社会福利、社会保险、卫生医疗保健和失业救济6项。给予老年人免费医疗,并把年金与工资、物价挂钩,确保国民实际生活水平不降低。涉及国民收入再分配的税收制度主要有所得税、资产税、消费税等。2008年这三个税种收入占比分别是32.5%(其中法人所得税22.3%)、15.8%和29.3%。而美国的数据分别为50.9%、16.2%和23.5%。OECD国家个人所得税占比平均为46.5%。

个税则实施6级超额累进税制,与美、英、德、法等相比,日本个税收入占国民收入比例最低,仅3.7%;起征点则低于法国而高于美国、英国和德国;最低税率5%,低于四国。为减轻国民税务负担,日本1962年推行"所得税扣

① 数据来源:https://www.insee.fr/fr/accueil。

除”的个税减免政策，大幅减轻了民众税负，较好地保障了低收入家庭的消费能力。日本资产税主要包括继承税与赠与税，2003年税制改革后，日本继承税采用10%、15%、20%、30%、40%和50%的6档累进税率制，不足1 000万日元的部分按10%的税率征税，而超过3亿日元的部分其税率则为50%。应税比例和税收负担率均呈现下降态势。日本1989年开征3%消费税，1997年提高到5%，于2014年4月和2015年10月分别把消费税由现行的5%提至8%和10%。由于日本消费税是统一税率，而并没有像欧洲大部分国家对食品等生活必需品采取较低的税率。这就有可能使低收入人群相对面临更大的负担，从而拉大社会的差距。

2011年开始，日本在社会保障制度方面确定了5个改革方向：鼓励多生子并给予生子家庭及孩子养育更多的财政支持；强化社会保险和医疗、看护制度的社会保障机能；强化缩小格差社会的制度机能；取消共济年金，构建一元化的养老金制度，扩大年金和医疗保障覆盖面并使其更加公平；实现人人有体面、稳定工作的“全民参与型社会”；确保社会保障制度有稳定的财源支持。在税制改革方面，确定了两个方向：消费税增收主要用于支持社会保障制度；本次税制改革是以消费税改革为抓手的，包括所得税、资产税在内的完整税制改革。通过相关法案稳定财源和健康财政，强化社会保障机能和确保基尼系数可持续稳定改进。

（五）新加坡

新加坡结合本国特色的社会福利制度，在社会保障方面实行中央公积金制度，其特征主要表现在：国民社会保障水平取决于个人的工作收入而非社会的再分配——在以政府责任为主的传统社会保障中强调更多的个人责任；“效率优先，机会平等”的价值取向——在以关注公平为主的传统社会保障模式中加入更多的效率机制；家庭本位——强调家庭互助共济，具有浓厚的儒家文化色彩（郭伟伟，2009）。

五、解决中国收入差距问题的思考

综上，我们得出以下结论。首先，从时间跨度上不难发现，从1979年后，这些国家都受新自由主义经济学以及经济政策的影响，在社会政策上都实施了减轻政府负担的一系列政策，从而导致一些国家的收入贫富差距过大。最为典型的应当是英国，在打破了“从摇篮到坟墓”的社会政策后，政府负担减轻了，收入贫富差距却呈现扩大的趋势。其次，这几个国家随着社会政策的改革，公共财富的比例也呈明显缩减的趋势，这使得应对收入差距过大时，政府则显得苍白无力；相反，在公共财富占比较大的国家，则更能够通过财政与税收等再次和三次分配政策对收入进行趋于更加公平、平等的再分配。第三，从文化与历史的角度也不难发现,自由主义与个人主义盛行的国家,收入差距都相对过大;相反,注重公正、平等等观念的国家,收入差距相对较小。

中国在应对收入差距问题上可以借鉴同样是东亚国家的日本,这样似乎更符合中国历史与文化的现实。日本的公共财富所占比例较高,日本的收入差距相对较小。日本的税收与财政政策与西方国家相比,更趋向于公平,而不是像美国等自由国家一样重效率、重个人;而在具体的税收、财政政策上,中国需要借鉴西方国家的一些做法。有一点需要明确的是:不管实施怎样具体的政策,政府的作用不容忽视,而总体目标则是更新社会保险、提高福利水平、扩大覆盖面。税收方面,我们应恢复个人所得税的累进税率结构,边际税率按应纳税所得额的幅度递增,同时扩大税基继承和赠与的收据应按累进的终身资本收益税纳税,等等。改革教育政策方面,增加受教育机会的平等性;儿童福利应按国家标准支付给所有儿童。提高劳动者地位方面,通过一些途径来维护底层收入人群的利益;同时,技术变革的方向应是决策者明确关注的问题,鼓励创新,提高工人的就业能力;另外,政府应该为预防和减少失业制定一个明确的目标(Atkinson,2015)。公共财富的管理方面,为做强、做优、做大国有企业提供更多的政策支持力度,实施国家公共财富调查与登记制度等,通过这些方式积累国家的净资产;公共政策应明确收入分配,确保有一个法律框架;等等。

在我们探讨的各项数据中,很明显地在北欧国家中,瑞典收入不平等问题相对缓和,而芬兰(见表4、图12)从净资产[①]角度看,最富10%人口所占全国总财富比例在2016年接近了50%。

表4 芬兰1994年、2009年、2013年、2016年净资产分布情况,占净资产总额的比重(%)

净资产按10%分组	1994年	2009年	2013年	2016年
1~5(最贫困50%)	6.9	6.4	6.7	6.1
6	8.2	6.9	6.9	6.5
7	10.9	9.7	9.6	9.2
8	14.5	13.6	13.0	12.7
9	20.3	19.4	18.7	18.8
10(最富10%)	39.2	43.9	45.2	46.8
总计	100	100	100	100

资料来源:Statistics Finland,http://www.stat.fi/til/vtutk/2016/vtutk_2016_2018-06-05_tie_001_en.html。

① 财富调查的净资产是通过将实物和金融资产相加,并从中扣除债务而得到的。家庭最常见的资产类型是存款、运输设备(73%的家庭)、自有住房(66%)以及上市股票和共同股票(41%)。

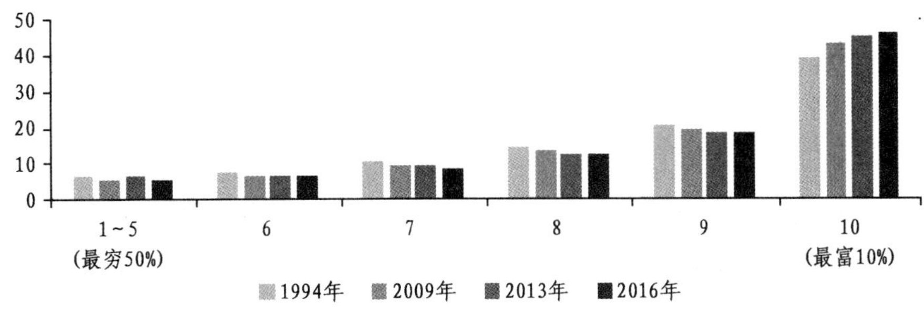

图 12　芬兰净资产按组分布图

资料来源：Statistics Finland，http://www.stat.fi/til/vtutk/2016/vtutk_2016_2018-06-05_tie_001_en.html。

因此，我们需要借鉴一些国家缩减不平等问题的做法，包括社会民主型福利国家的非市场化、非层级化、国家承担责任的程度等，以及日本税收方面的政策等。但是，我们必须清醒认识到中国发展的特殊性，在缩减不平等问题上要有自己的模式，构建自己的话语权，以加强全民所有制性质的国有企业、城乡集体所有制企业和合作所有制企业为主要方式，形成解决不平等问题的中国特色社会主义经济制度模式。

参考文献

[1]Anthony B. Atkinson，2015，*Inequality：What Can Be Done？* Harvard University Press，Cambridge，Massachusetts，London，England，pp. 237—239.

[2]艾斯平·安德森，2010，苗正民、滕玉英译，《福利资本主义的三个世界》，北京：商务印书馆，第 45—51 页。

[3]程恩富、刘伟，2012，社会主义共同富裕的理论解读与实践剖析，《马克思主义研究》，第 6 期，第 41—47 页。

[4]郭伟伟，2009，新加坡社会保障制度研究及启示，《当代世界与社会主义》，第 5 期，第 76—81 页。

[5]姜丽美，2010，西方福利国家三种模式的理论诠释、发展轨迹与经验借鉴，《学习与实践》，第 7 期，第 104—109 页。

[6]刘伟，2018，GDP 与发展观——从改革开放以来对 GDP 的认识看发展观的变化，《经济科学》，第 2 期，第 5—15 页。

[7]孙章伟，2013，日本基尼系数与再分配制度研究，《现代日本经济》，第 2 期，第 22—34 页。

[8]孙涛，2014，福利国家改革的类型、成效及启示，《中共济南市委党校学报》，第 4 期，第 94—97 页。

[9]单超、刘小兰，2018，自由主义只能加剧全球范围内的不平等，人类真正的、唯一的出路是社会主义——关于《2018 年世界不平等报告》及萨米尔·阿明的评论，《世界社会主

义研究》,第5期,第84—87页。

[10]于蓓,2013,法国是个什么样的福利国家?《法国研究》,第4期,第1—6页。

[11]周云红,2012,西方国家运用社会政策调整收入差距的考察及其启示——从库兹涅茨曲线谈起,《山东大学学报(哲学社会科学版)》,第7期,第27—32页。

Study on the Status Quo of Chinese Residents' Income Inequality and the International Comparison

—Contrastive Analysis with Japan, Sweden, Germany, Singapore, the United Kingdom, the United States, France

Li Linan

Abstract China's economy is growing rapidly. At the same time, the income inequality has increased. The Gini coefficient exceeded 0.4, the share of top 1%, 10% increases with each passing year. Compared with Japan, Sweden, Germany, Singapore, the United Kingdom, the United States and France, China has a relatively high Gini coefficient, and the high income inequality between the top 10% and bottom 10%. The paper suggests that (1) the particularity of China's development model, history and culture, national responsibility, marketization and hierarchy matter in shaping inequality. (2) The income inequality observed in Japan, Sweden, Germany, Singapore, the United Kingdom, the United States and France is largely due to the economic policies implemented since the 1970s. (3) Tackling income inequality in China requires abandoning the international incorrect practices, and reassessing the management role of the government which refers to taxation, education, the improvement of the status of workers, and public wealth, etc.

Key words Income Inequality National Income in China International Comparison

反思科学抽象法:解构与重建

——《导言》和《资本论》商品章结构形成机理及机制转换研究

许光伟

内容提要 唯物辩证法的两个因素是唯物主义和辩证法,它们是彼此“互看”与互换“角色”含义的有机统一。以之为尺度,“政治经济学方法”的完整概念即是“体现在政治经济学领域内的唯物辩证法(工作规定)”。政治经济学领域内唯物辩证法的总形式或总道路是:始源规定的唯物主义(辩证法)→行动主义(辩证法)→辩证唯物主义(辩证法)→历史唯物主义(辩证法),它决定我们在理解和运用科学抽象法上必须摒除逻辑公式主义和解释学循环。具体而言:(1)坚持从“《导言》的革命”看政治经济学的方法特质性规定—政治经济学批判;(2)《导言》既探讨辩证法,也探究唯物主义,从而《资本论》商品章必须视为从其内生出来的“结构”;(3)这样,科学抽象法不应当和唯物主义历史路径的寻求有关,从而在“社会发展理论”层面,它要被“解构”;(4)相反,植根于批判规定的“社会机制理论”层面必然是科学抽象法的自身活动范围,而这又意味着一个命题:必须以“发生学”为内容规定,以“科学抽象法”为形式规定。时代重建的科学抽象法将完成对教科书版本的科学抽象法的工作走出,并且,这一方法论实践活动始终和政治经济学领域内“唯物辩证法”建设活动(如知识表达的工作寻求)内在关联,这就需要我们从中发掘更多的中华本土元素。

关键词 《资本论》 科学抽象法 政治经济学批判 唯物辩证法 发生学 解释学 历史 逻辑

中图分类号 A811.1

一、《资本论》商品章工作线索再探究

人们一直询问《资本论》的方法,但苦于对唯物辩证法工作性质的缺乏了

收稿日期:2019—10—20

作者简介:许光伟,江西财经大学习近平经济思想研究院特约研究员、经济学院教授,主要研究方向为马克思主义政治经济学与经济学方法论。

基金项目:本文系湖北省社会科学基金重点项目“当代中国生产方式内在矛盾及其社会作用研究”(HBSK2019ZD035)的阶段性研究成果。

解,也并不了解《自然辩证法》和《资本论》商品章的“辩证法对接”,不了解“《商品》=《辩证法》”的工作规定。这样一来,《商品》的大写化方法论规定是被严重轻视了。马克思为什么以“唯物辩证法”为总布局,马克思何以用“唯物辩证法”作为总布局,这看似是个谜,然而在经过对《商品》结构布局的缜密考察之后,这个谜底是较容易揭开的。《资本论》所遵循者“渐悟→顿悟”,而“顿悟”始终是领导结构。所谓逻辑,用《红楼梦》的话语,即是:你证我证,心证意证;是无有证,斯可云证;无可云证,是立足境;无立足境,是方干净。而所谓历史,即是:无我原非你,从他不解伊;肆行无碍凭来去;茫茫着甚悲愁喜,纷纷说甚亲疏密;从前碌碌却因何,到如今回头试想真无趣!“‘从个别上升到一般、逻辑与历史相一致’,这是马克思和恩格斯共同遵守的科学研究道路。”因此,我们必须指出:“如果脱离恩格斯‘导读’,也许马克思劳动价值论就真的体现为‘某种逻辑体系的说法’,体现为‘纯粹逻辑抽象的推理’。”(许光伟,2020c)马克思和恩格斯都是历史工作本位。所谓“逻辑起点”,是说历史起点中包括了逻辑起点的规定。这样,马克思和恩格斯的唯物史观导向的唯物辩证法研究可以用一个命题加以概述,即“历史何以继续”,机理路径如下:

1. 历史
2. 历史Ⅰ—历史Ⅱ
3. 历史(发生)—路径—历史(结构)
4. 历史(既是发生,亦是结构)—结构—路径—历史(既是结构,亦是发生)

这是由内而外的“历史”—结构和路径,换言之,历史和历史接通的外在方面是路径,内在方面乃是结构。然则,“历史Ⅰ→历史Ⅱ”的机制转换可写作为“历史Ⅰ(结构化,路径化):内在—历史Ⅱ(结构化,路径化):外在”,或简化成这一工作图式:历史→结构→路径。这样看来,《资本论》以“政治经济学批判”为副标题,即是以之为工作线索,确立如下工作总结构:立—破。所谓:破字当头,立中有破,亦破亦立,立即是破。拿商品章来说,头两节内容完成的是“历史→结构”(分别是结构—发生和发生—结构,以结构领导发生),第二至第三节完成“结构→路径”之转化,而第三节又可以说是相对于第二节内容而言的“外化的发生—结构模式”。这前三节均可视为“立”,然则有第四节的“破”,即结构和路径中的“商品拜物教之破”。亦因此必须谨记:《资本论》是政治经济学,同时也是政治经济学批判。

“这迫使我们从头思索‘马克思幽灵’的工作价值。”“工作成果是‘五篇计划’。这个计划是纲领性的,体现的是资本作为‘对象的思维形式’的方法。”(许光伟,2020a)然则必须将在此基础上形成的“六册计划”同时视为结构和历史的规定。所谓历史规定,既体现于资本、土地所有制、雇佣劳动以及与这一阶级结构相适合的国家、对外贸易、世界市场的工作内部,同时亦体现在后三册计划和前三册计划的工作衔接中。而结构规定则直接是指前三册内容和后三册内容的“结构关系对应”：资本(内)/世界市场(外)、土地所有制(内)/国家(外)和雇佣劳动(内)/对外贸易(外)。这是一对对具有孪生关系的“内部联系”和“外部联系”，相对“资本—世界市场”这个内外总联系的规定性而言，后两者既是依次进行的结构的有机嵌入，同时亦是历史的有机发展。然则在内部联系过程，在流通过程的尽头，以劳资运动关系为中轴，土地所有制将发展成为生产价格形式之最高形态规定；同样在外部联系过程，以对外贸易关系发展为有力推手，国家将相应发展成为贸易形式之最高形态规定。以此观之，科学抽象法必须被理解成为结构形式模式的形成和发展，乃至是为了从理解结构方面实现“结构—发生”工作模式。

小结：对唯物主义抽象法实施“反思”的研究行动，启动了一项实践议题，强化了对《资本论》“理论科学”规定的理性思考。实践议题就是“方法论实践活动”，它的革命性内涵锁定于“历史科学与思维科学的工作合一”(取象行动)，这样，对象进到研究对象的科学研究事实被思维学“具象化”了；这项工作要求将“逻辑学”和“知识论”重新熔炉于对象思维的规定予以考订，而创生马克思主义思维科学的新思考。新时代的理论实践同时要求关切于“政治经济学的方法”知识表达以考察理论科学的规定，凸显马克思主义科学抽象法“解构”与“重建”的行动内涵。然则，新时代的科学抽象法(规定)工作重心定位于唯物史观意域的重建行动，坚持以“批判的逻辑学”工作拒绝资产阶级“体系的解释学”，立足“活的辩证法(规定)”深度探索中国特色社会主义政治经济学方法论学理，最大程度避免“教科书体系”束缚。这项研究的开放性向度是根本启发了“理论科学的内涵建设”，作为它的“永恒的定义域”和“方法论愿景”的规定只能是历史科学本身的工作统一性和研究领域的不断前进性。所谓的“方法论唯物主义”，在学科方法内涵上也正是指向于此，启示我们必须加强政治经济学批判导向的思维科学领域的研究，为马克思主义方法论夯实工作地基。

二、《导言》向《资本论》商品章的工作线索转换

《资本论》在结构成型上具有内在的“成长秘密”，决定弄清楚以上问题仍然要从成长史说起。现在需要回到《〈政治经济学批判〉导言》的写作看“《导言》的革命”，就能很明显地从中看到它的工作线索。《导言》既探讨辩证法，也探究唯物主义：第一节可以说是关于思维学的问题，第二节可以说是关于逻辑学的问题，第三节可以说是关于知识论(知识理论创制)的问题，这三者都是“辩证法问题”；第四节则可以说成有关于唯物主义的直接问题——“历史上的证据”。然则“生产一般”为什么是《导言》的总架构？要言之，“因为其所针对的是‘原理’的生产，而由于政治经济学批判学科按其本性来说是确保历史科学和思维科学的工作合一，于是《导言》必然是从政治经济学批判的学科规定

出发的。换言之,《导言》采用的指导思想不是‘哲学’,而是‘政治经济学批判’,所以它一步就跨向了以批判的规定为方法论学科基础的‘思维科学’研究领地”(许光伟,2019a)。并且由于《导言》所揭示的“事的科学”和“事的逻辑”乃是对《资本论》政治经济学批判规定的一个根本性的工作引领——以“事的科学”批判(逻辑)引领“物的科学”批判(逻辑)。一句话,《导言》的问世预示了《资本论》体系的诞生,提示了理论科学形成的逻辑机理。又之,从《资本论》结构的源起、成型和嬗变的过程看,《资本论》逻辑实际上是《〈政治经济学批判〉导言》的一个史书规定和思想的“放大版”,由此看来,对“《导言》的革命”的工作内涵实行再挖掘,尤其是从学科内涵和方法论工作逻辑层面,将可能有助于我们从广义路径上考察与探索《资本论》结构发生的真正秘密。

犹如马克思对于劳动和劳动力的区分,是为了科学说明“货币→资本”唯物主义历史路径中的“体用结构”问题—奴隶社会中有了奴隶制才有奴隶商品的买卖、资本主义社会则是由于劳动力商品这个内在的规定才导致普遍的雇佣生产,马克思在《资本论》序言中提出“抽象力”问题,直指的就是这一点。如果说从《导言》到马克思的《政治经济学批判大纲》的主导线索乃是从“发生”到“结构”,那么与之相反,从《商品》到《资本论》的主导线索乃是从“结构”到“发生”;然则如果说《导言》和《商品》之间确乎存有“结构差异”,那么就是前者以“历史写实”为主,后者相对而言是以“结构写意”为主。询问《商品》的如何产生,即等同于这一命题:《资本论》的“写意”领导结构何以可能?这样,我们必须认定《商品》是从《导言》所内生和发展而来的结构,它们的内部逻辑对应关系显得非常强烈和突出。换言之,如果懂得《资本论》商品章的构造,就明白了《导言》的这一工作线索:对象的历史探究—研究对象的结构探究—形成理论结构方法的探究—历史形成路径的探究。

围绕这个中心论断,《导言》1—2节可说是建立了它的“前向研究”:第一节侧重在了历史科学的领域,着重说明“社会发展理论”(社会生产发展的历史机理);第二节侧重在了思维科学的领域,着重说明“社会机制理论”(结构形成与再生产运行的机理)。“这样,第一节的分析中有一个重要的结论:生产一般本质上是‘世界历史’和‘一定社会发展阶段上的生产’两重规定的统一。”(许光伟,2019a)如果说《商品》1—2节总体对应的即是《资本的生产过程》到《资本的流通过程》的逻辑展开,那么,《导言》1—2节仍然是“从个别上升到一般”,然则对象的历史、对象的结构必然汇总为“政治经济学的方法”(研究对象的结构规定性)。① 明确起见,可把1—3节的工作线索汇总为以下思路:对

① “如果把《导言》第二节的内容和《资本论》第二卷进行对照则可发现,构成生产一般总体性的思维规定恰恰就是社会再生产,而在商品社会中,实际上唯有资本一般能胜任这一角色。这迫使在第三节的分析中,马克思必须更多从正面来探讨‘资本一般’的思维价值和逻辑思考的特性。”(许光伟,2019a)

象—方法论(思维科学)—研究对象—方法论(政治经济学的方法)。从中可观察到，在促成“对象”向“研究对象”转化的思维过程中，“方法论”是个不可或缺的工作线索的规定。并且在该思路中，前一方法论可特指“研究方法”(历史科学和思维科学的高度合一性规定)，后一方法论可特指“叙述方法”，思维科学的“展开”(对它的内部构造机理的说明)相应就完成于叙述方法和研究对象逻辑的叙述环节中。所谓研究方法，实质问题是强调唯物主义路径(从个别上升到一般或母子关系推进)的基础性功能和工作领导上的总体属性；所谓叙述方法，则是相对强调辩证法“体用结构”的结构形式方面的核心性领导功能。由此可以想见，为什么“马克思在《资本论》第一卷的《第二版跋》中，专门论述了自己的这部著作的方法论”，“既论述了辩证法，又论述了唯物主义，但是，它的重点是反对把《资本论》中的方法、主要是它的叙述方法歪曲为先验论的方法即唯心主义的方法”，马克思在那里着重强调：“辩证法要建立‘在合理形态上’，即在唯物主义基础上的辩证法；同样地，逻辑(指辩证逻辑)也要建立在唯物主义基础上。”(刘炯忠，1994a)

从而《导言》中，研究和叙述的方法的探讨总体是统一并结合一体的，这表现在马克思对思维两方面构成因素——思维实体和主体性——的统一把握之上。首先，《导言》第一节中，马克思是通过“思维的客观实体”来说明物质生产对象规定的；亦即是指出了：“说到生产，总是指在一定社会发展阶段上的生产——社会个人的生产。”“可是，生产的一切时代有某些共同标志、共同规定。生产一般是一个抽象，但是只要它真正把共同点提出来，定下来，免得我们重复，它就是一个合理的抽象。”(马克思、恩格斯，1995b)进一步，生产一般作为“思维的对象形式”并不是像资产阶级经济学所宣扬的那样，是“一切生产的一般条件”，与之相反，它指示的是资产阶级社会的生产条件一般，因而它不是纯粹的抽象要素。简单地说，第一节的核心内容是由对象规定出发讨论“资本是思维”的方法论规定问题，但仍旧局限在历史对象的工作范围内。关于思维的实体是方法还是逻辑，是区分马克思主义和资产阶级理论的不同工作路向的一个重要依据。在《导言》写作之后的年代里，资产阶级经济学是越发奔向“物象学的逻辑”(主观思维)体系中去了；与之相反，马克思在《导言》第一节倡导“社会发展的逻辑”，不仅区分自然物象和社会物象，更重要的是强调以“政治经济学批判的方法规定”来实现对社会发展本质逻辑的历史梳理。“它说明批判乃是学科方法的内置结构。这正是‘唯物主义的工作本体’，‘研究方法’可据此确定为学科基础(‘研究内容’)与客观思维(‘研究工具’)之工作路径意义统一。”归根结底，马克思认识到：“从方法到逻辑，而不是资产阶级学者信奉的倒过来的‘从逻辑到方法’；前者是坚持将方法作为逻辑之根据，后者实质是孤立地讨论逻辑方法！”(许光伟，2018a)

其次，在《导言》第二节，马克思继续深化有关于“资本是思维(形式)”的方法论规定探讨,考察经济有机体的社会结构问题。进一步,如果把这些内容同《资本论》第二卷进行比照则可看出,马克思是试图通过第二节找到"完整的研究对象(规定)"——对象规定和"对象的象(规定)"的统一。通过对"一切生产的一般条件"的否定,马克思最后寻求到的是一再生产系统,亦即,"得到的结论并不是说,生产、分配、交换、消费是同一的东西,而是说,它们构成一个总体的各个环节、一个统一体内部的差别"(马克思、恩格斯,1995c)。在1—2节中,马克思着重加强了对斯密和李嘉图的批判,不只是因为他们都进行了"非历史的分析",更加是由于这些分析能够和形式逻辑毫无生气地结合起来,并被引入到最新的资产阶级经济学体系中去。在这里,马克思不可避免地遇到思维主体是个体还是社会的难题,结论是:如果对本身是有机联系着的再生产社会系统进行有效的阐述,那么,总体的思维形式就必须得到首先的运用。显然,这也还不是马克思对问题的最终回答。①

这样在《导言》第三节,伴随"资本是对象的思维形式(规定)"问题的初步解决,马克思能够顺理成章地提出资本同样是"方法(规定)"的设想,用以解决研究规定和叙述规定的结合问题。由于研究过程解决了"具体规定的产生"问题,叙述问题有望依托"政治经济学的方法(规定)"得到有效解决。但必须注意:"从抽象上升到具体的方法,只是思维用来掌握具体、把它当作一个精神上的具体再现出来的方式。但决不是具体本身的产生过程。"(马克思、恩格斯,1995d)显然,马克思这里着重强调了客观思维与主观思维的关系问题。并且,研究方法和叙述方法的连通并不像逻辑学者认为的那样,可以实现直接的意义对接和逻辑组装,展示一个"具体→抽象→思想具体"完整的思维逻辑链条。其实,不是这样。研究方法和叙述方法既是方法论规定的统一体的"两面",同时亦是通过研究对象的"间接连通"工作关系;它们真正的相会是在"抽象力规定"中,是在研究对象系统中,它们从不同方向上建造与共同维护"对象的象(规定)"。所谓的"对象的象",马克思在《资本论》一版序中予以明确的是"资本主义生产方式以及和它相适应的生产关系和交换关系",在第三节这里,替代性的讲法是"现代资产阶级社会中的相互关系"或"现代资产阶级社会内部的结构"(马克思、恩格斯,1995e)。

---

① 插入一个题议:一说到主体,人们总是倾向于将个体和社会对立起来,其实两者是统一的。将思维主体规定为社会(或个体的合类),是言明"合规律性",因为思维的总体性是和"方法实体"的规定对应的,而个体思维形式或活动只是和"逻辑工具"对应。但是,逻辑无论作为"思维方法"或"思维方式",最终都要归于思维形式的实体关系(所谓"思维的合类性"),由"对象的思维形式(规定)"统辖。这就犹如中国人的特有方式:在"天人合一"的类思维中考量人的活动,把人的个体性归于"合类性"。进一步,按照思维学的构成,辩证认识论的思维形式构造原理是"母子"工作关系,是强调抽象与具体(规定)的"阴阳合一"。从工作实体内容看,母子思维正是科学抽象法所要继承的工作规定,因为它是"取象"的正确理解方式与恰当的处理范畴关系的方式,而"取象法"又构成使得整个批判工作逻辑正确的一个必不可少的理解前提。可见,"批判的逻辑学"的前提仍然是思维学。据此,完全可能将发展论的"母子思维"的单形态扩充为机制与发展并举、具有更多内涵和丰富性规定的"合类思维"的复合形态。

《导言》第四节是关于完整意义的自然史和人类史互动过程中的"理论社会科学"的建设问题。理论社会科学和19世纪开始崛起的"理论自然科学"相对而言。马克思心目中的理论科学是包含了各门经验科学丰富材料的立足经济层面进行系统历史考察和社会扩展的有特定称谓的历史科学与思维科学工作合一的历史科学理论,如上指出,这个"理论社会科学"其实是政治经济学批判意涵的"理论科学"——以探索社会发展逻辑为工作本位。因此,这是将"资本的思维对象形式"推进到"社会生产条件一般"的层面,考察人类史意义的"总体政治经济学"。例如,马克思这里讲了两条著名的论断:(1)"出发点当然是自然规定性;主观地和客观地。部落、种族等。"(2)"世界史不是过去一直存在的;作为世界史的历史是结果。"(马克思、恩格斯,1995f)它的意义在于:"第一,解决唯物主义范畴的规定性问题及与之相适合的历史来源问题;第二,以历史为依据和准绳,奠立'事的科学'。"(许光伟,2015a)换言之,马克思于此处其实是想解决历史科学与思维科学工作合一的历史可行性问题。顺着这一思路,我们亦能明白后来的结局:《剩余价值理论》中,马克思委实是以"剩余价值"(资本生产关系一般)作为对象思维形式规定的。在认真拟定《资本论》写作计划后,马克思最终倾向认为,"剩余价值在认识规定上同时就是资本,是作为'资本的范畴'来看待的规定,这是由《剩余价值理论》写就的一个极为重要的主题思想"。因为"这个主题思想在理论部分中已然明朗化,资本始终被作为双重用语使用:既表达客观发展实体,又表达主观认识范畴,而且后一方面的每一种内涵其实都是直接指向剩余价值的"。"所以卢卡奇要说,'从来没有人像马克思那样全面地研究过社会存在本体论'。"(许光伟,2017a)

小结:(1)从《导言》到《商品》表面上是"结构过渡",其实是包含和嵌入关系,《导言》已含有商品起点规定,而劳动二重性实则从《导言》中提炼得到,又具体地从对资产阶级古典政治经济学的批判中予以体现;(2)科学抽象法作为发生学逻辑是从结构形式层面而言的,因为历史发生学的总结构对诸种发生学具有工作统帅的功能关系;(3)统一的辩证法结构包括"辩证法结构Ⅰ"(即唯物主义工作路径)和"辩证法结构Ⅱ"(即辩证法本体或狭义的辩证法),这样,唯物主义母子路径实际上是"特殊的辩证法";(4)所谓唯物辩证法,即唯物主义和辩证法连通关系上的"一而二、二而一",即"母子+体用",即用母子路径去引导体用结构,以至于做到母子亦是"体用",同时体用亦是"母子",实现以体用结构托起唯物主义的母子工作路径。

三、"解构了的科学抽象法"——社会发展理论的工作向度

目前,教科书版的科学抽象法是按照黑格尔逻辑学原则定制的"科学的方法论",从而就逻辑款式和工作样式而言,还难以摆脱"西方科学哲学"的套路。

例如在这一体系中，没有体现历史发生学和逻辑实证主义的工作对决，以至于唯物辩证法被更多地从结构方面去理解和进行方法论意义的解读。如认为："《资本论》的创作过程——研究方法阶段和叙述方法阶段的统一——是唯物主义的逻辑、辩证法和认识论高度统一的过程，所以，它才能成为《资本论》方法中的总方法、总公式。"(刘炯忠，1994b)这是将辩证思维和认识论，把辩证法和方法论全部放进逻辑学中予以考量了，这是把"对历史世界的理解"当作理解本身了，从而，还是忽略了"改变世界"的实践力和行动规定。①

政治经济学批判的本质规定是历史工作方法。盖因"《资本论》是关于客体批判的深层历史构境，由此奠基'批判科学'的大写字母的方法论"(许光伟，2018b)。出发地是"历史研究"，所谓的"研究方法"从这里开始形成和系统化；工作落脚点是理论科学建构，所谓的"叙述方法"也只是于此处定格和形式化。作为社会历史领域的"辩证认识论"，政治经济学批判(规定)是"改造世界"与"理解世界"的有机统一。在工作意蕴上，前者是所谓的"认识Ⅰ"，指示历史科学全体意义的工作范围内的"客观逻辑"；后者是所谓的"认识Ⅱ"，指示思维逻辑范围内的"主观逻辑"。思维科学的力量是统一认识Ⅰ、认识Ⅱ，政治经济学批判的工作方法整体借助和结合的正是这一力量，而真正实现了客观逻辑和主观逻辑在历史进程中的内在统一，又转化为"客观思维"与"主观思维"之间的历史对话，最终实现社会历史领域内总体思维形式与具体思维形式的相互结合。换言之，政治经济学批判保证了思维的客观性，并以之作为出发点和一以贯之的工作线索。在这层意义上，马克思强调，思维是否具有客观的真理性，不是"理论的问题"，而是"实践的问题"，所以，唯有在实践中人才能证明自己思维的历史真理性，即"自己思维的现实性和力量、自己思维的此岸性"，"离开实践的思维的现实性或非现实性的争论，是一个纯粹经院哲学的问题"(马克思、恩格斯，1995a)。"哲学一直在寻找真理的根基——思想的客观性。"(孙正聿等，2011)马克思没有停留于此，更多强调了辩证法"批判的和革命的"功能。这样，在面对资产阶级经济学古典学派的"非历史"的分析时，他没有简单回到向"思维真理"妥协的同一性哲学，而直接竖起了"实践理性"之批判旗帜。盖因政治经济学的"实践批判"就方法的本性来说，是由"历史地批判"和"实证地批判"的工作实质内容所组成。而归根结底，"政治经济学批判的学科规定，在于对实践批判工作路线的坚持，从中升华'历史地批判'规定——对象、研究对象及其知识逻辑"(许光伟，2018b)。

① 它同样忽略了《资本论》作为史书规定的科学。可王亚南(2007)写道："马克思正是在《资本论》中全面应用唯物史观，才把资本主义社会的那个用一切社会表象和各种观念尘雾掩蔽着的特殊剥削形式，即剩余价值范畴表现出来。"为此，"《资本论》就不仅是一个伟大的政治经济学论著，还是一部伟大的历史科学论著；不但如此，列宁曾讲过：如果说马克思没有留下专门的辩证法，他的《资本论》，就是一部活生生的辩证法；我们似乎也可以这么说，人们不是惋惜马克思没有遗留下关于唯物史观的专门论著，其实《资本论》就以极其丰富的内容，极其生动的形式，弥补了这个缺憾。"

为更多地明确“社会发展理论的客观逻辑”工作性质,我们以第一卷为例。关于历史唯物主义是否作为“辩证唯物主义”的一个工作领域的直接推广,卢卡奇的回答巧妙而意味深长。他讲道:“据我所知,马克思本人从未用过‘辩证唯物主义’这种说法,当然,他经常说到辩证方法;而恩格斯经常使用的‘历史唯物主义’这种提法,始终是指学说的总体,而绝不是这种学说在作为特殊领域的历史‘领域’中的特殊‘应用’。马克思在历史中发现了每个存在的普遍的运动原则,对他来说,‘应用’这种表达与他自己的基本原理是相矛盾的。他所说的历史过程一般指宇宙的全部不可逆过程……历史本身是自然史的,即自然界成为人这一过程的一个现实部分。这个历史过程既无开端也无中介。”(卢卡奇,1993)在马克思看来,唯物辩证法的三大规律是对自然发展领域和社会发展领域都具有适用性的客观逻辑的“总体认识”,但唯物史观意蕴的思维原理作为“辩证的认识论”,又反映着社会科学的“思维特殊”,是特殊思维原理。以三大规律的内容来说,《资本论》第一卷体现出来的是:(1)在分析的起始环节,以对立统一规律为开局,作为起点规定和经济细胞,“对立统一的商品体”可以说是有关于资本主义批判分析的真正的“细胞论”;(2)有关于历史经济过程和领导力量核心的资本主义生产方式的变迁,亦即“从量变到质变的资本主义剩余价值生产”,作为了真正的“本质论”;(3)资本积累的社会历史过程现象作为了真正的“现象论”规定,由于它本质上是总体的历史现象,这个现象过程就必须由“否定之否定规律”来认识反映和总结,即马克思以“重建个人所有制”来归结《资本论》的全文,是考虑到了作为否定之否定的规定,它整体代表着资产阶级社会发展道路的指向以及说明资本历史前进的必然性方向。根据这一陈述,政治经济学批判显然是和“特殊思维原理”对应的规定,乃是作为了“历史唯物主义的辩证法”的一个工作具象。①

因此,“细胞论”“本质论”“现象论”似乎可以形成思维逻辑的整体,直至形成“从抽象上升到具体”叙述逻辑上的一个链条。然而,真正的现象论所讨论的是“非恒道”,即限定于本质和现象的相统一的状态。这样在第一卷中,它们委实以抽象和具体的统一、本质和现象的有机结合的整体面貌予以呈现。简单来说,这就是“事的科学”批判工作规定。价值规律、剩余价值规律、资本积累规律,作为“道”的学科认识规定和对“象”的系统性认识,使得《资本论》第一卷就整体代表了“生产一般的理论与实践”;从方法论意义看,“此即人类经济形态史之总括也”,所谓:生产方式是光秃秃的骨架,需要历史分析过程赋予其血肉,而这一过程的基础则是“理解各种不同的人类社会及其相互作用,理解

① 从思想追溯看,《道德经》是用“道”“可道”以及“非恒道”来抽象表示三大规律范畴,据之形成关于“共同体发展”的抽象力思维。在《资本论》中,三大规律则指向“资本发展”的前提、过程和历史结果,马克思据之格外强调了分析“经济形式”的思维抽象力。两部经典著作在这方面的“思想巧遇”绝不是创作上的一个偶然,而反映了思维形式在理论社会科学中的规律认识的必然性结晶。其实质内容就是试图建立能够运用于指导社会批判的“客观辩证法”。

这些社会的历史动力”(许光伟,2017a)。换言之,这根本是实践议题的理论建设事件,从而能够把自然批判和社会批判聚集起来。“历史唯物主义使历史编纂学成为真正的科学,即头一次使它‘能以自然历史的精确性去考察群众生活的社会条件’。”(巴尔格,1989)同时表明:“马克思的航程乃是‘历史’到‘逻辑’,再到‘历史’,它的内在的方法、逻辑和工作话语是‘历史唯物主义发生学’。”(许光伟,2015b)

社会发展逻辑的工作要点是解决对象的思维形式规定。不同形态的“对象的思维形式”联系使得对“内在的历史”的考察具有了可行性。在商品社会中,如上所述,从资本对象思维形式向前推移,即可得到“生产条件一般”,而价值范畴则是它的认识形式;并且着眼于“内在的历史”考察,价值也就是总体思维形式,是社会发展的客观对象思维。① 换言之,“‘体现在商品中的劳动的二重性’必须被视为和历史科学契合的‘思维科学’规定”(许光伟,2018b)。这样,客观思维和主观思维的关系就直接转化为“客观逻辑和主观逻辑统一”的工作关系。首章的第三节内容又必须要由“历史发展的内容”进行补充,以证明“商品的两个因素”不仅是思维的生成,也是历史的生成。然则,一方面,价值就代表着“客观逻辑”——客观思维形式,而相应的,价值形式是它的主观社会表现(或者说是“主观思维形式”)——实现方式和发展形式;而另一方面,它们是母子一体的思维形式的联结关系,因为,“实践批判和发生学联系的逻辑中介就是历史实践活动本身,并且在这里,实践必须被视为‘活的历史(规定)’”(许光伟,2018b)。结合两者来看,在思维科学工作领域内,它们毋宁被说成是“母思维”与“子思维”的活动展开与思维呈现的工作关系,于是,前一方面的工作因素实质反映了思维的实体——思维的总方法,后一方面的工作因素反映“逻辑”(对思维形式的运用方式及其具体的结合方式)。② 这样在整个社会发展理论体系内,客观逻辑和主观逻辑不仅是工作统一的,而且是“合而为一”的,一句话,价值形式就是商品价值的社会存在形式和主观逻辑的表现。

由《资本论》首章逻辑开拔的“存在(论)批判”“本质(论)批判”“概念(论)批判”“精神现象(学)批判”没有停留于二重性的逻辑知识解说,而“最终锁定的是‘商品—资本批判’工作体系,从而建立了‘内部客体批判’”(许光伟,2018b)。按社会发展的历史过程的接续性看,资本的二重性(商品和货币)和商品的二重性(使用价值和交换价值)对接,资本直接生产过程的两个因素(劳动过程和价值增殖过程)和商品的两个因素(使用价值和价值)对接,而劳动的二重性(具体劳动和抽象劳动)则可以说是作为了对接行动的“思维的总策划”

① “马克思的分析的成果就是提出了价值一般的真正普遍的规定,这种规定无论对货币或利润来说都具有具体普遍的规定的意义。换句话说,这是一切其他特殊的价值表现形式的具体普遍的规定。”(伊林柯夫,1993:41—42)

② 一说到思维实体,大家立即就会想到方法和逻辑,在这个问题上,马克思的态度是明确的,即肯定方法是实体,逻辑才是思维工具。

(政治经济学的理解枢纽)。这样就总体判明了:“作为劳动过程和价值形成过程的统一,生产过程是商品生产过程;作为劳动过程和价值增殖过程的统一,生产过程是资本主义生产过程,是商品生产的资本主义形式。”(马克思,2004)“二重性”体现为思维本身的发展,“两个因素”体现为历史本身的发展,历史类型在继承中实现自身扬弃意义的“类型再生产”和创造“新的社会系统”。① 从而,思维科学的革命价值是巨大的,这个过程严重依赖于对“具体规定”的产生、发展的研究,需要更为强大的学科基础,目标是寻求与实现自然、社会、思维过程的工作统一。中心工作是“对象的思维形式”规定的确立。然则,社会发展理论的思维科学的任务从根本上说就在于建立“思维对象形式”的革命性规定,从人类业已发展起来的各种思维形式、逻辑形式和认识形式中努力找出经济形态社会的“客观思维形式”,并同样从内在发展的角度将它们从认识上予以对接和有机联系起来。从而,社会发展理论(思维)的逻辑——而不是通常所说的“科学抽象(思维)的逻辑”——是将“物象学的研究”和“政治经济学批判的研究”乃至“庸俗经济学的研究”和“科学经济学的研究”真正划开的一个科学研究上的工作标准,毋庸讳言,只有马克思主义思维科学才能提供这一标准。

小结:所谓以“发生学”为内容、以“科学抽象法”为形式,这是就政治经济学批判的方法论工作系统而言的。它所解决的根本问题仍然是“批判规定”的来源与根据,即解决“具体规定的如何产生”。换言之,“实践的发生学关切具体怎样产生,执行‘抽象和具体’行动辩证法,批判的诠释学的规定蕴含于内”。然则,“这种工作逻辑本质上反映的是理论和实践的‘知行合一’”;“然则《资本论》基本发展逻辑必须视为是‘发生学’”(许光伟,2020b)。这样看来,说科学抽象法是“具体到抽象,抽象到具体”的解释学循环,当然是不对的。此外,把上述机制理解成“分析→综合”的工作接续也是成问题的,因为分析和综合是同步的思维形式事件,犹如《商品》1—2节奠立的范例。教科书版的科学抽象法以“客观逻辑—主观逻辑”体式构造为依据,然而这是个假命题,真命题是“总体思维形式—具体思维形式”的历史机理形成关系。反过来讲,正是由于依凭了工作假命题,教科书版的科学抽象法掩盖了唯物辩证法的实质内容。

四、“重建的科学抽象法”——社会机制理论的工作向度

从学理的考察看,劳动二重性即唯物辩证法的工作单元。劳动二重性作为“思维”,是客观思维和总体思维,第一方面规定的赋予显然来自“政治经济

① 劳动是实践的存在规定,因此,劳动的发展是“历史”,是大写字母意义的历史规定;与之相适应的劳动二重性是“思维”,从这种意义上讲,劳动二重性发展的实质是“思维规定的发展”。

学批判的学科规范”。于是,“马克思把价值当作商品生产本质的结晶。没有一个现代经济学家敢于在此方面效仿马克思。这样做,会加强资本主义非自然性、不合理性的信念。因为价值理论使资本主义的历史性特征昭然若揭。相反,学院派总是一无改变地求助于知觉的理所当然——价格明显可知的性质”。并且如果扫描一下思想史则可以发现,“马克思的价值理论,正如我们已指出的,是对资本主义本质的一种抽象,其思想的根源可回溯到古代社会……在亚当·斯密那里,它得到了经典性的表述,尽管抵触、矛盾性的阐释是并列存在的。李嘉图把价值理论当作其体系的基石,但是,由于不能前后一致地运用价值理论而陷入了困境。在马克思手中,我们发现价值理论的发展是充分而全面的。马克思把价值理论当作一种 X 光,从而能烛照经济的机理,识别隐藏在积累、循环背后的因,以及价格、工资、地租、利润的长期变动趋势,而所有这些是同社会资本量变化着的结构相互联系的。这样的关系通常总是藏而不露的”(施瓦茨,1992)。所谓生产力,即发生规定之装置;所谓生产关系,即结构规定之装置。从而,马克思《资本论》的开篇坚持的是“生产关系”烛照“生产力”。

象所固然,思必可至。就像阿尔都塞给我们的提示:“马克思没有笨到看不出价值是由许多不同因素决定的。价值和所有的现象一样,都是一个系统、一个架构,而不是单一的一组因果。”(杨照,2015)对马克思来讲,一旦弄清楚“对象的象”即研究对象的思维特征以后,从逻辑上势必把价值这一经济范畴和规定视作“双重的意义”,即发展和运动的机理逻辑以及机制和运行的机理逻辑。两种机理是内在耦合的,一般而言,发展运动的机理决定了机制运行的机理,而催生劳动价值论的理论逻辑。“价值范畴的普遍性不仅仅而且主要不是表现概念,其理性抽象的特征而首先是表现商品形式在资本主义形成过程中所起的客观作用的特征。只是由于这种情况,普遍性也从逻辑上表现那个反映这一现实性及其在所研究的整体中的作用的概念的特征。”(伊林柯夫,1993a)所谓:《大纲》要抓住“总体的内部联系”,要阐明“资产阶级社会的自我批判”,“这就是要把对资本主义生产方式的基本经济结构的历史动力的理解,同对这些结构在社会表面展开自己的方式的理解结合起来”。所以,“在他的1857—1858 年草稿中,资本主义不是被设想为一种不可变易的结晶结构,而是被设想为一个‘有机体制’”。所谓:“马克思的草稿具有初步的梗概性质这一事实使得抓住整体的相互联系要更容易一些。因此我们关于《大纲》的中心论题是:马克思的概述使得人们有可能获得作为总体的资产阶级的概念。”进而可推论:“马克思的研究方法和叙述所关涉的问题直接与上述资本主义概念联系在一起。”(默斯托,2016)显然,和《资本论》相比,《大纲》更像历史著述,或更准确地说:相比《资本论》的理论科学特征,《大纲》具有更多的“史书规定”工作内涵。可见,《资本论》和《大纲》的一个重要的不同点就在于,极力防止“唯心主义的叙述方式”以及具有单纯逻辑运动倾向的“概念辩证法”,而这导致一个系统的劳动价值论学说最终成为选择。

因为历史形态的发展一方面使得资本批判和商品批判对接,另一方面促使资本(作为思维规定和方法规定)和价值的思维形式和认识形式的规定对接,这样就总体把握了社会形式的“一般的抽象的规定”,彻底解决了形成资产阶级社会内部结构并成为阶级根据的范畴的来源问题,创造性回答了生产的一般规定在一定社会发展阶段上对特殊生产形式的关系问题。价值既是发展(规定),同时又是运行(规定),资本同样如此。从“母子思维”到“合类思维”,两者在历史结构上的高度统一使得运动的整体历史观——包括发展论和机制论,能够很容易地由劳动价值论的理论逻辑来承载,并据之确立应用逻辑基础。① 亦即可以说,“劳动二重性必须作为商品生产交换史上的‘总体思维(结构)’看待,它既是主观的,也是客观的;按工作性质看,且既是主观批判路向的,也是客观批判路向的。这样也才有辩证的叙述形式产生”。而“马克思在《资本论》中以劳动价值论为同时性的研究—叙述手段”,“对此,可采用简明的说法:马克思在《资本论》中的研究方法不过是建立对‘劳动二重性+劳动价值论’工作路径的搜寻,而与之配合的叙述方法则不过建立了对上述构造的辩证表述”(许光伟,2018a)。劳动二重性主要承担对发展逻辑的引导,本身由政治经济学批判所规范(实现为和特殊内容结合的“一般思维原理”的规定),—这一层次的方法即“规律的方法”规定。除开前面提到的定格在第一卷的规律,以后各卷逐渐展开的规律还有资本循环运动、周转运动规律和社会再生产运动与构造的规律以及一般利润率趋向下降的运行规律,等等。这一层次的思维方法亦主要是“总体思维”的规定,即反映思维主体的总体性。这是劳动价值论的“广义的理论逻辑”。机制论仅仅和严格意义的劳动价值论范畴有关。这些范畴本身又和“本质论”、“现象论”的统一方式与结合状况有关:例如说,第一卷它们是“直接的统一”(结合的范围是全历史域),第二卷则是“总体的统一”(结合仅限于社会系统的范围),第三卷是以运动转化和生活现象系统展开为指向的“矛盾的统一”,第四卷则是以全面的认识批判为指向的“综合的统一”。相应运用的劳动价值论范畴是“历史的工作形式”、“系统的工作形式”、“生活现象的工作形式”以及“认识批判的工作形式”等规定。以资本总公式为例,总公式所承担的理论逻辑实际就是“逻辑学”的功能定位。在第一卷,总公式的任务是说明“资本一般”,所结合的公式知识仅仅是 $W=c+v+m$ 的本身,是说明和公式本身相关的“资本的一般规定”;在第二卷,任务上升为对“资本的特殊规定”进行说明,范围也从商品社会的全历史域的过程到相对限制在系统运动的过

① 像上面所说的,价值确实可以作为《资本论》通体一致的“思维方法”,这帮助我们看到了马克思理论的复杂的全貌。“这是马克思概念中的‘科学’。他将自己的论理取径称为‘科学的唯物主义’,意味着他找到了一个能够统整人类历史变化的核心。如同牛顿的力学公式,它既可以用来解释当前现象,又可以用来预测未来变化。这个核心,是‘价值公式’。”(杨照,2015:112)

程，重在说明系统运行与构造机理，从而产生系统内的总公式的运动总象，并产生“两部类”(Ⅰ+Ⅱ)体系的 W=c+v+m 公式知识；第三卷的任务是运用“总公式的转化”逻辑系统说明与解剖生活现象过程的“资本形式”(即资本的个别规定)——它们相互作用、相互限制的矛盾运行机理，简单而言，与“总公式的转化”相对接的“知识”则应该是资本主义的经济体系核算。可见在这一层次，思维的总体性和个体性是并用的，这种思维结合的特质也贯彻于第四卷，按照马克思的工作计划，那里将要实现对“范畴的认识机理”的一次全部领域的清算。整个认识行程都是由辩证法打造，从而确保了“形式逻辑的知识”能和“总公式的逻辑”结合，最终和辩证法融为一体，形成劳动价值论的“铁的逻辑”。

从对《资本论》解剖能够运用的工具看，它们首先应当是史书的工作规定、思维科学，其次才是逻辑学和知识理论。逻辑学的工作规定在《资本论》中是客观存有的，但局限在“科学抽象法”的层次和领域内。黑格尔仅仅以“思维的逻辑学”予以对待，科学抽象法实则考察了“批判的逻辑学”，两者的结合使这个规定能够进入思维科学领地，进入思维科学和历史科学的工作合一。在传统上，蕴藏在《资本论》中的科学抽象法规定仅仅是被视为和“范畴的方法”有关，其实不然，批判的工作实质决定了它的主要功能是促使和实现“规律的方法”向“范畴的方法”的转化。然则，科学抽象法的重建意蕴是历史唯物主义的建设导向的，本质上是使抽象规定从“科学的唯物主义论”得以推进为“科学的历史唯物主义论”。这一历史唯物主义的逻辑规定应当确定为“取象法+批判工作逻辑”的体系构造。盖因前者就表达了对理解完整规定的研究对象的工作期盼，摒除了“实在具体”的机械物质观，从思维科学的角度建立起抽象规定与“系统具体”的认识统一，而使知识生产具有强烈的“批判意味”和富有辩证法“内涵意蕴”。由于坚持了对知识解释的工作批判性，发生学逻辑“四象”则可视为后者的一个工作维度上的展开；同时，“批判的逻辑学”立场也表明：发生学乃是将“辩证的认识论”和“批判的知识理论”予以工作连通的一个深层逻辑(规定)。亦即可以说，“在工作优先性上，发生学(工作规定)构成了辩证法的第一命题；相应的，政治经济学批判退居为‘第二命题’”。从思维逻辑看，“资本发生学”是“作为《资本论》的正标题”，而政治经济学批判是“作为了《资本论》的副标题”(许光伟，2017b)。一言以蔽之，马克思主义的科学抽象必须被建立为“活的辩证法”规定。

小结：唯物辩证法的实质是“母子体用、经纬合一”。《导言》相对于《商品》而言是“提出问题”，即提出了研究和叙述方法规定的结合问题，但未能实现问题之解决。如上所论，《资本论》商品章实现解决的办法是将母子与体用如何结合的问题化为“结构”和“发生”的机制融合，实现以历史引领结构，以结构疏通路径。然则“发生—结构”所把握者“具体的如何发生”，即系列的个别规定性；“结构—发生”所把握者即一般本身，乃是把抽象规定同时作为思维，把握具体发生的各个发展环节。这样有了《商品》1—2节的"抽象力"生产,进而把抽象力当作总体思维规定,以抽象把握"具体的形成"(价值形式发展)。这对《资本论》全书而言亦如此:《资本论》第一、二卷可以视作"抽象",以之把握第三卷的生产价格形式的具体生成机理。

五、政治经济学领域内"唯物辩证法"知识表达初探

从学科(总体)和科学(总体)的工作对接看,唯物辩证法必须视为关于世界观和方法论的统一,是方法论意义的自然科学和社会科学的统一,即关于总体科学的历史命题。据此,可将唯物主义的机理路径刻画为:Ⅰ. 物质(第一性)/意识(第二性),Ⅱ. 物质(第一性)/行动(第二性),Ⅲ. 自然过程(第一性)/历史过程(第二性),Ⅳ. 社会存在(第一性)/社会意识(第二性);或直接写成发生学形式:Ⅰ. 物质→意识,Ⅱ. 物质→行动,Ⅲ. 自然过程→历史过程,Ⅳ. 社会存在→社会意识。与之相适合的辩证法机理路径为:Ⅰ. 联系的观点(或曰阴阳互系);Ⅱ. 发展的观点之一:量变→质变;Ⅲ. 发展的观点之二:肯定→否定→否定之否定;Ⅳ. 发展的观点之三:对立统一。在政治经济学领域中,上述机理路径是彼此耦合生长的,由此获得一个总形式:始源规定的唯物主义(辩证法)→行动主义(辩证法)→辩证唯物主义(辩证法)→历史唯物主义(辩证法)。其机理形成示意参见图1。

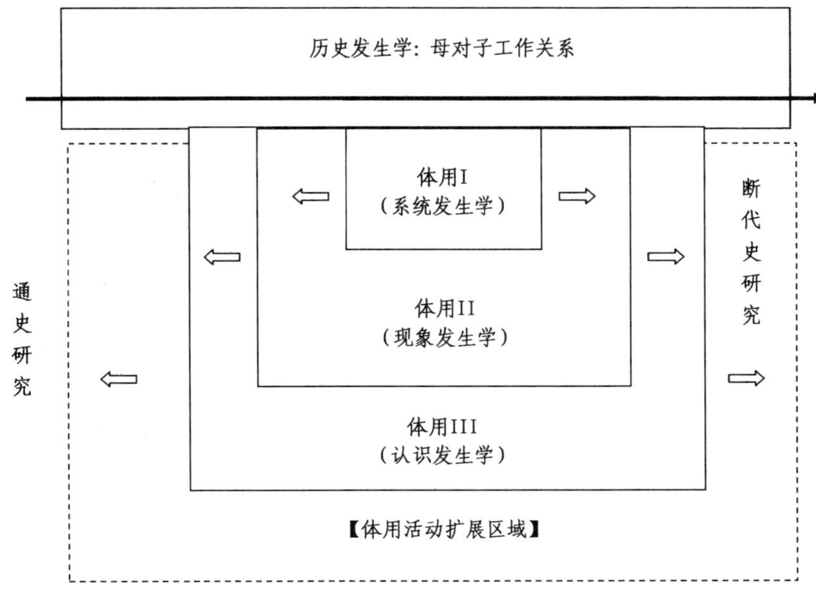

图1　唯物主义第一性、辩证法第二性机理形成示意

单单从思维形式上看,这种道象一体的理路使得发生学的批判逻辑毋宁称为"规律分阶段展开的方法",即:(1)历史发生学阶段——以"历史批判"为具体思维形式和总体思维(规定)结合;(2)系统发生学阶段——以"系统批判"为具体思维形式和总体思维(规定)结合;(3)现象发生学阶段——以"现象批判"为具体思维形式和总体思维(规定)结合;(4)认识发生学阶段——以"认识批判"为具体思维形式和总体思维(规定)结合。显然,第一个阶段至为重要,它确保了"概念为真",以后才有判断和推理等思维过程,才有归纳和演绎、分析和综合等思维手段的结合使用,使《资本论》成为强大的认识论工具。深层次看,这是确保"思维为真";一切方法都能在思维科学中找到归宿,都可以归结为"思维方法"。并且由于道、象分别是客观和总体的"规定化身",使得"道的方法""象的方法"伴随了历史科学的全程。此外,图1显示:唯物辩证法的诸元素乃是从内容到形式,从运动到构造,并且是沿着从唯物主义的"母子"到辩证法的"体用"的总路线,相互结构渗透,结成工作有机体,而始终以历史发生学为"理解坐架",以系统发生学等体用逻辑形式为"有机嵌入"。它充分表明,科学抽象法实质就是体对用的关系,严格局限在断代史研究的工作范围以内。科学抽象法的出身注定其充当政治经济学批判的实现形式,又以发生学为内容,寻求批判机理;换言之,以抽象把握具体的思维链条的上升,乃取决于历史发生学的进程,而总体受制于母对子的历史具体关系。于是为了把握这个动态具体的工作命题,必须坚持"两种发生学意蕴"的内部工作机制的统一;必须强调唯物主义路径的第一性工作关系,主动自觉将体用关系置于"第二性"地位予以考虑,需要知道在范畴的抽象上,绝没有普世价值观上的普遍演绎理性。整体看,这就是工作定格在《资本论》中可资广泛应用并和中华系统具有亲缘性关系的"思维学范畴"。①

然则对于重建的科学抽象法规定来说,亟待于"批判的逻辑学"方面取得明显进展,以更好拒绝非批判的实证主义,并实现对"解释学"的彻底工作走出。须知"科学抽象"主要不是为了解释,而为了进行理解说明和在这个基础上从事认识批判。"马克思的原理的深刻的辩证思想就在于此。按照这一原理,'从抽象上升到具体'是理论过程特有的特点,是科学上唯一可能的因而也是唯一正确的阐发科学规定的方法,即把生动直观材料和表象加工为概念的方法。"因此,"这决不是说这里的'叙述'从方法的角度来说根本不同于'研究',不是说马克思进行研究时所使用的方法是同他阐述'研究结果'时所使用

---

① "马克思的思想,从早期到后期,有个特别值得讨论的关键概念,叫作 praxis。这是个很难被译成中文的名词,勉强可以译作'实践',但它是一种特定的'实践',指的是将解释世界和改变世界合而为一。""Praxis 的'实践',却接近王阳明所说的'知行合一',将理论和实行合而为一。或者我们可以试着将 praxis 译为'知识的实践',意味着解释世界这件事,同时也是在改变世界。对的、好的知识,不是单纯、客观的分析,而是具有改造力量的批判,让人能够用辩证的、颠覆性的眼光重新认识世界,因而产生了改变世界的决心与力量。解释提出的同时,就已经开始改变世界。"(杨照,2015:103)

的方法是截然对立的。如果情况是那样,那么对‘《资本论》逻辑’的分析对于理解马克思的研究方法……便根本不可能提供任何东西。这样一来,《资本论》只有在叙述现成结果的文字处理方面还有些可借鉴的地方”(伊林柯夫,1993b)。反观资产阶级主流经济学,其构造的理论抽象往往缺乏唯物主义基础,其结构的抽象所执行的理论目的往往不限于解释“现实世界”,更多目的在于“理论扑杀”马克思主义体系。因此,“对具体的把握只能是实践状态,总体把握处在对象到研究对象的不断进取的认识进程中”(许光伟,2020a)。另外一方面,“政治经济学‘反思—批判—重建’的学术之路写就‘中华学+《资本论》’工作地基,中国特色社会主义政治经济学理论规范由此起航”(许光伟,2019b)。这显然是寻求《资本论》和《道德经》及《大学》开篇结构相似性的根据。总之,《资本论》的写作宣告了“资产阶级”经济学的理论破产,因为正如马克思在二版跋中的预言,资产阶级的理论家已经不可能而只有“无产阶级”才可能抓取这个“革命思维”武器,用以理解世界和改造世界。例如“理性经济人”假设,按其实质,所宣扬的只不过是资产阶级单个阶级的社会经济意识——表现为从主观思维、个体思维出发,这种“阶级偏见”是不可能接受与理解唯物辩证法的,更加不可能在教科书中写上任何的唯物史观的认识元素,因而那个学术体系只能被定性为“唯心主义的形而上学经济学教科书”。

在技术工具层面,科学抽象法则应充分发挥“范畴的方法”的机制领导作用,努力实现历史方法和数学方法的规定性结合,排除“工具中性”的不良认识。“具体做法是:在‘辩证认识论’理论构筑层面,工作目标是将‘客观逻辑和主观逻辑的统一’转化为政治经济学批判路向中的总体思维形式和具体思维形式的结合,以这一规定引导‘思维的真理性’;进而在‘批判的知识理论’理论构筑层面,由于工作目标是实现辩证法体系中的总体思维形式和具体思维形式的结合,因而仍然需要将‘形式逻辑和辩证法本身的统一’深度转化为相应的结合规定,实现辩证的实证研究,并实现对‘客观的和严格的’实证分析技术的通盘性掌握。”(许光伟,2020a)盖因实证绝不是单纯解释意义的“理论模型验证”或“经验检验”,可能正是由于步入此“死胡同”,现代西方经济学的“实证”目前确已异化为一种“狭隘的自娱自乐”。所谓的经验实证和理论实证,都要广义地来看待其工作内涵;实证方法既是基础材料或对经验的一项整理技术,也是一种理论逻辑的工作判明,是从“最完强的事实”出发,是“用材料说话”“理论证明”和“事实检验”三重工作含义的高度统一。因此,真正的实证是起源于经验科学,又超出经验主义——需要在科学的思维指导下进行,不能把实证分析等同于计量分析、把计量分析等同于定量分析,更不能把定性分析、规范分析排除在实证研究之外,其恶果是使材料丧失内涵上的价值,丧失工作本真性。可真正的实证却是批判的,是从“规律的方法”和“范畴的方法”方面赋予材料“生命力”。[①] 一言以蔽之，必须坚持把方法论亦看作是“世界观”，进行改造世界和理解世界意义的“解释世界”，而要如此，即要切实认识到，马克思主义方法论研究的学科内涵是思维科学，是要避免用似是而非的数学工具舞弄“逻辑第一性、历史第二性”，并用这种材料和手法编织起来的模型术令逻辑学工作替换思维科学，从而高度警惕用知识论的逻辑来强行统一“具体规定的产生”和“思维对具体规定的产生的再现”。“据之可了解到：方法论的知识体系是‘工作状态’和‘实践态’的，这意味着人们不能或无法依据一个一劳永逸的标准来对这个工作系统进行主观的设计，只能是根据对象实际状态及其在历史中的‘实然规定’，寻求研究和叙述的内容及其形式统一。”（许光伟，2020a）

小结：发展论和机制论的方法论结合的实现形式是“母子思维”和“合类思维”的相机配合使用，以最大限度地获得“批判的知识理论”。就理论科学的两个层面而论，发展论层面强调的是“历史科学思维”——思维形式的构造是“发展的母思维”和“发展的子思维”，机制论层面强调的是“系统科学思维”——思维形式的构造是“机制的系统思维”和“机制的动态思维”，二者分别对应了思维实体的客观性和主观社会表现、主体思维的总体性和构成元素的系统动态化。然则实质性所在即是强调思维客观对于主观思维的工作领衔以及思维总体对于个体思维的工作领衔，实现思维的主客观方面和总体性、个体性的有机统一。关于结合，我们还可以举出更生动的例子。关于“资本家劳动”的话题，马克思是分两步予以探讨的：一是在《资本论》第一卷直接提出“资本主义的管理”的二重性，以配合后面将来提到的“总体工人的劳动生产价值”的社会行为；二是在第三卷讨论企业主收入性质——强调“企业主收入是劳动的监督工资这种看法”的错误时，特别地指出“资本家是作为对别人劳动的剥削者的劳动者”，即“剥削劳动的劳动”。整体理解马克思的思路，应分成两个阶段：第一阶段是劳动二重性的界说，第二阶段乃是资本二重性的界说；前一阶段为后一阶段的论断提供基础，从而，只是在后一阶段资本家的劳动性质才得到真正的揭秘。按照“合类”的原则，资本家的职能活动是归于剩余价值的社会获取的，而与价值创造无关，它并不属于总体劳动范畴。然则，需要更为关注资本家劳动的社会内容和内涵期望——为了货币，而不能是它的个体期望——为了商品。总之，劳动二重性作为“思维总形式”和“思维总结构”，必须基于批判工具

① 这样在执行批判规定的过程中，同时可能会创造更多的思维方式和工作体式，如坚持归纳和演绎属于一个整体，巧妙地结合使用分析的和综合的思维等。这说明依据对象的具体状态创生“思维形式的结合”方式，正是“批判的逻辑学”大有用武之地。并且，“抽象”和“具体”本身就可代表两种不同的思维形式类型，从批判的知识理论和机制论角度看，可以看成是“有”（结构一发生）规定的思维与“无”（发生一结构）规定的思维（无和有即母和子）、静态思维与动态思维、系统（整体）思维与局部思维以及过程（构造）思维与形式（构造）思维等不同方面的对立，彰显主体思维内部的不同旨趣——总体性和个体性。

和实体发展意义统一的层面去理解,一句话,必须基于唯物主义和实践过程的工作路线解读之,将其作为实践逻辑的"理论"和"方法论规定"。

参考文献

[1]巴尔格,1989,《历史学的范畴和方法》,北京:华夏出版社,第2页。

[2]刘炯忠,1994a,《马克思的方法论与系统论》,北京:中国人民大学出版社,第66页。

[3]刘炯忠,1994b,《马克思的方法论与系统论》,北京:中国人民大学出版社,第49页。

[4]卢卡奇,1993,《关于社会存在的本体论》(上卷),白锡堃等译,重庆:重庆出版社,第318—319页。

[5]马克思、恩格斯,1995a,《马克思恩格斯选集》第1卷,北京:人民出版社,第55页。

[6]马克思、恩格斯,1995b,《马克思恩格斯选集》第2卷,北京:人民出版社,第3页。

[7]马克思、恩格斯,1995c,《马克思恩格斯选集》第2卷,北京:人民出版社,第17页。

[8]马克思、恩格斯,1995d,《马克思恩格斯选集》第2卷,北京:人民出版社,第19页。

[9]马克思、恩格斯,1995e,《马克思恩格斯选集》第2卷,北京:人民出版社,第25页。

[10]马克思、恩格斯,1995f,《马克思恩格斯选集》第2卷,北京:人民出版社,第28页。

[11]马克思,2004,《资本论》第1卷,北京:人民出版社,第229—230页。

[12]默斯托,2016,《马克思的〈大纲〉——〈政治经济学批判大纲〉150周年》,闫月梅等译,北京:人民出版社,第72页。

[13]施瓦茨,1992,《资本主义的精妙剖析》,魏埙译,济南:山东人民出版社,第5—6页。

[14]孙正聿等,2011,哲学研究的理论自觉,《师资建设》,第8期,第101—105页。

[15]王亚南,2007,《王亚南文选》(卷二),北京:人民出版社,第455页。

[16]许光伟,2015a,《政治经济学批判〈导言〉》逻辑解析——文本问题、"科学抽象法"的反思及其他,《当代经济研究》,第7期,第5—12页。

[17]许光伟,2015b,《资本论》的逻辑究竟怎样练成——兼谈如何写《保卫〈资本论〉》,《经济理论与政策研究》,第8辑,第16—35页。

[18]许光伟,2017a,《保卫〈资本论〉——经济形态社会理论大纲》(修订版),北京:人民出版社,第467页。

[19]许光伟,2017b,《资本论》辩证法的三个认识维度——兼析马克思思维的发生学研究,《经济纵横》,第8期,第22—31页。

[20]许光伟,2018a,论《资本论》的研究方法与叙述方法——纪念马克思诞辰200周年,《河北经贸大学学报》,第5期,第33—44页。

[21]许光伟,2018b,政治经济学批判的多重规定与研究意蕴——纪念马克思诞辰200周年,《当代经济研究》,第11期,第5—14页。

[22]许光伟,2019a,中国特色社会主义政治经济学方法论研究——兼对生产一般与资本一般机理关系的考订,《经济纵横》,第2期,第8—24页。

[23]许光伟,2019b,抽象和具体的辩证法意蕴——再论《资本论》研究方法与叙述方法及其时代意义,《厦门大学学报(哲学社会科学版)》,第4期,第6—17页。

[24]许光伟,2020a,重建科学抽象法——从新中国70年经济史学方法论的意义、道路和行动内涵说起,《齐鲁学刊》,第1期,第96—116页。

[25]许光伟,2020b,《资本论》与天人合一——关于劳动过程通史研究的若干问题,《湖北经济学院学报》,第1期,第5—22页。

[26]许光伟,2020c,恩格斯对《资本论》方法的贡献——纪念恩格斯诞辰200周年,《西部论坛》,第2期。

[27]杨照,2015,《资本主义浩劫时聆听马克思》,北京:中信出版社,第62页。

[28]伊林柯夫,1993a,《马克思〈资本论〉中抽象和具体的辩证法》,孙开焕等译,济南:山东人民出版社,第39页。

[29]伊林柯夫,1993b,《马克思〈资本论〉中抽象和具体的辩证法》,孙开焕等译,济南:山东人民出版社,第107—109页。

Reflection on Scientific Abstraction: Deconstruction and Reconstruction

—Study on Mechanism of Structure Formation and Mechanism Transformation of "Preface" and the Commodity Chapter of "Das Kapital"

Xu Guangwei

Abstract The two elements of materialist dialectics are materialism and dialectics. They are the organic unity of "mutual seeing" and "exchanging roles". On this scale, the complete concept of "political economic method" is "materialist dialectics (work regulations) embodied in the field of political economy". The general form or road of materialist dialectics in the field of political economy is: real materialist regulations (dialectics) → activism (dialectics) → dialectical materialism (dialectics) → historical materialism (dialectics). It determines that we must get rid of logical formulism and hermeneutic cycle in understanding and using scientific abstraction. To be specific: (1) Adhere to the special provisions of methods of political economy from the perspective of "the revolution of the preface" — critique of political economy; (2) The preface explores both dialectics and materialism, so the commodity chapter of Das Kapital must be regarded as the "structure" born from it; (3) In this way, scientific abstraction should not be related to the historical path of materialism, so it should be "deconstructed" at the level of "social development theory"; (4) On the contrary, the theory of social mechanism, which is rooted in the critical provisions, is bound to be the scope of scientific abstraction's own activities, which means a proposition: it must be stipulated with the content of "genesis" and the form of "scientific abstraction". Scientific abstraction of times reconstruction will complete the step out of the textbook version of scientific abstraction. Moreover, this practice of methodology has always been intrinsically related to the construction of "materialist dialectics" in the field of political economy (such as the search for knowledge expression), which requires us to explore more local elements of China.

Key words Das Kapital Scientific Abstraction Critique of Political Economy Materialist Dialectic Genesis Hermeneutic History Logic

市场经济的两条道路:新斯密马克思主义的阐释

赖慧婷　鲁春义

内容提要　所谓新斯密马克思主义,指的是一些西方马克思主义学者结合马克思对资本主义发展的分析,在东西方市场经济发展新实践的基础上,通过对亚当·斯密市场经济理论的再发现或再阐释而形成的关于市场经济的新理解和新认识。其核心内容是关于市场经济发展的两条道路的阐释。市场经济发展的两条道路即自然道路和非自然道路,前者建立在国内贸易的基础上,其发展遵循从农业到制造业再到对外贸易的自然顺序,其典型是以中国为代表的东亚地区,通过动员人力资源以改善经济状况的"勤劳革命",其所形成的是一种以劳动密集、能源节约为特征的市场经济发展模式;后者建立在对外贸易的基础上,其发展遵循从对外贸易到制造业再到农业的非自然顺序,其典型是以荷兰、英国、美国为代表的资本主义地区,通过资本在无休止积累过程中的"创造性破坏",其所形成的是一种以资本密集、能源消耗为特征的市场经济发展模式。在此基础上,新斯密马克思主义讲述了市场经济发展的中国故事。

关键词　新斯密马克思主义　市场经济　自然道路　非自然道路

中图分类号　F014.3

中国改革开放的历史进程同时是社会主义市场经济体制在实践中从确立到日臻完善的历史进程。从最初社会主义能否与市场经济相容的疑虑,到明确社会主义市场经济体制这一改革目标,再到市场在资源配置中"基础性作用"向"决定性作用"的升华,反映出中国共产党人在实践进程中对市场经济认识的不断深化。当前,中国的改革开放已进入"不惑"之年,站在新的历史起点上,加快推进中国社会主义市场经济的发展并确保其行稳致远,需要我们具备高度的理论自觉。因此,参考和借鉴国外学者的相关研究仍然十分必要。在此过程中,新斯密马克思主义关于市场经济两条道路的阐释应当引起我们的高度重视。

收稿日期:2019—04—30

作者简介:赖慧婷,广西大学马克思主义学院教师,主要研究方向为马克思主义理论;鲁春义,通讯作者,上海立信会计金融学院教授,主要研究方向为政治经济学。

基金项目:本文系国家社科基金青年项目"《1857—1858年经济学手稿》中的人学思想及其当代意义研究"(17CKS005)的研究成果。

一、新斯密马克思主义:斯密市场经济理论的再发现+马克思主义

所谓新斯密马克思主义,指的是一些西方马克思主义学者结合马克思对资本主义发展的分析,在东西方市场经济发展新实践的基础上,通过对亚当·斯密市场经济理论的再发现或再阐释而形成的关于市场经济的新理解和新认识。罗伯特·布伦纳(Robert Brenner)首先在文章《资本主义的起源:关于新斯密马克思主义的评论》(The Origins of Capitalist Development:A Critique of Neo-Smithian Marxism)中提出了一个所谓新斯密马克思主义的"范本"。乔万尼·阿里吉(Giovanni Arrighi)在《亚当·斯密在北京:21 世纪的谱系》(Adam Smith in Beijing:Lineages of the Twenty-First Century)中对"新斯密马克思主义"进行了较为详细的阐述(乔万尼·阿里吉,2009:8)。根据阿里吉的提示,新斯密马克思主义产生于人们对东亚社会发展特别是中国市场化改革及其发展的关注,而围绕马克思关于世界将趋同于资本主义的预测的讨论和反思,则是这一理论产生的直接契机。

在《共产党宣言》中,马克思和恩格斯描述了资本主义发展所推动的"世界市场"的形成,他们预测:资本主义的发展将迫使一切民族和一切地区采用"资产阶级的生产方式",并最终按照它"自己的面貌为自己创造出一个世界"(马克思、恩格斯,2009:35—36)。虽然在过去的两个世纪,马克思关于"世界市场"的预见被实践所深刻地证实。然而,世界却并没有按照资本主义的方式趋同化,而是首先出现了一个像彭慕兰(Kenneth Pomeranz)所说的"大分流"(The Great Divergence):以英国为代表的欧洲资本主义国家一路高歌猛进,大刀阔斧地在全球建立殖民和信贷体系,接连成为世界霸主;与之相反,以中国为代表的东亚地区的经济发展却急剧衰落。此后,东亚国家特别是中国也融入了世界市场之中,但其所走的是一条不同于西方国家的市场经济发展之路。新斯密马克思主义就是在对上述问题的讨论中所建构出的一种关于市场经济的理论,它首先对市场经济的发展和资本主义本身的发展进行了区分,明确指出两者并不是一回事;对前者的理解需要回到斯密,后者则需要回到马克思。由此,新斯密马克思主义对市场经济的理解主要包括两个方面的内容:一是斯密市场经济理论的再发现和再阐释;二是马克思对资本主义市场经济发展的分析。

在新斯密马克思主义者看来,斯密的市场经济发展道路有两种类型:"一种类型是在既定社会框架内出现的,它利用那个框架隐蔽的潜力推动经济增长,但它并不从根本上改变框架本身";"第二种类型倾向于破坏它在其中产生的社会框架,并为拥有不同增长潜力的新社会框架的出现创造条件"(乔万

尼·阿里吉,2009:33)。前者被称为斯密关于市场经济的“自然道路”;后者被称为斯密关于市场经济的“非自然道路”。新斯密马克思主义者认为,第一种类型的市场经济发展之路也即市场经济的“自然道路”,是由斯密本人从理论上建立起来的;第二种类型的市场经济发展之路也即市场经济的“非自然道路”,则是在马克思那里得到详细阐述的,因为在他们看来,“斯密所说的经济发展的‘非自然的’道路,就是马克思所说的资本主义道路”(乔万尼·阿里吉,2009:68)。

马克思对资本主义市场经济发展的分析是新斯密马克思主义的主要内容之二。在新斯密马克思主义者看来,马克思对资本主义市场经济发展的分析可以概括为两大原则:一是资本的无休止积累;二是资本主义危机和创造性破坏。具体而言,马克思关于资本主义经济发展的理论主要有以下内容:(1)马克思把自己关于资本主义生产的全部理论建立在一个没有国界的世界的前提下,在这个世界上,劳动力完全被剥夺了生产资料,所有商品(包括劳动力商品)都在大致等同于其成本的价格上自由交换。(2)资本主义的代理人参与市场交换并不是为了把商品转化为具有更大使用价值的商品,而是为了获得更多数量的货币,这一过程反映在马克思关于资本的一般公式“M—C—M′”中。(3)马克思认为,技术和组织变化不仅来自资本家之间的竞争以及出现了新的贸易和生产专业化部门,而且也来自资本和劳动在工资和工作条件上持续不断的冲突。生产单位规模的扩大和技术分工的提高是资本所有者在与劳动力所有者的关系中获得权力和致富的基本条件,其最终结果是劳动日益在实质上从属于资本的工具。(4)资本的“无休止”积累为资本主义经济发展注入了不竭动力,“资本作为财富的一般形式——货币——的代表,是力图超越自己界限的一种无止境的和无限制的欲望”(马克思、恩格斯,1995:297),这种无止境和无限制的动力与资本主义发展容易出现的危机的倾向密不可分,如利润率的全面下降和生产相对过剩的危机。马克思认为,这种危机具有重大意义,它意味着积累的原有社会框架遭到破坏和新的社会框架的建立。(5)资本的自我扩张不断颠覆生产部门之间的平衡,“不同生产领域经常力求保持平衡……但是不同生产领域的这种保持平衡的趋势,只不过是对这种平衡经常遭到破坏的一种反作用”(马克思、恩格斯,2009:412),这种经常遭到破坏的平衡就是资本主义的“创造性破坏”,它主要有三种形式:①“扩大资本规模和重组经营企业”;②“形成剩余人口和新的国际分工”;③“生产更大的资本积累中心”(乔万尼·阿里吉,2009:75)。概而言之,资本主义市场经济的发展过程,就是资本在无休止地积累过程中不断进行“创造性破坏”的过程。

二、市场经济发展的两条道路:新斯密马克思主义的核心内容

通过重回斯密和马克思,新斯密马克思主义者试图在此基础上重建一种关于市场经济的理论,其中最核心的、也是最有创见的部分是其关于市场经济的两条道路的阐释,它构成新斯密马克思主义的核心内容。在新斯密马克思主义者那里,市场经济的两条道路并非我们通常意义上所理解的资本主义市场经济道路和社会主义市场经济道路,而是被斯密加以理论化的市场经济发展之路,"斯密加以理论化的经济发展并不是沿着一条道路而是沿着两条不同的道路出现的,即以欧洲为典型的'非自然的'或以外贸为基础的道路,和以中国为典型的'自然的'或以国内贸易为基础的道路"(乔万尼·阿里吉,2009:61)。前者可简称为市场经济发展的非自然道路,后者可简称为市场经济发展的非自然道路。

(一)市场经济发展的自然道路

借助于重新"发现"的斯密,在新斯密马克思主义者看来,市场经济发展的自然道路以中国为代表的东亚地区为范本,它的发展遵循如下顺序:一国的大部分资本,首先应该被用于农业,因为农业是一国发展的基础。其次是制造业或工业。最后才是对外贸易。在此过程中,农业的改良和延伸为制造业或工业投资创造了需求,制造业或工业的发展反过来促进农业的发展;在农业和制造业的相互支持中,国内贸易得到充分发展;在此基础上,当由农业和工业生产的扩大所产生的剩余产品在海外销售比国内市场变得更加有利可图时,对外贸易自然产生,"由于对外贸进一步扩大了市场规模,产生新的生产专业化部门的新机会就出现了,资本积累的新机会也出现了,这种资本首先能够有利可图地用于'供给该国的消费,并维持其生产性劳动'。出现这种情况时,'(资本的)剩余部分自然把自己抽调出来投入运送贸易,并用于完成对其他国家的职责'"(乔万尼·阿里吉,2009:52)。

新斯密马克思主义者认为,市场经济发展的自然道路实质上是一种经济状况逐步改善的过程,其内在的动力是建立在分工扩大和深化基础上的生产力的提高:经济改善提高了收入和有效需求,扩大了市场的广度,从而为新一轮的分工和经济改善创造了条件。但是,随着时间的流逝,这种良性的循环会遭遇该过程的地域规模和体制环境对市场广度的限制,出现劳动力的剩余和资本的短缺。它符合斯密对市场经济发展的描述,即建立在市场基础上的分工的发展是推动经济发展的动力(即所谓的"斯密动力"),其发展到一定阶段后可能陷入的困局被称为"高水平均衡陷阱",即所谓的"斯密陷阱"。

市场经济发展的自然道路如何走出上述困局?在对这一问题进行讨论的

过程中，新斯密马克思主义者将目光转向由速水融(Hayami Akira)、杉原薰(Sugihara Kaoru)等日本学者所提出并加以阐释的“勤劳革命(Industrious Revolution)”上(Sugihara Kaoru，2003：78—123)。所谓“勤劳革命”，指的是东亚地区在经济发展过程中形成的一种主要依赖于人力的经济发展模式。具体而言，1800年前的东亚核心地区和西欧核心地区在人口和土地比例上存在着重大的差别，东亚地区人口众多而土地等自然资源有限，为了适应自然资源的限制，东亚地区形成了一种建立在劳动密集技术发展基础上的劳动力吸纳体制，在此模式下，人口数量的增加并没有带来生活水平的恶化，经济过程得到了逐步改善——虽然劳动者不得不进行更辛苦和更长时间的劳作，但他们的收入增加了，劳动者在此过程中学会了珍惜工作并形成了一种“牢固的工作道德”。勤劳革命为东亚地区的经济发展铺设了一条独特的技术和制度道路，在迎接和追赶西方工业革命的挑战中发挥了极其重要的作用。不仅如此，这种通过动员人力资源以寻求改善经济的做法，即使在把西方先进技术吸收到它自身经济发展中去的过程中，仍然表现为该地区发展道路的特色，这种特色就在于：它是一条劳动密集、能源节约型的市场经济发展道路。此外，与这种经济发展模式相适应，勤劳革命还创造出了一个东亚模式的“分配奇迹”(如果说西方工业革命创造出的是一个“生产奇迹”的话)，它通过劳动密集、能源节约型工业化，使生产奇迹带来的好处有可能扩散到世界绝大多数人口中去。总之，通过勤劳革命，市场经济发展的自然道路被认为是一条可行之路，这条道路不仅使“大分流”之后的东亚地区能够在经济上迅速崛起，在某种程度上，它还代表着市场经济发展的未来。

(二)市场经济发展的非自然道路

市场经济发展的非自然道路以荷兰为代表的欧洲为典型，正如斯密在《国富论》中指出的，“它们(即‘欧洲各国’，笔者注)的精制造业或适于远地销售的制造业，多由国外贸易引出。农业大改良，也是制造业和国外贸易所产生的结果。这种反自然的退化的顺序，乃是风俗习惯迫成的。他们原来的统治的性质使他们的风俗习惯变成了这个模样。后来，这种统治习惯大大改变了，他们的风俗习惯却仍没有多大改变”(亚当·斯密，1972：350)。换言之，市场经济发展的非自然带路所遵循的发展顺序是“对外贸易—制造业—农业”(沈斐，2016)。

新斯密马克思主义者认为，市场经济发展的非自然道路即由马克思所深刻阐明的资本主义市场经济发展之路。首先，它建立在如下基础之上：直接的生产者丧失了对劳动资料的控制，那些组织生产的人丧失了他们在市场经济之外原有的阶级地位；市场竞争迫使生产的组织者削减成本，通过生产的专业化和创新使利润最大化；而直接的生产者被迫将自己的劳动力出售给生产的组织者，并让自己服从于后者强加给他们的纪律。其次，资本的无休止积累为经济发展提供了不竭动力。最后,资本的过度积累使社会生产陷入危机,表现为有效需求同社会供给失衡、生产相对过剩、利润率全面和持续地下降,等等。

在新斯密马克思主义者看来,对于上述危机,斯密和马克思有不同程度的预见。但马克思并不像斯密一样,认为这种危机是资本进一步扩张不可逾越的障碍。在马克思那里,资本主义的"创造性破坏"①使其在一定程度上走出或延缓了上述危机,具体体现在以下三个方面:一是"扩大资本规模和重组经营企业"。资本规模的扩大有两种途径,即资本积聚和资本集中。当竞争加剧和利润率下降时,一部分小资本就会消失,另一部分则以"信用形式交给大经营部门的指挥者去支配"(马克思、恩格斯,2009:279)。随着资本主义的发展,信用体系在扩大资本规模的过程中发挥着越来越重要的作用,以至于它逐步成为一个实现资本集中的庞大的社会机构。资本的集中扩大和加速了技术与组织的变化,在一定程度上为资本积累的继续进行创造出了新的条件。二是"形成剩余人口和新的国际分工"。资本的集中和企业的重组同劳动后备军的形成和国际分工的重组相伴而生。技术和组织变化的扩大和加速强化了资本密集和劳动节约的资本主义发展偏向,产生了相对过剩的工人人口,从而为资本主义新兴的生产部门提供了充足的劳动力。通过内部制造出的无限的劳动力供给,资本主义大工业仿佛获得了一种弹力、一种"跳跃式"的发展的能力,这时,只有原料和销售市场才是它的限制——但是,这个限制在机器大生产过程中很快被克服,"机器产品的便宜和交通运输业的变革是夺取国外市场的武器"(马克思、恩格斯,2009:519),它迫使一些国家和地区变成其原料产地和产品销售市场。在此过程中,一种新的国际分工体系形成:地球的一部分成为主要从事农业生产的地区,以服务于从事工业生产的另一部分地区。三是创造出更大的、新的资本积累中心。马克思在《资本论》中对国债和信用体系的讨论更多的是在资本原始积累的框架下进行的,但是马克思承认"国债作为把剩余资本从衰落的资本主义积累中心转到上升的资本主义积累中的手段具有持续性重要意义"(亚当·斯密,1972:78)。在资本积累遇到障碍时,它可以借助国债和国际信用体系转移到一个更大的、新的平台上来逃脱积累的停滞,例如从威尼斯转移到荷兰,从荷兰转移到英国,再从英国转移到美国等等,然后在新的平台即产生的资本积累的新的中心重新开始更大规模的积累。

(三)市场经济两条发展道路的比较

市场经济发展的自然道路和非自然道路不仅在发展顺序上不同,其发展动力、发展过程中所遇到的困境以及走出这种困境的方式也存在着较大的差异。那么,市场经济发展的这两条道路孰优孰劣?

在新斯密马克思主义者看来,相较于市场经济发展的非自然道路,市场经

① 借助于约瑟夫·熊彼特(Joseph Alois Schumpeter)关于资本主义"创造性破坏"的概念。

济发展的自然道路主要有如下优越性:第一,斯密为政治经济学确立的目标是强国富民。市场经济发展的自然道路更加符合这一目标。例如,市场经济发展的非自然道路主要建立在国外贸易的基础上,而自然道路首先将资本投入本国农业和国内贸易,它不仅能够带来较大的收益,而且能够为本国人民创造更多的就业。投入对外贸易的资本所产生的积极影响远不如国内贸易那样直接和确定,之所以如此,是因为不能保证它最终能够在国内经济中产生同样的收益和就业,这也是斯密建议立法者推动非自然道路自动地与自然道路趋同的重要原因之一。第二,市场经济发展的自然道路形成的是一种以"劳动密集、能源节约"为特征的经济发展模式,而市场经济发展的非自然道路形成的是一种以"资本密集、能源消耗"为特征的经济发展模式。在前一种模式中,不仅大量的劳动力被生产过程所吸纳,劳动者在劳动过程中的主体性也明显高于后者——因为在后者也即资本主义市场经济发展过程中,劳动力必须绝对服从于资本,并且由分工所带来的人的片面化发展更加严重。此外,考虑到与工业化扩展联系在一起的环境破坏,前一种模式更加具有发展的持续性。第三,市场经济发展的自然道路在实质上是一种以生产和市场为基础的经济稳步改善的过程。而以资本的无休止积累为动力的资本主义市场经济发展之路建立在资本无限扩张的基础之上:在国内,资本利益凌驾于整个国民利益之上;在国际上,资本的无休止积累带来了全球动荡。

三、中国的市场经济之路:新斯密马克思主义讲述的中国故事

对中国所进行的市场化改革及其发展的关注是新斯密马克思主义产生的重要原因。新斯密马克思主义者坚定地认为,市场经济并非西方的发明,正如亚当·斯密在《国富论》中所描述的那样:在整个18世纪,最大的国家市场不在欧洲而在中国。通过回顾历史、分析现在、展望未来,新斯密马克思主义者向世人讲述了市场经济发展的中国故事。

回顾历史,中国在历史上不仅产生了同时代较为发达的市场经济,而且它符合市场经济发展的自然道路。例如阿里吉指出,在南宋时期,北方的军事压力带来了向南方的大规模移民,而南方地区特别适合于高产水稻的种植,通过种植方法的改良和额外劳动力的投入,土地的生产力得到了大大提高,高产水稻的种植使粮食产量大于生存所需,这使得农民可以参与到非农活动中去。此外,为了增加国家收入,政府鼓励私人海外贸易,并通过对造船者提供资本与技术上的支持来鼓励航海技术的发展。元朝时期,政府继续对海上私人贸易和向东南亚移民给予国家支持,形成了横跨南海和印度洋的海外华人贸易网,但这种趋势并未像欧洲那样引发关于建立海外经济和领土帝国的国家竞

争。到了明朝，国家制定了优先开展国内贸易并不时地进行禁止海外贸易的政策，通过将首都从南京迁往北京，已在南方形成的市场交易圈得以向北延伸。此外，为了保证首都及其周边地区的粮食供给，明朝修复并扩大了将南方稻米产区与北方政治中心连接起来的运河系统，同时，政府在北方鼓励棉花种植，随后北方在原棉生产和长江下游地区在棉纺织品制造方面实现了专业化，通过扶持大运河沿线的南北贸易，进一步扩大了国家市场。而到了清朝时期，明朝早期国内贸易优先于对外贸易的政策得到了更加强有力的恢复，“清政府依靠市场机制，养活了不少于而且可能比此前任何朝代都要多并且不断增长的中国人口”，等等(乔万尼·阿里吉，2009:323—331)。正因为如此，18世纪的中国被斯密当作市场经济发展的自然道路的典型。

分析现在，十一届三中全会之后，具有市场经济传统的中国通过改革开放重启市场经济发展之路，而这一道路同样带有鲜明的自然道路的特征。中国改革首先从农业开始。1978—1983年推行的家庭联产承包责任制，激活了农民生产的积极性；通过提高农产品收购价格，农业生产得到了发展，农民实现了增收。其次是乡镇企业的兴起和制造业的发展。农业生产力的提高和农业生产的发展推动了非农产品的生产趋势。从20世纪80年代起，中国从事非农活动的农村劳动力开始爆炸性增长，这在很大程度上得益于乡镇企业的兴起。乡镇企业对中国经济的崛起具有重要意义：第一，其劳动力密集型定位使其能吸收农村剩余劳动力并提高农民收入，同时又未造成城市地区流动人口的大幅增长；第二，乡镇企业进入各种市场后，加剧了市场的整体竞争，在一定程度上迫使国有企业必须努力提高自身的经营业绩；第三，乡镇企业开辟了农村税收的来源，在一定程度上减轻了农民的负担；第四，通过将利润在当地进行重新投资，乡镇企业扩大了国内市场规模，并为新一轮投资、就业和劳动分工创造了条件(乔万尼·阿里吉，2009:366—367)。在此过程中，通过沿海开放和引进外资，中国的制造业得到了快速发展。最后是对外贸易的发展。在农业和制造业发展的基础上，2001年11月，中国加入世界贸易组织，开始了对外贸易大发展阶段。但是，这种对外贸易的发展同资本主义崛起过程中武力争夺资源和对外殖民不同，中国走的是一条和平发展的对外贸易之路。

展望未来，以资本无休止积累为动力的市场经济发展的非自然道路(以美国为代表)正在陷入困境，而以中国为旗手的市场经济发展的自然道路有着光明的前景，“中国很有可能能够为真正尊重文化差异的文明邦联的出现做出决定性贡献”(乔万尼·阿里吉，2009:392)。具体而言，在美国成为新的资本积累中心之后，这种积累在美国试图创立世界历史上第一个真正的全球国家。通过由国家之间竞争推动的资本主义、工业主义和军事主义协同配合，它一方面造就了一个欧洲后裔“致富和获权”的良性循环，但另一方面也相应地造成了大多数其他民族“致贫和失权”的恶性循环——这是资本主义“创造性破坏在空间上的两极分化"(表现为世界的南北分化)。这种两极分化对北方支配地位的再生产的社会和政治合法性造成了越来越难以解决的问题,而美国通过强制手段解决这些问题的企图遭到了强烈的反弹。欧洲道路对于东亚道路的优势主要有赖于金融和军事能力的协同配合,但它难以在日益一体化和竞争加剧的全球经济中维持下去。一旦这种协同配合停止运作,以中国为旗手的市场经济发展的自然道路就会重获优势地位(乔万尼·阿里吉,2009:88—89)。当然,中国市场经济的发展也产生了许多问题,如能源密集型的经济增长带来的环境问题、城乡地区间发展的不平衡问题等等,因此也面临着转型。但是,如果这种转型能够成功恢复并巩固中国的传统(包括以自我发展为中心、以市场为基础、非剥夺性积累、人力而非人力资源的流动以及民众参与政策制定的政府等等)的话,中国很有可能能够为真正尊重文化差异的文明邦联的出现做出决定性贡献。

需要特别指出的是,在对中国市场化改革及其发展的分析过程中,新斯密马克思主义者坚定地认为:改革开放以来,中国市场经济的发展并非资本主义性质的发展,最根本的原因是它建立在"非剥夺性积累"的基础之上。"非剥夺性积累"是同"剥夺性积累"相对应的概念。"剥夺性积累"是大卫·哈维(David Harvey)提出的用来取代马克思"原始积累"这一概念的术语,按照哈维的看法,"剥夺性积累"在历史上有许多表现形式,但金融资本和信贷体系一直是进行剥夺性积累的主要杠杆,"剥夺性积累所做的就是以非常低的成本(有时是零成本)释放一系列的资产(包括劳动力)。过度积累的资本可以抓住这样的资本并立即将其转为赢利用途"(David Harvey,2003:145)。而1970年末以来新自由主义意识形态以及与之相关的私有化政治的兴起(特别是由资本主义大国和国际金融组织建议推行的"休克疗法")构成了现阶段剥夺性积累的利器。不同于哈维将中国的市场化改革视为"'有中国特色的'新自由主义"(大卫·哈维,2016:124),新斯密马克思主义者认为,中国在改革过程中并没有接受"休克疗法"的方案,中国在"经济改革中所推行的相对渐进主义"以及中国政府为促进国家市场的扩大与新社会分工之间的协调而采取的应对行动——如在推动知识密集型产业的同时不放弃劳动力密集型产业的战略、以前所未有的速度和广度扩大并使高等教育现代化等,都表明了这种改革同"新自由主义学派所推崇的休克疗法、最低纲领派政府和自我监管的市场等乌托邦式信仰"是格格不入的(乔万尼·阿里吉,2009:361)。其中最为根本的是,中国政府始终坚持壮大国有经济的方针,中国在法律上始终坚持土地公有制,"只要这个原则在实践中得到维护,布伦纳关于资本主义发展的第二个条件(直接生产者必须丧失对生产资料的控制)就远没有完全建立起来"(乔万尼·阿里吉,2009:15)。由于中国的市场经济坚持了土地这一最重要的生产资料的公有制,所以中国市场经济发展走的是一条非剥夺性积累之路,它的发展并不具有资本主义的性质。

参考文献

[1][意]乔万尼·阿里吉，2009，《亚当·斯密在北京：21世纪的谱系》，路爱国等译，北京：社会科学文献出版社，第8—392页。

[2]马克思、恩格斯，2009，《马克思恩格斯文集》第2卷，北京：人民出版社，第35—36页。

[3]马克思、恩格斯，2009，《马克思恩格斯文集》第5卷，北京：人民出版社，第412、519页。

[4]马克思、恩格斯，1995，《马克思恩格斯全集》第30卷，北京：人民出版社，第297页。

[5]Sugihara Kaoru，2003，"The East Asian Path of Economic Development：A Long-term Perspective"，in Arrighi，G. and Hamashita，T. and Selden，M. eds，*The Resurgence of East Asia：500，150 and 50 Year Perspectives*，London and New York，Routledge，pp. 78—123.

[6]马克思、恩格斯，2009，《马克思恩格斯文集》第7卷，北京：人民出版社，第279页。

[7]沈斐，2016，新斯密马克思主义与中国道路，《马克思主义与现实》，第4期，第35—42页。

[8]David Harvey，2003，*The New Imperialism*，New York，Oxford University Press，p. 145.

[9][美]大卫·哈维，2016，《新自由主义简史》，王钦译，上海：上海译文出版社，第124页。

[10][英]亚当·斯密，1972，《国民财富的性质和原因的研究》(上卷)，郭大力、王亚南译，北京：商务印书馆，第78、350页。

[11]马拥军，2016，如何认识中国市场经济的"社会主义"性质?《江苏行政学院学报》，第2期，第5—12页。

Two Paths Toward Market Economy: Interpretation of Neo-Smithian Marxism

Lai Huiting　Lu Chunyi

Abstract　Neo-Smithian Marxism refers to renewed understanding on market economy through rediscovering or reinterpreting Smithian market theories on the basis of Marxist analysis of capitalism and new practice in promoting market economy both in the east and west by some Marxist scholars in the west, with its core being interpretation of the two paths toward market economy. The two paths include a natural path and an unnatural path, The former is based on domestic trade, sticking to a path from agriculture, to manufacturing, and to foreign trade, the classic example is East Asia represented by China, in which Industrious Revolution based on mobilizing human resources to improve economic conditions has led to an market-based development model that is labor intensive and thrifty. The latter is predicated on external trade, sticking to an unnatural path from external trade, to manufacturing, and then to agriculture. Representatives of this model include the Netherlands, the UK and the US, which operate on a capitalist model that relies on creative disruptions arising from endless capital accumulation, leading to a market economy model that is capital intensive and relies on resource consumption. On the basis of the above, Neo-Smithian Marxism seeks to tells a story about China's efforts to development market economy.

Key words Neo-Smithian Marxism Market Economy Natural Path Unnatural Path

当前美国财政困境与垄断寡头的政治经济学分析

任传普

内容提要　在美国两党制下，政府与国会分属两党控制的现象极为常见，由于两党理念不同导致国会拒绝通过由总统提出的年度预算而引发的政府停摆现象也屡见不鲜。本文从 2018 年 12 月开始的美国政府停摆事件入手，通过对美国政府停摆及其原因进行分析，指出导致美国政府停摆的表面原因是积重难返的财政困境和债务危机而引起的两党关于预算提案和执政理念的斗争；内在原因是全球私有化进程中，两党背后的垄断寡头集团为了夺取政治资源、实现自身的政治利益和经济利益而进行的斗争；根本原因是生产资料的资本主义私有制及其政治制度与全球经济一体化之间的矛盾。为避免财政困境，我们应该坚持公有制为主体的社会主义市场经济体制，制定科学合理的财政政策和货币政策，推动人类命运共同体建设，建立国际经济贸易新秩序。

关键词　美国政府停摆　美国财政困境　寡头政治

中图分类号　F038.1

一、分析的背景和意义

(一)分析的背景

在两党制下的美国，驴象之争长期以来在各个方面一直存在并呈现出愈演愈烈的局面(Riker，W. H，1982)。2016 年特朗普代表的共和党取得执政地位之后，对美国在政治、经济、外交等方面的政策进行了大幅变更，引发了民主党的全面反击。2018 年中期选举之后，以共和党人特朗普为主的白宫和民主党控制的国会之间的斗争，不断加深并向全面激化发展。由于特朗普总统与民主党控制的国会之间关于 57 亿美元美墨边境墙预算问题长期无法达成妥协，自 2018 年 12 月 22 日起，美国政府进入了为期 35 天的停摆状态，并创下

收稿日期：2019－11－01

作者简介：任传普，河南大学商学院副教授，中国社会科学院大学博士研究生，主要研究方向为马克思主义财政学、政治经济学。

基金项目：本文系国家社会科学基金一般项目“新形势下金融开放的‘质量效应’与中国经济高质量发展研究”(19BJY006)的阶段性研究成果。

了美国政府停摆持续时间的纪录。停摆期间,美国联邦政府中的9个部门被关闭,大约80万联邦政府公务员处于无薪休假或者无薪工作状态。此次停摆对美国社会造成了极其严重的后果,包括政府相关部门人员不足导致的边境和机场安全风险超出控制、空中和地面交通管制无法有效进行、财税部门由于人手短缺而无法按时完成对低收入阶层进行的退税工作、移民事务和劳工部门工作人员大量休假致使大量移民和外籍员工的绿卡与工作签证申请无法及时审批等。

表面上看,美国政府停摆是两党制下关于政府预算提案的斗争,但从实际上看,其原因却是多方面的:一方面,造成政府停摆的直接原因是美国积重难返的财政困境和债务危机;另一方面,2008年金融危机之后,全球化进程不断加快,各种思潮激荡碰撞,社会与经济等方面的问题不断凸显。美国两党的激烈交锋也反映出其固化的政治机制对当今不断发展变化的大变革时代的不适应,正是这种政治制度对现实局面的不适应,造成了政治机制的不时失灵。

表面上看,引起此次政府停摆的虽然是由于美墨边境墙修建的资金预算问题,但其本质却是两党背后垄断寡头集团对于政府权力的争夺。无论是出于对当前政治资源的争夺还是对未来总统大选的积极备战,政府停摆已经成为奉行不同政治理念、价值理念的两党为了加大争取自己传统选民基本盘力度、攻击对方的一种工具。而从政府停摆本身对美国社会各阶层的影响来看,无论分属民主党还是共和党的阵营,政府停摆对普通民众造成的影响要远远大于对富有阶层的影响。政府停摆会对普通的美国民众造成不同程度的不利影响,如受停摆影响,大量公务员被迫暂时"下岗"而造成的收入水平和福利水平下降、生活成本上升等。但是对于极少数富有群体来讲,政府停摆对他们的影响不大,他们所掌握的大企业却不会有一分钟的停止运转时间,他们的利益仍然能够在"高纳税人"这一口号下得到充分的保障。从政府停摆发生的时点来看,政府停摆每次都发生在需要美国少数富有阶层为了社会公平或者缓解经济矛盾大幅让利的时候。因此,双方选民的基本盘在最终还是汇合到了由经济实力决定的富有阶层这一群体(Lorenz,M. O. ,1905)。

(二)分析的意义

通过对美国政府停摆及其原因进行分析,可以从理论上和现实中得到很多借鉴意义。

从理论上来看,对美国政府停摆及其背后的财政困境和造成这种现象的根本原因进行分析,有助于实现理论上的突破和创新:

1. 从基于美国财政困境的政府停摆这一表面现象出发,可以对造成美国财政困境的原因进行探讨,对美国的制度尤其是经济制度和财政运行进行分析,找到推动和掌握美国经济的根本所在。美国政府停摆,表面上看是由于国会没有通过政府的预算案造成的,但是,它实际上是因为美国的财政收入和支出不匹配，无法满足政府的正常运行。造成这种财政收支不平衡的根本原因是美国寡头经济控制下的寡头政治。因此，对美国政府停摆及其原因进行研究，有利于把归纳总结和批判创新相统一，形成新的研究方法。

2. 有利于从学科、学理的角度对实际中存在的问题进行分析。美国政府停摆这一现象，从表面上看是美国政党制度、民主制度下的产物。但是，从根本上看，它是美国财政政策对其政治制度的影响而造成的，是资本主义私有制下垄断寡头集团之间的斗争，是经济基础与上层建筑辩证统一关系的体现。从学科和学理上来说，这一问题是政治经济学领域的问题。只有利用政治经济学的原理，从政治、经济及其相互关系入手，对这一问题进行分析，才能真正抓住问题的本质，从根本上认清和解决问题。

3. 有利于重新确立政治经济学的地位并对其进行发扬和创新。20 世纪 90 年代以后尤其是进入 21 世纪以来，随着中国改革的不断深入和对外开放的进一步扩大，在学术界，西方经济学逐渐占据了理论研究的主流地位。但是，无论是西方经济学的“大政府”(凯恩斯主义)还是小政府(自由主义)，都是建立在亚当·斯密“看不见的手”这一理论基础上的，它们的出发点都是强化生产资料私有制和自由竞争。随着美国财政困境下政府停摆现象的出现，扭转“政治与经济分离”这一错误观点的趋势已经不可逆转，亚当·斯密的相关论断已经被现实彻底推翻，而对现实中政治与经济的分析只能通过政治经济学的规律和方法来进行。因此，对美国财政困境导致的政府停摆与其背后的寡头经济和寡头政治的研究，有利于重塑政治经济学的研究方法、重新树立政治经济学的研究地位，进而对当前的社会经济现象提供理论和现实的依据。

从实际来看，利用政治经济学原理对财政困境下的美国政府停摆问题进行分析，可以实现以下目的：

第一，有利于利用借鉴的眼光制定正确合理的财政政策和预算政策，使之在中国特色社会主义经济发展中起到更加合理和科学的作用。美国政府的多次停摆，反映了其政治制度失灵的趋势在不断地加强，这种趋势的背后，是美国的经济体制和财政收支不能适应当前时代发展的要求造成的。因此，对美国政府停摆及其原因进行研究，有利于制定和完善科学合理的财政政策和预算政策，为我国的经济发展提供保障。

第二，通过利用经济学的工具对美国政府停摆这一现象进行分析，指出美国政府停摆问题本质上是经济寡头操纵下的寡头政治问题，有助于学界利用马克思主义政治经济学原理，对国家经济、政治和财政运行的本质进行分析，为我国经济、政治制度改革提供建议和意见。

二、美国财政困境的原因

美国财政困境的形成和发展，有其深刻的政治原因和经济原因。

（一）政治原因

1. 美国的预算制度。美国的预算制度，是随着美国政治制度的制定和发展产生和变化的。为避免权力过于集中而被滥用，美国在设计其政治制度时就以三权分立的形式将国家的权力分散开来，但是这种权力分散对预算进程的性质和一致性产生了重大后果。在联邦政府中没有一个中央或压倒一切的权力机构的情况下，预算更多是长期体制斗争和竞争的意外结果，而不是深思熟虑下的产物。宪法赋予国会监督预算的权利，而总统代表的政府“除依据法律规定之拨款外不得从国库支款”（查尔斯·A. 比尔德，1987）。

威廉姆斯·博尔伯特、埃丝特·朱布（Williams Borbert，Esther Jub，2019）在对美国政治体制中的预算危机进行研究时，对美国的预算制度的发展进行了归纳，在研究中，他们发现美国的预算制度在其发展的过程中明显缺乏机构协调是一个长期存在的现象，“联邦预算编制是美国政治舞台上一个晚到的角色”（Williams，B.，Jub，E.，2019）。在1921年之前，联邦预算还是一个美国政治体制中从来没有出现过的事物。

虽然在1921年颁布了预算与会计法案，但美国现代预算制度的确立，是1974年国会对预算和影响控制法案的通过，其目的是重申国会对预算主导的权利。该法案要求任何政府的预算支出必须有国会通过的相应年度的政府预算案的支持才能生效，在预算案因故延迟的情况下，政府可以通过持续决议案对预算进行授权。当两者都没有按时颁布的时候，即出现了资金的缺口。1981年，时任司法部长的本杰明·希弗莱蒂通过对反超支法案进行解释，提出当资金缺口出现时，受其影响的政府机构和公共服务部门会被关闭，也就是政府停摆（Meyers，R. T.，1997，Williams，B. & Jub，E.，2019）。

随着20世纪80年代美国预算赤字的快速增长，国会与政府之间就控制和减少预算赤字方法的分歧越来越明显。1985年，美国国会通过了《格拉姆—拉德曼平衡预算法案》，根据这一法案，在新的拨款法案获得通过之前，政府支出将继续保持在前一年的水平。如果没有拨款，无论以何种形式，政府都会关闭，公务员会进入无薪假期，给州和地方政府的付款也会被阻止（Williams，B. & Jub，E.，2019）。

2. 美国的政党制度。美国的政党制度是以民主党和共和党为主的两党制，这是在其资本主义发展的过程中逐渐出现并形成的。张兹署（2003）从阶级和政党的关系对美国的两党制进行了阐述，他认为政党是阶级发展到一定阶段而形成的政治组织，也是特定阶级利益的集中代表。政党的产生，是特定团体出于对自身利益的维护，希望在国家的政治斗争中能够得到更多的支持而形成的联合体。随着时代的不断发展和社会的持续进步，政党及其代表的阶级以及相对应的利益也在发生变化。在垄断资本主义产生后，美国的垄断资产阶级为了维护其统治和进一步发展垄断资本主义，对政党制度进行了一定的改革。在美国历史和现实的政治生活中，两党制虽然存在了很多局限性和弊端，但作为政治制度和行为所不可缺少的组成部分，从权力制衡、相互监督、公开民主等方面，这种制度也发挥了非常重要的作用。孙关宏、王邦佐等(1983)对美国两党制的本质进行了说明，他们指出，两党制是美国垄断资产阶级利用资产阶级民主制度这一“最好的政治外壳”，通过民主党和共和党这两大资产阶级政党轮流操控国家机器，以维持资本主义制度，并执行其对外政策的工具。从一定程度上来说，两党制从一定程度上推动了美国政治制度的进步，在一定时期内促进了美国的政治向着健康有益的方向发展。但是，从根本上来说，美国的两大资产阶级政党实际上就是垄断资产阶级的两只手，两党制是实现和维护其统治地位的一种方法。

20世纪后期以来，随着经济和市场的全球化发展，各种社会思潮激荡澎湃，美国两党制的弊端开始显现。张延(2010)认为，从第二次世界大战之后尤其是20世纪后期，美国两党在民众中的号召力开始不断减弱，主要表现为选民对政治的不关心和在大选中的投票率逐年下滑。这主要是由于两党对于国家制度在现阶段的状况不够敏感、制度和政策不能够随着社会的发展而及时变革造成的，对于有限的改革，两党都采用了消极应对乃至主动抵制的态度去面对，为了维护自己代表阶级的利益，两党在各方面都表现出因循守旧、抱残守缺特点，在很大程度上对变革为制度带来的活力和积极性起到了遏制的作用。他的结论在西方学者的研究中，也从很多方面得到了证实。

随着两党制在美国政治制度失灵的出现和美国选民对政治不敏感的加强，有学者以经济市场化的理论为基础，提出了政治市场化的观点。布坎南(Buchanan，1962)提出了“经济人”假设，为公共选择理论奠定了理论基础。他以“经济人”这一假设作为分析的依据，探讨在政治领域中“经济人”的行为是怎样决定和支配集体行为的。通过对这一问题进行研究，他证明在政治领域存在缺陷是可能的。他认为在民主政治活动中，个人的活动也具有交换的性质，人们在政治活动中出现的达成协议和协调冲突以及制定规则等行为，都是建立在自愿基础上的，这些现象都类似于市场中的交换。在布坎南看来，政府作为公众利益的代理人，所起到的作用应该是弥补市场经济和政治制度的不足，但在实际中，政府决策往往不能符合这一目标，有些政策的作用恰恰与这一目标相悖，即出现了政府失灵的现象。究其原因，是因为由于市场中垄断现象的存在，使得政府制定和执行政策的出发点是为了照顾某一部分人的利益。穆勒(Mueller，1987)指出，公共选择理论可以把经济科学应用于政治科学中。他认为，一切传统模式都把经济决定视为制度的内在因素，而把政治决定视为外部因素，大部分人拒绝就这些外因的规律及其生产进行探讨。在这种情况下，公共选择理论的目的是把人类行为的经济性和政治性重新纳入统一的模式中进行分析。因此，公共选择学派认为，美国的选举制度中，个人的选择其实是以经济目的为基础的政治选择，这一选择的结果，就是使代表自己利益的党派能够取得执政地位，而不是制度失灵这一问题能否从根本上得到解决。

3. 美国的寡头政治。“寡头”的流行含义是一个非常富有的且具有良好的政治关系的商人。在此基础上，“寡头政治”意味着有限的一群将权力集中在金钱之上的人，他们通过各种手段影响国家，并对国家的经济、法律和政治条件做出理性的反应（Aslund，2005）。在资本主义私有制下，随着政治市场化的发展，富人的财产权也会受到伤害。为避免这种危险，他们通过经济优势，利用政治手段，在榨取更多的国家资源的同时，破坏其他国家的财产权，从而保障和扩大自身财产权。这种政治手段主要表现为几个方面：一是从总统的家人或最亲密的助手入手，达到“购买”总统决定的目的；二是通过对国会议员和政府官员进行游说，影响国家的立法和相关政策；三是通过控制媒体，利用宣传工具为自己的政治目的造势；四是直接出面参选，成为政府官员、议员乃至总统，并在获胜后利用政治权利保障和获取利益。总之，在寡头政治下，美国的两党制成为政治寡头实现自身利益的途径和手段。政治寡头通过支持两党作为代言人，攫取政治资源、推行政治理念、获取经济利益（Aslund，2005；Beermann，J. M.，2014；Fishkin，J. & Forbath，W. E.，2014）。

在寡头政治下，美国的财政收支不平衡被进一步打破。一方面，在美国选举中，金钱是获得选举资格的物质前提，也是获取选举胜利的物质保证。政治寡头通过提供选举资金，为其代言人获得选举胜利提供保障。另一方面，作为选举获胜一方的政党，必然要以为其提供资金的寡头的利益为目标，进行政策的制定。这种政策的制定，是建立在保障极少数政治寡头的利益、损害大多数社会成员利益的基础上的。这种政策也必然会进一步导致政府收支不平衡，加剧政府的财政困境。如 2016 年特朗普当选总统后，提出十年减税 5 万亿美元，以达到减轻公众负担、促进制造业企业回流、增加就业机会和刺激经济增长的目的。但在实际上，本次减税结果并不理想。

从图 1 中可以发现，2016 年减税施行以来，美国的个人所得税在不断上升，而企业所得税在不断下降。参考美国的就业率和降税比例，可以发现减税以来美国的企业数量、投资额和经营收入总额并没有上升，而个人的纳税数额也并没有下降。从图 2 看，实施减税政策后，按照所得税占 GDP 的比重，美国的税收收入中，个人所得税在 GDP 中的比重几乎没有变化，而企业所得税占 GDP 的比重有明显下降。这说明，一方面，根据特朗普的减税政策，占美国人

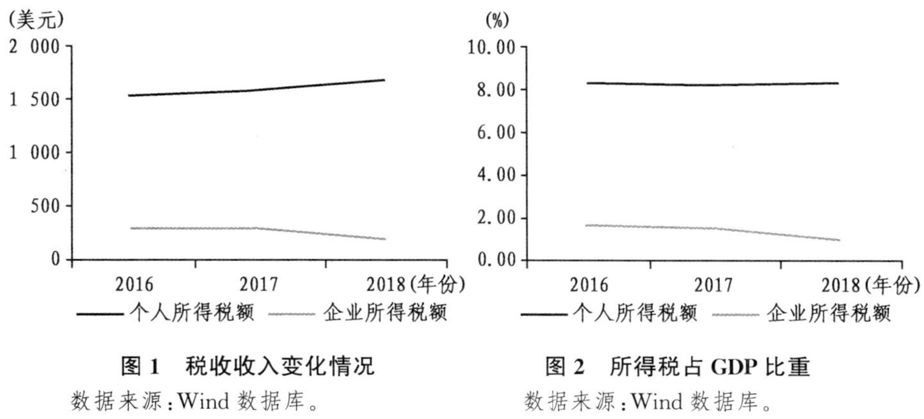

图1　税收收入变化情况

数据来源:Wind数据库。

图2　所得税占GDP比重

数据来源:Wind数据库。

口极少数的企业家和富有阶层的税负有了明显的下降,而占人口大多数的社会成员的税负反而增强了;另一方面,减税政策相对减少了美国的税收收入,而绝对加深了其财政困境。因此,美国的寡头政治是加剧政府财政困境的重要原因。

(二)经济原因

1. 政府结构性支出是造成美国财政困境的主要原因。对于财政困境的原因,历届美国政府中,大多数将其归于日益增长的"公共负担"(public charge),它主要包含公众享受政府福利支出的行为。"公共负担"这一概念最早由美国国会在1882年提出,意在授权政府对可能带来巨额财政支出的移民数量进行限制,但这一概念在当时并未被明确化和具体化。

1999年,克林顿政府对关于"公共负担"进行鉴定的文件进行了发布,认为"公共负担"主要包括四类占用公共支出的行为:一是针对老年人和残疾人的补充保障收入(SSI);二是对贫困家庭的临时援助(TANF);三是州和地方的现金救济;四是长期使用的联邦医疗补助(Medicaid)。2019年8月,特朗普政府对"公共负担"的范围及相关政策进行了修订和补充。认为"公共负担"指的是移民申请人依赖政府现金救助维持生活,或长期地、制度化地享受政府福利支出的行为。将更多的绿卡和移民申请人长期使用的美国食品券和住房补贴以及相关福利纳入了"公共负担"定义范围。依据这一定义,美国政府认为"公共负担"是造成财政困境的主要原因。

但实际上,相比于其他方面,美国政府的结构性支出才是造成其财政困境最大的"公共负担"。美国的财政支出主要分为国家债务利息支出、强制性支出以及权衡性支出(可支配开支)三部分。以2019财年为例,美国政府的公共支出总额为4.407万亿美元,占GDP的20%,其中,强制性支出约占62%,为2.739万亿美元;国家债务利息支出为3 630亿美元,占8%左右;权衡性支出为1.305万亿美元，约占30%（如图3所示）。

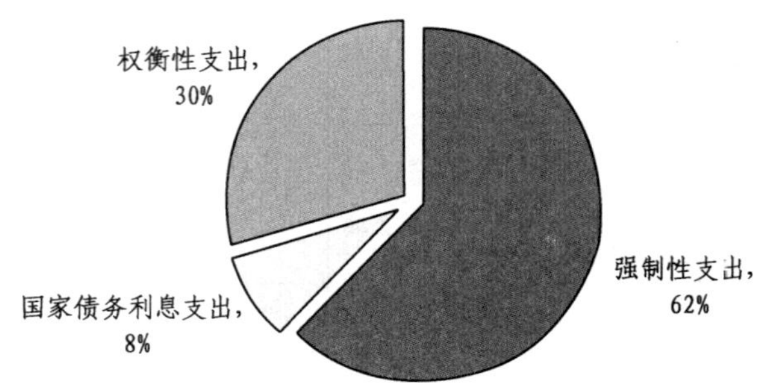

图3 2019财年美国政府财政支出情况

数据来源：Wind数据库。

在美国政府的财政支出中，强制性支出被美国法律规定为必要支出。在强制性支出中，占比最大也是增长最快的是社会安全保险支出、联邦医疗保险支出、联邦医疗补助支出和食品券支出。长期以来，美国政府在强制性支出方面增长迅速。例如在1971—2016年，社会安全保险支出、联邦医疗保险支出和联邦医疗补助支出三项在GDP的占比中，从4.3%上升到10.7%。[①] 其中，在医疗支出方面，美国按比例医疗花费是加拿大、日本、瑞典等发达国家的2倍。[②] 美国政府强制性支出快速增长的原因主要有几个方面：一是两党之间相互掣肘造成的行政性交易成本增加了财政支出。如针对两党之间相互攻击、拆台、抹黑等行为的调查、审讯、判决等行为，需要大量的政府部门参与和进行，这种行为增加了政府的财政支出。二是两党制下福利水平不断提高对财政支出的影响。在政治市场化条件下，选民根据他们期望从公共部门获得的净利益来评估候选人可能组成的政府，而候选人可能会根据个人在利益集团中的成员身份、个人财富等因素来衡量个人获得选票的可能性以及确定其有效的行政权力的其他方面。因此，为了成功当选，参选政党会将部分福利政策作为给予选民的承诺，这种福利政策会在长期的选举过程中成为政府绝对上涨的、不可逆的财政支出，从而成为美国政府强制性支出不断上升的重要原因（Mallet-Prevost，S.，1933；Jones，M. P.，2005）。

在理论界，学者们也指出了这些问题。李敏（2003）认为，美国的结构性财政政策主要表现在其一直奉行凯恩斯主义的赤字财政政策和供给学派的减税主张，一方面，扩张的财政政策为经济发展提供了资金支持和上涨动力。但另

① Irene Papanicolas, Liana R. Woskie, Ashish K. Jha, "Health Care Spending in the United States and Other High-Income Countries", *The Journal of the American Medical Association*, 2018, 319(10):1024—1039. doi:10.1001/jama.2018.1150, 2018—03—13.

② 同上。

一方面，赤字财政和税收减免使财政赤字迅速增加，加剧了政府的财政困境，并对美国的政策产生了影响。翟东升(2019)在分析当前美国对外政策时指出，美国政府可支配的财政资金严重短缺、赤字规模不断增加的财政困局是其当前对外政策不断改变的根本原因。

2. 公共收入增长相对缓慢是造成美国财政陷入困境的重要原因。公共收入增长缓慢也受美国经济和财政结构性问题的影响，一方面，私人消费和政府开支支撑着美国的经济增长，但制造业的急剧萎缩和服务业维持增长的结构，使美国经济和财政增长都处于不稳定状态(Feldstein，M. S. & Metcalf，G. E.，1987)。另一方面，美国的减税政策引发了非善意的国际税收竞争，并促使世界主要经济体从出口贸易和跨国资本流动两方面寻求与其对抗(李伟、李晨，2019:18—19)。这造成美国以减税政策拉动经济和财政收入增长的预期未能实现。至2018年底，美国财政赤字增加至7 790亿美元，创下2012年以来的新高。[①]

美国国债规模不断扩大是导致其财政困境加剧的另一个主要原因，至2018年底，美国国债规模达21.974万亿美元，创历史新高。在这种情况下，美联储于2015年12月开始的加息决定，直接导致了美国政府债务利息支出增加，使其财政困境雪上加霜(Winer，S. L. & Hettich，W. 1991；刘晔，2019)。

3. 全球私有化和跨国垄断寡头形成是美国财政困境的内在原因。全球私有化是随着全球化大发展而开始的。第二次世界大战之后，特别是在20世纪70年代以来，资本主义进入了20多年的黄金时代，其经济得到了快速发展，并在国际贸易规模不断扩大的基础上，进入全球化时期。同时，世界资本(特别是股票市场)的总价值和交易量迅速增长，私有化方案在各国蔓延，并发展成一种强有力的甚至是正统的政策工具，推动资本向全球化发展。在这种条件下，各国的大型企业开始由“本地中心化”“本国中心化”向“区域中心化”和“世界中心化”发展，意在通过资本的跨国流动，寻求更大的市场，获取更多的利润。数据显示，排名《财富》杂志全球前100名的企业中，跨国度从1990年的51%上升到了2000年的56%。其中，排名前十的企业，其跨国度更是超过了80%。这意味着，在全球化背景下，这些企业中大部分生产经营收入是来自于本国之外的(Bakker，K.，2007)。

经济全球化、资本全球化和全球私有化为垄断寡头利用经济手段破坏其他国家尤其是不发达国家的经济、攫取大量经济资源，进而影响其政治、经济和社会发展提供了有利条件。垄断寡头通过在全球化条件下进行文化和教育

① “Federal Budget Deficit Hits 6-year-high in Donald Trump's First Fiscal Year as President”，https://www.cbsnews.com/news/federal-budget-deficit-hits-6-year-high-in-donald-trumps-first-fiscal-year-as-president/，2019—04—20.

的全球输出，创造出不同于其他国家传统意义的精英群体，并相应地引起其社会结构发生变化。这种变化不仅为增加国际贸易和资本流动提供了经济舞台，而且导致了全球范围内思想、文化的同质化，并形成了跨国垄断寡头。从而使生产资料的全球私有化开始出现并不断发展(Boutchkova, M. K. & Megginson, W. L., 2000; Brezis, E. S., 2010)。

随着生产资料和资本的私有化在全球一体化中进一步增强，跨国垄断寡头开始寻求维护全球私有化成果和自身利益的途径(Winters, J. A. & Page, B. I., 2009)。在这一过程中，美国实现垄断寡头利益的途径主要有两种：第一，通过强化军事优势实现对全球的控制。第二次世界大战以来，美国建立了几乎遍布全球的军事力量。苏联解体和东欧剧变后，基于国际形势的变化，美国将其军事目标由争霸对抗转变为全球控制，并在全球140多个国家和地区建立了374个军事基地，为其政治、经济的发展目标提供保障。这种军事力量的存在造成美国军费开支的持续增长(如图4和图5所示)。

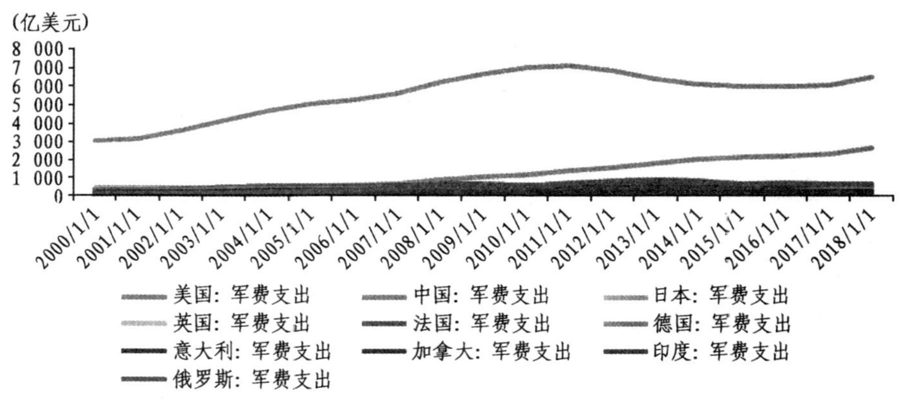

图4 2000年以来世界主要国家军费变化情况

数据来源：Wind数据库。

从图4中世界主要国家军费的绝对数额上看，在苏联解体和东欧剧变之后，作为世界上唯一的超级大国，美国的目标从争霸世界转变为控制世界。而这一时期，正是全球私有化和跨国垄断寡头形成和发展的时期，为保障美国从政治和经济上对全球的控制，这一时期的美国军费也出现了大幅的增加，并远远超过了世界主要国家军费数额。从图5看，美国军费占GDP和财政支出比重的变动基本一致，这说明无论是民主党还是共和党执政，美国政府从未对军费开支进行过限制。相比于其他财政政策，如对税收制度进行的改革而造成的财政收入减少，美国军费的持续增加进一步增加了其财政压力，加剧了财政困境。

通过利用美元的国际支付地位发行国债，实现对全球的经济控制，是美国

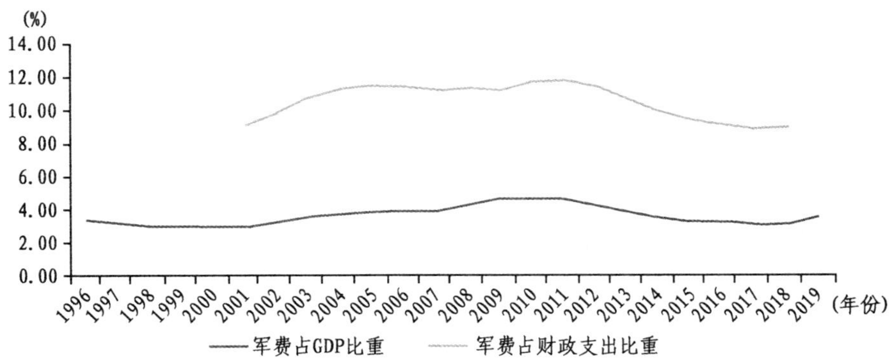

图 5　1996—2019 年美国军费占 GDP 和财政支出比重

数据来源：Wind 数据库。

维护其在全球私有化和跨国垄断寡头利益的第二种途径。第二次世界大战后，布雷顿森林体系确立了美元国际支付的地位。20 世纪 70 年代，随着布雷顿森林体系的崩溃和与石油交易挂钩，美元确立了其全球交易的霸权地位。随着全球一体化的发展，美国利用美元作为国际支付货币剥削他国的作用越来越明显，这也为美国通过发行国债和操纵利率，转嫁自身危机、掠夺他国财富和控制世界经济发展提供了经济手段。也正是这一原因，使美国的国债规模不断扩大。美国的国债规模变化如图 6 所示。

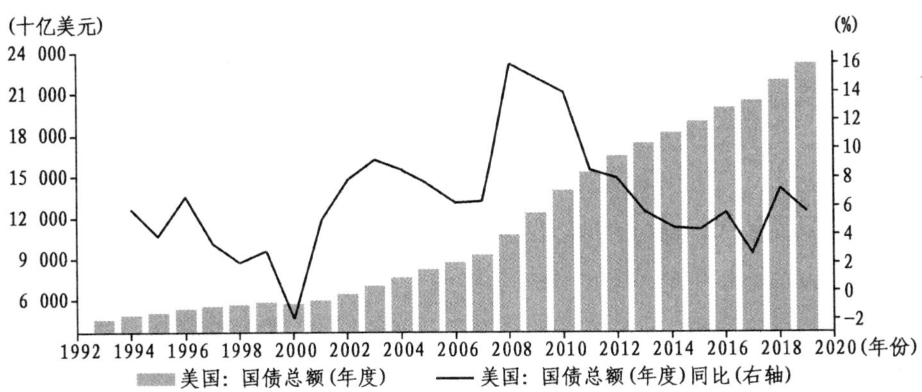

图 6　美国国债规模变化情况

数据来源：Wind 数据库。

美国政府国债规模不断扩大，一方面，对弥补财政赤字、刺激经济增长起到了一定的作用。但另一方面，国债规模不断扩大也使美国财政支出中债务利息支出的规模不断扩大，同时，为了利用美国的军事实力保证美国的国家信用，美国的军费开支只能与国债规模的扩大保持同步的增长，这进一步加剧了美国政府的财政困境。

三、美国政府停摆和财政困境的影响

美国政府停摆，从根本上看是由于美国的财政困境和寡头政治造成的。政府停摆在美国国内和国际上都造成了重要的影响。

（一）政治影响

1. 财政困境下的政府停摆使美国政治制度和民主制度的缺陷更加明显地被反映出来。研究人员认为，政府停摆是美国政府利用公共债务上限进行的“政治边缘游戏”。在政治市场化越来越占据美国选举制度主流的时期，这种行为一方面导致“选票主义”至上、使美国的政治更加周期化。另一方面，迫切的眼球政治和话题效应使美国的政治民主逐渐发展为“否决式民主”，从而使美国的民主制度与其政治制度的发展更加不协调。

对于美国国内来说，由财政困境导致的政府停摆激化了民主党和共和党的矛盾，造成美国政治的撕裂，并使这种政治撕裂成为一段时期内美国政治局势的常态。这种撕裂在两党选民基本盘相对稳定的同时，推动美国政治出现极化，造成美国国内的民众对立，激化了本就脆弱的民族和种族矛盾，引发大量社会问题。在“美国优先”的口号下，政治极化使“白人优先”成为社会思潮，造成种族恐怖主义肆虐，引发大量社会问题。如由于财政困难和针对警察的政府拨款不平衡，美国社会治安情况持续恶化，其国内因枪击致死的案件频发。数据显示，仅从1968年至2017年的49年里，美国死于枪击人数就达到了1 621 716人，[①]比从独立战争至今200多年来美国死于战争的人数（1 442 390）[②]还要多出近20万人。而在2018年，美国的校园枪击案件和死亡人数都达到了历史最高值，超过400万儿童在2017—2018年经历过校园封锁，其中很多人因此而受到身心创伤，这反过来又进一步加剧了美国的社会危机。

2. 从国际上来看，财政困境引起了美国对外政策的重大改变，加剧了国际矛盾，引发国际格局发生了重大的改变。一方面，由于财政困难，美国更加依赖美元的霸权地位，而美元霸权地位的基础，是美国的军事实力。因此，在“美国优先”口号下，美国利用其军事力量对全球的控制空前加强，并在此基础上要求其盟友增加军费开支和美国海外驻军费用的分摊比例，这直接导致了双方矛盾的加深。如在欧洲主要国家，“摆脱美国”与“欧洲自主”的言论和主张越来越占据

① 数据来自美国疾病和预防控制中心（CDC）基于Web的损伤统计查询和报表系统。死亡人员仅限于美国本土非军事用途枪支造成的死亡。

② 数据来自美国国防部防御事故分析系统，有效期截至2017年10月，死亡人员仅限于军事人员，战争中的平民死亡不计入其中。

了主流地位。另一方面，美国利用自己的军事实力和国际地位，调整自己在国际形势严峻地区的政策，在加剧区域国际形势的同时，引起了国际恐怖主义的抬头和泛滥。美国的这种对外政策改变，虽然增强了其控制世界的力度，但是，不断增强军事实力也增加了其财政支出，并进一步加剧了其财政困境。

（二）经济影响

1. 财政困境下的政府停摆对美国国内的经济发展造成了重大的影响。首先，政府停摆造成大量政府非核心部门或非核心员工的公务员无薪休假，在直接影响了他们的收入的同时，也间接地影响了公众的消费信心，并对经济增长产生影响。其次，政府停摆对美国相关行业产生了重大的影响，从而对经济发展产生影响。如美国的旅游业，正常情况下，全美401家国家公园在每年10月份平均每天接待游客70余万人次。但是，由于政府关门造成的公园关闭，游客将无法前往。因此，政府停摆将带来与旅游业相关的经济增长形成断崖式下跌，从而使美国的经济受到影响。第三，与对外投资审批相关的政府部门的停摆，对美国吸引对外直接投资造成了影响，在对美国经济产生直接影响的同时，加剧了美国经济的结构性矛盾。在政府停摆期间，与财政、税务、能源和劳工相关的政府部门受到的冲击最大，而这部分政府部门对于对美国进行对外直接投资的企业和个人来说却非常重要。政府停摆将使这部分企业和个人的投资申请、纳税申报、员工雇佣登记等活动陷入停滞，导致其后续的生产、经营活动无法开展，因此，政府停摆严重影响了美国吸收对外直接投资的效率和效果，并对美国经济结构性矛盾的缓解和经济的总体发展造成了重大的影响。最后，政府停摆期间，虽然会面临延迟办理，但美国的社会保障、失业救济金和医疗保险将会照常发放，这从一定程度上可以理解为美国财政入不敷出的一个缩影，而这种入不敷出导致的财政困境，也会对美国经济的持续发展带来重大影响。

2. 美国政府停摆和财政困境，对全球经济格局和世界经济发展造成了深远的影响，主要表现在几个方面：第一，为缓解财政困境，实现全球私有化垄断寡头对全球经济发展的控制和对其他国家的剥削，美国通过调整自己的经济策略，对全球化中不符合自身利益的部分进行主动攻击或消极应对。如为了阻止国际贸易组织（WTO）在公平公正基础上为发展中国家的多边贸易提供帮助，挤占美国在国际贸易中的份额，在最新的WTO高级委员连任中，美国投下了反对票，导致WTO处于名存实亡的边缘。同时，由于不符合美国的经济利益和政治利益，在特朗普就任总统之后，美国连续退出了11个相关的国际组织，意在为自身的“自由发展”扫清道路。第二，为维护跨国垄断寡头的利益、缓解财政困境，美国调整了其对外贸易政策，利用本国法律法规对不符合自身利益和有可能威胁本国跨国寡头垄断地位的其他国家的政策、产业和企业进行制裁和打击，以此来维护本国跨国寡头的利益并实现对世界经济发展的控制。如近年来，美国根据其国内相关法律条款，利用关税等工具，在农产品、汽车、芯片和高科技产品等领域，先后对中国、日本和欧盟等国家和国际组织发动了贸易战，以此换取跨国寡头对政府的支持。第三，利用经济手段对不符合自身利益的国家和地区进行打击。在美元霸权的条件下，对于不符合本国利益的国家和地区，美国利用利率和汇率工具，影响其经济稳定和经济发展，以此达到恐吓和控制这些国家的目的。如2019年，美国通过操纵汇率对不符合其利益的土耳其进行了经济攻击，使其经济受到重创。

美国的这些政策和措施，从另一方面也引起了贸易保护主义的抬头，使国际贸易格局发生了重大的改变和全球经济贸易的萎缩，导致世界经济发展受到重大影响，全面复苏的压力越来越大。

四、启示和结论

美国政府停摆的直接原因是收支不平衡导致的财政困境。美国经济和财政的结构性矛盾无法解决、财政入不敷出的问题日益严重，这都加剧了财政收支不平衡和财政困境。政府停摆的内在原因是全球化和全球私有制发展中跨国垄断寡头资本为了实现其经济目的而操纵政治的手段。反映了在全球私有化进程中，跨国寡头集团在生产资料占有、资源配置和利润掠夺中的利益冲突。政府停摆的根本原因是资本主义的经济和政治制度无法适应全球化的发展。在生产资料私有制下，政府对市场的干预作用日益削弱，从而使资源在完全自由竞争的市场中无法实现合理配置和有效利用，从而引发市场失灵，在全球化发展的过程中，这种现象越来越普遍，也越来越严重。在美国国内，反映为随着资本主义政治制度和民主制度走向市场化，政治极化和政治撕裂成为常态，这导致了美国政治制度的失灵。经济制度和政治制度失灵叠加，引起了垄断寡头的矛盾并使其不断加深、逐渐激化，从而使政府停摆成为常态。

对美国政府停摆进行分析，可以为我国避免财政困境带来几点启示：

（一）避免财政困境，必须坚持以公有制为主体的社会主义市场经济体制

社会主义市场经济体制是促进经济迅速发展和持续增长的动力，也是财政收入不断增加的源泉和保障。在以公有制为主体的社会主义市场经济体制下，政府可以充分发挥对经济发展的调节作用，实现资源通过政府的宏观调控和市场的微观配置，从而最大限度地避免经济发展受市场失灵的影响，使经济在长期内持续稳定发展。

（二）制定科学合理的财政政策和货币政策，避免财政困境

科学合理的财政政策和货币政策在内可以避免结构性矛盾、平衡财政收支、促进经济增长；对外可以平衡国际收支、推动和促进人民币国际化进程，对冲由于国际支付货币利率和汇率变化引起的经济波动，避免受国际经济环境和政治环境变化而对我国经济发展和财政收支平衡的影响。

(三)在构建人类命运共同体的理念下,推动建立公平合理、互惠互利的国际经济贸易新秩序

良好的国际经济、贸易秩序是推动国际贸易发展和世界经济复苏的基础,在全球化发展不断深入、各国联系日益紧密的条件下,各国政府应在追求本国利益的同时考虑和兼顾他国利益,在谋求本国发展中促进各国共同发展。要"通过建立全球化的制度安排进行'全球治理',以全球经济稳定增长为目标,在全球范围建立合理的国际经济协调机制"(刘晔,2019),使资源在全球范围内合理有效地进行配置,推动全球化的自主有序进行。

参考文献

[1] Aslund, A. , 2005, Comparative Oligarchy: Russia, Ukraine and the United States. CASE Network Studies and Analyses, p. 296.

[2]Bakker, K. , 2007, "The Commons Versus the Commodity: Alter-globalization, Anti-privatization and the Human Right to Water in the Global South", *Antipode*, vol. 39, no. 3, pp. 430—455.

[3]Boutchkova, M. K. & Megginson, W. L. , 2000, "Privatization and the Rise of Global Capital Markets", *Financial Management*, vol. 29, no. 4, pp. 31—75.

[4]Brezis, E. S. , 2010. Globalization and the Emergence of a Transnational Oligarchy (No. 2010/05), WIDER Working Paper.

[5]Feldstein, M. S. & Metcalf, G. E. , 1987, "The Effect of Federal Tax Deductibility on State and Local Taxes and Spending", *Journal of Political Economy*, vol. 95, no. 4, pp. 710—736.

[6]Jones, M. P. , 2005, February. The role of parties and party systems in the policy-making process. In Inter-American Development Bank Workshop on State Reform, Public Policies and Policymaking Processes, Washington, DC.

[7]Lorenz, M. O. , 1905, "Methods of Measuring the Concentration of Wealth", *Publications of the American Statistical Association*, vol. 9, no. 70, pp. 209—219.

[8]Mallet-Prevost, S. , 1933, "United States-Democracy or Oligarchy", *The Annals of the American Academy of Political and Social Science*, vol. 169, no. 1, pp. 159—171.

[9]Meyers, R. T. , 1997, "Late Appropriations and Government Shutdowns: Frequency, Causes, Consequences, and Remedies", *Public Budgeting & Finance*, vol. 17, no. 3, pp. 25—38.

[10]Riker, W. H. , 1982, "The Two-Party System and Duverger's Law: An Essay on the History of Political Science", *The American Political Science Review*, vol. 76, no. 4, pp. 753—766.

[11]Winer, S. L. & Hettich, W. , 1991, "Debt and tariffs: An empirical investigation of the evolution of revenue systems", *Journal of Public Economics*, vol. 45, no. 2, pp. 215—242.

[12]Winters, J. A. & Page, B. I., 2009, "Oligarchy in the United States?", *Perspectives on Politics*, vol. 7, no. 4, pp. 731—751.

[13]查尔斯·A. 比尔德,1987,《美国政府与政治》,朱曾汶译,北京:商务印书馆,第933页。

[14]刘晔,2019,新型经济全球化与国际经济新秩序的构建,《管理学刊》,第2期,第11页。

[15]詹姆斯·布坎南,1988,《自由、市场和国家》,吴良建等译,北京:北京经济学院出版社,第244页。

[16]詹尼斯·C. 穆勒,1999,《公共选择理论》,杨春学等译,北京:中国社会科学出版社。

The Political and Economic Analysis of American Fiscal Predicament and Monopoly Oligarchy

Ren Chuanpu

Abstract Under the bipartisan system in the United States, it is very common for the government and Congress to be controlled by two parties. Because of the different ideas of the two parties, it is also common for Congress to refuse to pass the annual budget proposed by the president, which leads to the government suspension. This paper starts with the U. S. government's suspension event in December 2018, analyzes the suspension and its causes, and points out that the apparent cause of the suspension of the U. S. government is the struggle between the two parties on budget proposals and governance ideas caused by the financial difficulties and debt crisis that are hard to return; the internal reason is that in the process of global privatization, the monopoly oligarchs behind the two parties fight to capture political resources and realize their own political and economic interests; the fundamental reason is the contradiction between the capitalist private ownership of means of production and its political system and the integration of global economy. To avoid financial difficulties, we should adhere to the socialist market economy system with public ownership as the main body, formulate scientific and reasonable fiscal and monetary policies, promote the construction of a community with a shared future for mankind, and establish a new international economic and trade order.

Key words Government Suspension Financial Difficulties Oligarchy

美国减税的新自由主义实质及其影响

庞庆明

内容提要 当前美国政府大规模减税遵循的是公共利益私有化、资本流动自由化、民生领域市场化、美国利益最大化、利益实现短期化的新自由主义理念或原则。由于税改服务于少数大垄断资本利益最大化的现实需要,且违背利益共同体、责任共同体和命运共同体理念,因而随着减税短期效应的趋于消退,不仅两极分化、信用危机、经济萧条等资本主义制度痼疾并未消除,而且还加剧了全球金融风险,诱发国际贸易长期低迷,影响资源在全球的合理配置及世界生产力的中长期增长,甚至使世界战争发生的可能性大为增加。

关键词 美国减税 新自由主义 政治经济学分析

中图分类号 F03

由于垄断资本代理人特朗普反对种族平等运动,反对工会、大政府及社会福利制度,狂热信奉新自由主义,并利用宗教外衣骗取新自由主义时代利益严重受损的美国普通民众的支持,故其上台后在对本国富豪大幅减税、将纳税人利益转化为私人利益的同时,屡屡制造事端转移公众视线,顽固地维护和扩张大垄断资本的眼前利益,巩固垄断资本私有制的独立性和稳定性。混杂着民粹主义、种族主义、民族主义、旧殖民主义和法西斯主义的特朗普政权终结了冷战红利,但国际垄断资本的新统治秩序又尚未建立起来。随着大规模减税政策的深入实施,其背后所隐藏的阶级矛盾、种族矛盾与民族矛盾也日益显性化,现存资本主义世界体系的命运再次被推到了生死存亡的十字路口。

一、美国减税的新自由主义实质

为恢复经济活力、增强民众信心,2018 年美国政府实行了新一轮减税政策。这既是对 20 世纪 80 年代以来的以公共利益私有化、资本流动自由化、民生领域市场化为基本内容的新自由主义减税政策的承袭,同时又在“美国利益最大化”和“利益实现短期化”等方面进行了相应的内涵拓展。

收稿日期:2019—12—08

作者简介:庞庆明,兰州财经大学马克思主义学院副教授、中国特色社会主义理论体系研究中心副主任,主要研究方向为政治经济学。

第一,公共利益私有化。所谓公共利益私有化,就是将公共利益转化为私人利益的过程。资产阶级政府通过减税,将公共利益转化为私人利益,既是由资本私有制为基础的生产关系所决定,同时也是资产阶级进行资本积累、增强资本力量的惯用手法。马克思曾经指出:“一定的分配形式是以生产条件的一定社会性质和生产当事人之间的一定的社会关系为前提的。因此,一定的分配关系只是历史地规定的生产关系的表现。”在资本主义早期,资产阶级政府就以剥削雇佣劳动为基础,运用税收权力“制造工厂主、剥夺独立劳动者、使国民的生产资料和生活资料资本化”,加速资产阶级资本积累和资本集中,造就拥有强大资本的利益集团。当前美国本土所发生的“为谁减税”“减谁的税”“如何减税”等问题争论及其政策选择,也都是由垄断资本私有制为基础的生产关系或利益关系所引起,从功能上适应垄断资本不断增值的现实需要,为经济上和政治上占统治地位的垄断资本利益服务。

新自由主义者将减税逻辑贯穿于起点分配、过程分配和结果分配的全过程,以期达到公共利益私有化的目的。“减税”属于再分配性质而非增长性质的公共政策范畴。广义的“分配”可分为起点分配、过程分配和结果分配。以生产资料所有权为基础的产权确认及其内部分置属于起点分配,政府和市场对生产要素的配置属于过程分配,国民收入的初次分配和再分配则属于结果分配。起点分配决定结果分配,结果分配又成为新的起点分配。美国减税的基本逻辑就在于:政府以减税为基石,使之分别作用于起点分配、过程分配和作为初次分配的结果分配,即增加大企业的资本控制规模,诱导资本要素定向流动,增加企业领袖和富豪群体的产业利润。这样一来,税基夯实、税源增加,为自由化市场经济框架下的财政收支自发平衡不断“开源”,进而使公共利益转化为私人利益的合法性和持久性得到增强和提升。

这里需要注意的是,特朗普不是“撒胡椒面式”的减税,而是有重点的减税。他的重点减税对象也不是处于相对劣势的中小企业,而是美国的少数大公司。据美国媒体报道,2019年摩根大通、美国银行、花旗集团、富国银行、高盛集团和摩根士丹利这六大银行因特朗普减税而节省资金超320亿美元。这些银行的平均税率由2017年底的30%下降到2019年的18%。

更重要的是,“房产遗产税”针对的是价值549万美元以上的房产,税率高达40%;而特朗普绝大部分资产就是房地产。为扫清高税负障碍,本轮减税果断废除了“房产遗产税”。在政府之外,特朗普还是565家公司的董事长或董事会成员。[①] 显然,只有大刀阔斧地减税,才能使这些公司不同程度地享受其所带来的重大“利好”。从某种程度上说,“减税”的初衷就是特朗普借助政

① 克里斯,《特朗普个人资产多少 揭秘特朗普庞大的商业帝国》,股城网,https://finance.gucheng.com/201904/3700418.shtml,2019年4月13日。

治力量保护和推广家族实业的一种途径或方式。

特朗普不仅要“减税”，而且还要“增税”，是一套“有减有增”的组合拳。据统计，亚马逊占有全美 44%的电商市场份额，64%的美国家庭是亚马逊会员。垄断性电商业务无疑对房产、实体企业及全美就业造成巨大冲击，特别是特朗普的纽约房产及实体零售业。2018 年以来特朗普净资产缩水近 20%，实体零售业陷入困境，都与电商膨胀密切相关。特朗普多次公开表示要对亚马逊等竞争对手“增税”。可见，特朗普不仅仅要通过“减税”这一直接方式来维护和扩大其家族产业利润，而且还要通过“增税”这一间接方式“平衡”线上和线下，维护其家族产业的运营环境和增值空间。“减税”和“增税”看似手法相左，但其疯狂逐利、聚敛财富的根本目标是完全一致的。

为推进公共利益私有化进程，维护和巩固极少数大垄断资本的既得利益，新自由主义还要同凯恩斯主义进行税收政策竞争并成功脱颖而出。税收政策竞争的核心问题是剩余产品分配的主导权问题。有关增减税的争论和分歧，也就是上层建筑领域不同阶级之间或同一阶级内部最大限度地分享剩余劳动产品而相互斗争的具体表现和反映。一方面，新自由主义和凯恩斯主义两种减税方案都是以垄断资本私有制为基础，分别基于生产供给端和消费需求端的政策努力，达到提振国民经济、维护社会稳定的目标，并在不同层面上维护垄断资本的经济、政治和文化利益。另一方面，两种不同的减税理论及其政策主张，特别是围绕中产阶级所展开的政策竞争，又是不同利益集团进行权力分配和利益博弈的历史表征，是美国富人或资本利益集团内部斗争在税收政策领域的具体展开。

在当代经济全球化和金融全球化条件下，在垄断资本主义业已进入以生产和流通新垄断、金融资本新垄断、美元和知识产权垄断、国际寡头同盟新垄断为特征的帝国主义新阶段的背景下（程恩富、鲁保林、俞使超，2019），少数大垄断资本不仅在经济领域绝对主导生产和分配，而且还有“代理人”将其减税主张以国家法定形式付诸实施的政治优势。也就是说，垄断资本家及其代理人可以顺利地通过法定程序，将新自由主义减税理念上升为国家意志，并使之在剩余产品分配的政策体系中居于支配地位。与此同时，面对严重的“双赤字”局面，美国社会实施以财政刺激有效需求、以公共权力抑制垄断资本过度行为、以收入再分配缩小贫富差距及促进经济增长的凯恩斯主义的经济条件和政治条件相对不足。

第二，资本流动自由化。新自由主义者以市场原教旨主义为圭臬，认为私人企业是最有效率的企业，经济自由（包括自由的拥有私产、自由投资和就业、自由分配和消费）是经济活动的最基本原则，市场机制是实现资源最佳配置和充分就业的唯一途径。他们反对政府扮演经济角色，追求没有政府干预的市场经济秩序，即“自发秩序”。美国政府将企业所得税税率从 35%下调至

21%,将个人所得税税率的最高一档由39.6%下调至37%,就是试图以降低税负为契机,努力形成资本流动的“自发秩序”,并在促进投资和消费的同时,化解个人利益与社会公共利益的固有矛盾,实现宏观经济总体自发平衡。

当然,在生产和贸易、国家利益和跨国公司利益长期失衡的背景下,单个资本(包括跨国公司)的分散意志要服从能够代表资本输出国根本利益的全球“再平衡”战略。因此,这里的资本流动并非绝对自由,而是有着“逆全球化”的产业范围和地域边界限制的,即围绕“再工业化”定向回流跨国公司资本及利润,并遵从“买美国商品,雇美国工人”的民族主义施政原则。这里需要强调的是,资本跨部门、跨地域转移的主要动力来自自由化市场机制本身;宏观层面的减税诱导只是配合或服从市场对资本流动的自发调节机制,因而构成新自由主义整体政策的有机组成部分,而非与之相悖的、纯粹的政府干预范畴。

第三,民生领域市场化。在以私有制为基础的市场机制自发作用下,资本积累使财富数量同贫困状况向两级同时、同步增长;而资产阶级政府以暴力为后盾、以法律为保障,实施对富人减税、提供补助等再分配行为,又必将进一步强化两极分化的马太效应。社会福利制度在资本主义国家的普遍建立,被视为资产阶级缓和阶级矛盾的积极、有效手段。公共利益的不可分割性及其所产生的外部效应,客观上也要求政府投资兴办公共工程,增加投资需求和消费需求,在一定程度上协调宏观层面的生产和消费、供给和需求之间的矛盾。

然而,新自由主义减税政策的实施,却意味着民生福利支出的直接削减,并以巨大财政负担及民生负担为代价,以市场化为桥梁,扩大垄断资本的巨额获利空间。换言之,新自由主义所主张的政府对教育、医疗、社保等社会福利财政支出的不同程度削减,使得公共领域特别是民生领域由垄断资本按照完全市场化的原则追求短期收益最大化,并寄希望于市场对社会公共资源的自动调节,以期达到供求平衡和就业均衡的目的。

第四,美国利益最大化。美国不仅将本国利益的增减有无作为对外政策制定和实施的唯一考量因素,而且还把本国利益和本国发展凌驾于他国利益和他国发展之上,并配合新帝国主义霸权行径重塑美国利益优先的全球利益格局。具体到税制改革,美国在主导和利用经济全球化过程中通过释放减税效应来实现本国利益最大化。作为美国政府贯彻民族利益至上原则的政策工具之一,减税不仅产生直接服务本国战略意图的诱导性功能,而且还能够加快新自由主义在全世界的复制速度。由美国减税所掀起的世界性减税风潮,助推以私有制为基础的自由市场经济模式普适化进程,进而为实现美国利益最大化创造有利的体制条件。譬如,美国政府以减税为驱动,诱导设在海外的美国企业搬回本土。这在增加本国投资和就业的同时,严重损害到资本输入国的正当利益。为最大限度地减少损失,资本输入国有可能竞相采取更大力度的减税政策,因而极易使自身陷入西方新自由主义市场经济模式的窠臼。

私人资本扩张及其无限增值的自然属性，从根本上规定了美国税改的新自由主义宗旨和方向，即实现和增进美国自身利益的最大化。然而，跨国企业转移资本后的盈利能力、国家间的战略博弈以及美国公共政策体系的内在冲突或“悖论”，都将影响其减税方案所设定的本国利益最大化目标在国际上能否实现以及实现的规模和程度。不仅如此，美国以减税为杠杆重建国际资本流动及其利益分配秩序，由于是在不承担任何成本与责任条件下的对本国利益最大化的追逐，既不符合历史潮流及绝大多数国家的根本利益，也不具有现实的可操作性，因而只是一种主观设计意义上的减税预期。

第五，利益实现短期化。利益实现短期化也就是美国眼前利益在短时期内实现的必要与可能。“凡是不符合美国眼前利益的，就加以拒绝”①，为了追求短期利益可以置国家长远利益于不顾，是“美国优先”理念的通俗表达。美国利益最大化是全球化背景下本国利益实现短期化的应有之义。因此，利益实现短期化不仅表现为本国经济增长速度在短期内的大幅提高、财政收支及市场运行的短期自发均衡，而且还体现在国际资本向本国工业领域的快速集聚、跨国公司利润向本国的快速回笼等方面。

金融危机以来，美国面临新自由主义所殃及的实体与虚拟、生产与消费、经济与民生、总量与结构严重不平衡的经济恶果，其中包括不合理税率引发贫富差距进一步拉大，税收激励房地产和金融等行业，国内税改压力与日俱增。有学者认为，美国只有抛弃新自由主义经济理论和政策，才能逐步扭转这种困境（张新宇，2016）。这是合乎理论逻辑、历史逻辑和现实逻辑的正确结论。既然如此，美国政府为何还要在新自由主义理念主导下实行大规模减税的宏观经济决策？这里除了市场原教旨主义的理论根源和自由化市场经济的历史根源之外，追求短期利益或利益实现短期化则是其现实根源。新自由主义者们所设计的诸如公共资源私有化、资本流动自由化、民生领域市场化、美国利益最大化等政策主张，都是以服务本国眼前利益的短期增进为出发点和归宿，并为垄断资产阶级代理人快速积累政治资本，全面贯彻代表本阶级意志和利益的政策主张创造必要条件。

二、美国实施新自由主义减税政策的实际影响

生产决定分配和消费，分配反过来又影响生产和消费。当前由美国所掀起的新一轮减税风潮，虽然可以刺激经济短期增长，但其刺激作用带有滞后性，且难以从根本上破解经济增长低迷、社会分化严重以及经济危机周期性爆

① 严瑜，“美国优先”让美国更“自我”，《人民日报（海外版）》，2017年12月7日第六版国际观察。

发的制度痼疾。从国际角度看,美国减税政策的本质是以政府债务暴涨、直接或间接牺牲他国利益为代价来满足本国核心利益的"美国优先""以邻为壑"。由于美国奉行单边主义及"美国优先"战略,使得大规模减税极易催生新的不平等和不安全,诱发国际贸易活动长期低迷,影响资源在全球的合理配置及世界生产力的中长期增长,并使各国产业结构调整面临资本流出的巨大压力,经济全球化的健康发展进程严重受阻。不仅如此,随着资本雇佣链在全球的不断延伸,利益链和责任链的不匹配程度愈加严重。美国减税政策必将以失败而告终。这从上层建筑领域进一步证明私有制为基础的市场经济的暂时性、历史性和过渡性,以及被公有制为主体的市场经济所取代的必要性和必然性。

(一)美国减税的短期增长效应趋于消退

针对2008年金融危机以来美国经济所暴露出来的制造业萎缩、金融服务业不断扩大、产业空心化、高失业率及经济波动等问题,美国政府于2017年底通过了《减税与就业法》,正式拉开减税帷幕。该法案通过至今,通过减税所释放出来的产业结构调整、制造业领域产业资本积累和扩张加速以及就业岗位增加的短期增长效应趋于消退,而投资疲软、就业不足的经济困局仍未根本改变。

一方面,美国减税促进跨国公司在美资本投入,加速国内外资本积累。美国由于过度消费、低储蓄及财政赤字而形成贸易逆差。《减税与就业法》通过后,流入的资本及向美国国内汇回的资金陡然增加。美国借助美元地位及不断扩大的贸易逆差,通过美元回流购买美国国债,既获得大量廉价资本,用于高科技等领域投资,又降低了债务风险和市场利率。此外,海外资本回流还推高了美国企业股价,特别是高技术企业的股价。换言之,美国通过减税所回流的资本,在对冲双重"赤字"风险的同时,创造出了具有一定吸引力的投资环境,在一定程度上为繁荣经济增添了新动力和新空间,因而成为经济全球化的最大受益者。[①]

另一方面,新一轮新自由主义理念指导下的减税举措,并没有也不可能根本改变美国国内所出现的以就业不足、投资疲软为表征的经济萧条。从理论上看,减税对国民收入产生乘数效应。政府大规模减税可以激励企业将更多资金投入研发、积累人力资本、提高资源配置效率、扩大生产规模、增加就业和消费,进而扩大税基、增加税收,完成由"减税"起点到"税增"终点的辩证过程。但是,减税政策预期受资本有机构成、利润率、产业发展政策、净国民储蓄率等多重因素制约,并非税收调节论的纯粹展开。

从微观因素看,一是生产自动化和机器人对劳动者的替代,必然导致制造业失业率上升。不论政府减税与否,都不会改变工业企业资本有机构成不断上升的历史趋势。二是税率相对下降也不会根本改变企业追逐最大化利润的

① 钟声,谁在"为赋新词强说愁"——"美国吃亏论"可以休矣,《人民日报》,2019年5月14日。

投资动机。特别是对于高科技企业，不愿放弃海外丰厚的市场回报率；把投资转移到美国本土，除非有重大税收减免（李超民、刘新利，2018）。更何况在收入由实体部门转向金融部门的资本积累金融化趋势下，金融创新脱离实体经济转型需求，市场价格信号和利润率信号严重扭曲。

从宏观因素看，一是以新自由主义理念为主基调的美国减税政策及产业发展政策不具有高耦合性的基础性条件。由此，减税不能使新形成的经济增长点稳固下来，并难以持续促进产业结构动态平衡。二是偏低的净国民储蓄率无法对冲政府减税所蕴含的巨大风险。净国民储蓄率的高低与减税所带来的风险成反比。1964 年肯尼迪政府减税和 1981 年里根政府减税，其净国民储蓄率为 10.1%；当前美国净国民储蓄率仅为 1.8%（郑永年，2017）。① 美国社会缺乏对大规模减税及巨额财政赤字所带来的经济增长风险进行承担和对冲的能力。

美国全国商业经济学协会（NABE）的调查数据显示，美国税改只是帮助企业降低了生产成本，提高了销售额及利润率，而对增加投资及就业机会收效甚微；汇回资金大多用于分红和股票回购，很少用于投资、增加雇员和研发投入。据美国商务部统计，税改以来全年回流资金总额为 6 537 亿美元，其中第一、二、三、四季度分别为 2 949 亿美元、1 837 亿美元、927 亿美元和 824 亿美元（李超民，2019）。② 企业在美投资经高速增长之后，便大幅回落。从“二战”以来的美国 GDP 增长率变化情况来看，其减税政策实施也并未带来经济增长的效果预期。从美国年均 GDP 增长率来看，1950—1979 年为 4.0%，1980—2007 年为 3.0%，2010—2016 年为 2.2%，近两年为 2.55%。显然，2.55%的增长率不仅明显低于战后所谓的“黄金年代”和 20 世纪 90 年代的“克林顿繁荣”，与奥巴马执政中后期相比也只是基本持平，更未实现经济增速 4%以上的承诺（青原，2019）。随着减税效用的逐步消退，美国经济增速还将大幅放缓。

作为直接服务于巩固大垄断资本所有制的利益再分配举措，美国政府减税还与社会生产方式变迁存在着紧密的内在关联。当减税政策对经济增长的负向挤出效应严重且超出正向拉动效应时，社会有机体将按照基本矛盾运动规律对生产关系构成要素及其失调关系进行强制调节，为自身生产力的继续发展开辟道路。换言之，随着资本主义社会基本矛盾的不断尖锐化，社会革命极易发酵并逐步转变为民族主义运动，最终有可能演变成国家冲突乃至世界战争，导致世界秩序的根本变化。

---

① 郑永年，《特朗普税改与美国未来》，http://sike.news.cn/statics/sike/posts/2017/12/219527873.html，2017 年 12 月 15 日。

② 李超民，《美国税改一周年，成效究竟如何？》，https://finance.sina.cn/2019-04-03/detail-ihsxncvh7899957.d.html?_t=1582033263，2019 年 4 月 30 日。

(二)美国减税加剧财富转移的马太效应

美国作为世界上收入分化最严重的国家,面对实体经济萎缩、"双赤字"等复杂经济国情,以减税为杠杆撬动全球资本,繁荣本国经济,同时为缓解社会利益冲突创造条件。这种"迂回"调节的现实主义策略,由于是以私人垄断资本所有制为基础,并内含公共债务及金融危机的风险或代价,因而不仅难以达到提振本国经济、缓解社会矛盾的目标,还将加剧财富转移的马太效应,威胁美国社会保障制度安全,甚至陷入"两极分化—经济萧条—政府减税—促进资本积累、削减民生福利—经济更加萧条—加速两极分化"的恶性循环。

首先,美国公共服务及民生福利的供求不平衡程度加剧。一方面,相当一部分美国民众存在饮食、居住、就医、交通等方面的基本生存需求难以得到满足。2017 年美国约有 4 200 万贫困人口,约占总人口的 13.4%;2018 年 1 850 万美国人生活在极端贫困中,43%的美国家庭入不敷出,只能借债支付住房、食品、儿童护理、医疗和交通通信等费用;近 40%的美国青壮年收入难以满足食品、卫生保健、住房和公用事业等基本需求。此外,超过 50 万美国人没有固定住所,低收入病患缺少医疗保险,许多无家可归者急需医疗救助并患有精神疾病。此外,广大民众对于接受高等教育、基础设施、社会安全等方面的社会需求不断增加。另一方面,政府满足民众基本生活需求的物质基础因减税而遭到严重削弱。借助税收提供公共服务和社会福利,是政府的重要职能。以减税为标志的美国再分配政策,并不必然使受益企业和个人将节省下来的资金用于进一步投资,但却必然减少政府用于社会福利的财政支出,而这一部分社会福利本应由中低收入阶层所享有。如此,普通民众生活需求不仅没有得到基本满足,反而与富人之间的经济不平等程度进一步加剧。代表中下层民众利益的左翼民主党,要求美国政府对富人征税,实行全民医疗保险制度及高校免学费制度;保障工人就业及其工资水平,则是系统纠正新自由主义税改政策负面效应、满足民众基本生活需要的主观努力。

其次,减税成果直接或间接惠及富人而非普通民众。从减税的直接效果看,减税福利最终向极少数富人高度集中。至 2027 年,税改将让接近 50%的减税福利流入 1%最富裕的美国人腰包(唐芳芳,2017)。减税福利大多由富豪阶层所享有,达不到抵扣和豁免标准的低收入群体享受不到减税利益,因而损害了中低收入阶层利益,加剧了利益分化和社会断裂。从减税的间接效果看,减税导致民生福利领域的完全市场化。与民生领域密切相关的政府职能部门的预算削减,无疑使国家对公共服务及民生福利的供给法则,让位于纯粹自由化和完全市场化及其"利润至上"的资本逻辑,其结果必然强化初次分配环节所产生的不平等,即不仅允许一些人不用参加到生产过程中就可以更多地占有其他人的劳动,而且使劳动者更加上不起学、看不起病、交不起房租,甚至精神失常、到处流浪、居无定所,生活负担进一步加重。有美国媒体报道,美国政府对大公司和富有阶层所实施的以牺牲社会福利为代价的大规模减税计划，是为扩大不平等而量身定制。

最后，减税导致政治走向极化，社会运动频发，催生资本主义世界秩序变革。2015 年美国中产阶级第一次处于绝对少数，低于最富有与最贫穷人口的总和（宋鲁郑，2017）。经过新自由主义的税制改革，财富和收入更是越来越集中在顶端极少数人手中。如果中产阶级成为少数，社会就很难达成多数共识，民主政治再次被强大的经济精英所“俘获”，成为他们追求私利的工具。由此，社会运动将在以美国为代表的西方国家频发，再次动摇由资本主义国家所建构起来的近代世界的资本运行秩序。

（三）美国减税加剧全球金融风险

20 世纪 80 年代以来，随着美国实体经济的渐进萎缩，金融资本肆意蔓延，并在主导和控制全球经济体系的同时，也将自身置于同实体资本一并毁灭的危险边缘。为促使经济运行“脱虚向实”，美国政府采取“属地征税”原则进行大规模减税，重振制造业。在重振制造业短期效应释放的同时，金融风险也在快速加剧。

首先，减税引起债务、股市及金融政策调整的一系列连锁反应。美国政府在以大规模减税刺激本土经济复苏过程中，预算赤字快速上升，对财政支出造成巨大压力；政府将财政负担转变为债务负担之后，又导致本国债务急剧飙升，国家信用难以为继，甚至引发国内民众及国际社会对美国政府的信任危机。美国财政部公布的数据显示，截至 2019 年 2 月，美国公共债务规模已超过 22 万亿美元。① 国债供应量的增加及其收益率的升高，引起股票价格大幅上涨。当美国国债评级下降，特别是其利率低于预期时，股票价格也将随之下降，甚至引发股市动荡。面对实体经济的下行及政府偿债能力的下降，人们对美国经济形势的演化预期恶化。从纳斯达克指数看，2000 年美国该指数为 5 000 点，2007 年为 2 800 点左右，2018 年超过 8 000 点，股市泡沫风险开始显现。2018 年 10 月份以来，美国三大股指全线暴跌。未来美国股市仍有较大下跌的风险，并可能引发下一轮世界金融危机。

其次，减税引致全球资本自发流向金融领域。从减税的理论逻辑看，属地征收、大幅减税有利于美国本土增加实体资本存量、劳动者就业量及工资收入，恢复经济活力。事实上，美国减税并未从根本上加速再工业化进程。这是因为，美国劳动力及原材料成本相对较高，回流资本不会较多地集中到有利于扩大就业的劳动密集型产业，而本土企业被减掉的缴税数额也并不必然用到投资上，而是自发流向利润率更高的金融领域。更严重的是，随着金融监管的

---

① 参见《美国公共债务大增恐危及经济前景》，https://mini.eastday.com/mobile/190216162850447.html? qid=qid02650&referrer=，2019 年 2 月 16 日。

再次放松，美国政府倾向于利用更大的金融资本力量去抄底全球优质资产，进而使金融霸权与全球经济大萧条因果互动的历史悲剧重复上演。由于金融体系为经济体配置资源的正常功能丧失，故发达国家和发展中国家的实体经济均将受到严重冲击，并进一步导致世界经济体系的震动，带来全球经济下行风险。

最后，减税导致居民财富大幅缩水。从美国减税对实体经济和虚拟经济短期作用的综合效果看，一方面美国失业率有所下降，GDP增速及工人名义工资有所上涨；另一方面财政赤字严重，股市震荡剧烈，居民财富大幅缩水。在以私有制为基础的财政政策作用空间有限的市场经济国家，大规模减税及完全市场调节必然导致金融领域的过度自由及居民财富的严重缩水。这同时也说明，制定和实施有利于经济增长方式调整的财政政策，确保公共债务可持续，加强金融监管，努力保护和最大限度地增进底层社会群体的切身利益，应是美国政府摆脱经济萧条的宏观政策选择，而非采取与此相反的新自由主义减税及放松金融管制。

(四)美国减税诱发国际贸易活动长期低迷

针对所谓"贸易逆差"及"财政赤字"等经济困境，美国政府推行以设置关税壁垒为主要手段的贸易保护主义。且不论"贸易逆差"无法客观反映国际贸易中的价值分配，单就其所形成的根本原因而言，恰恰是由减税、巨额财政赤字以及过度消费所造成。美国政府用贸易保护主义的办法应对"财政赤字"及"贸易逆差"，可谓因果错配，必定事与愿违。

首先，美国减税及保护主义关税政策的实施，并没有给本国带来"顺差"利益，反而使该国相关企业的生产成本及销售价格增加，低收入群体的利益更是蒙受了不必要的重大损失，给他们本就不易的生活带来更多冲击。2019年4月全美商业经济协会调查发现，有3/4的受访公司因贸易战而增加了成本，其中一半公司提高了销售价格(钟声，2019)。另据报道，美国大豆对华销售量下降90%以上，乳制品对华出口量下降43%，农业收入两年内减少了50%，美国农产品比竞争对手的产品更贵，市场受损严重。美国农业部向受损农民提供160亿美元的补贴，试图向农民"购买和平"，但农民们更想要的是市场。

其次，减税、加息和缩表政策的组合实施，导致进口商品价格上涨及进口国相关企业的生产成本提高。加息、缩表和减税构成美国应对经济萧条的三大组合拳，且都指向美元升值而外币贬值。比如，美国未来持续加息将带来中美两国利差的继续拉大，在利率平价的底层规律作用下，对人民币形成中期贬值压力；"缩表"意味着美联储收回市场上过多的美元，进而对美元形成强势支撑，同时对人民币形成贬值压力；通过减税降低美国企业和居民负担来刺激投资和消费，刺激经济增长，引导全球资本流入美国，无疑也对人民币资产形成下行压力。人民币汇率贬值将导致进口商品价格上涨，推动物价总体水平上升。中国国内所需的生产资料和消费资料的进口价格升高，又将增加参与全球产业链的相关企业生产成本。

可见，美国政府以减税为起点和基石，在贸易领域采取保护主义的“边境内措施”，不仅不利于破解“双赤字”困局，还将使国际贸易活动陷入长期低迷，且不会给参与贸易的任何一方带来利益。美国政府应反思大规模减税及保护主义关税政策的根源及其负面效应，而不应把别国作为自身“贸易逆差”的替罪羊。

(五)美国减税阻碍世界生产力中长期增长

美国减税虽在短期内刺激全球生产发展，但从中长期看，它将配合美国单边主义及贸易保护主义政策，阻碍资本、技术自由流动，降低市场机制对资源配置的效率，进一步加剧国际市场失灵，从而对世界生产力发展产生巨大的破坏性影响。

首先，从美国减税的战略出发点看，其所蕴含的只讲利益不讲责任的“美国优先”“以邻为壑”“零和博弈”思维，意味着全球经济利益要服从于美国极少数富人的利益，服务于美国所主导的全球分配规则和分配秩序的现实需要。显然，这与人类命运共同体理念格格不入。当前人类越来越具有共同利益，并需要担负共同责任。全球命运共同体是利益共同体和责任共同体的统一。全球产业链分工下的利益链与责任链是一体两面关系。不公平、不合理的利益链应通过责任链的完善而得以有效钳制或修复。如果利益链与责任链严重不匹配，那么不履行责任的一方对全球利益链格局的改变，将对世界生产力发展产生破坏甚至是摧毁作用。美国本就凭借不公平的国际经济规则及金融手段，大肆榨取处于利益链底端国家的资源或财富；现又以减税为杠杆重塑利益链，即通过促进经济振兴，提升和巩固自身在全球利益链中的地位，实现其全球经济“再平衡”。由于其减税政策坚持以美国利益为本位，并背弃国际责任、牺牲他国利益，因而最终只能带来全球经济发展的更大规模和更深程度的不平衡。

其次，从美国减税的世界调节作用看，其在促使资本和利润大幅回流美国的同时，加剧了新兴经济体的资本和利润外流，影响他国经济利益和税收利益。随着经济全球化的深入推进，不仅生产和消费早已成为世界性的了，分配和再分配也成为世界性的了。美国政府坚持本国经济利益和税收利益优先原则，单边调整跨境征税规则，对境外关联国特别是新兴经济体产生较大负面影响。一方面，企业所得税属地税制的推行，意味着美国企业仅就本国境内所得纳税，境外所得即使汇回国内也无需缴税，因而减少了境外资本和利润回流的障碍。另一方面，大幅降低企业所得税税率和征收一次性遣返税，将直接促使大量资本和利润从新兴经济体流出，并引发全球减税竞争，其结果有可能吸引包括中国资本在内的全球资本迅即流入美国，进而导致流出国国内资本短缺，社会资本投资压力加大，并诱发新兴经济体产业空心化、工人大量失业、物价不稳、股市汇市动荡等一系列问题。

最后，从美国减税的政策实施效果看，全球经济增长预期更加恶化，其促进世界生产力长期增长的迷梦渐已化为泡影。在减税政策的有限作用空间内，国际投资者的机会成本势必提高，世界劳动人民的生活负担随之加重。尽管2018年全球经济增长接近2008年危机后的高峰水平，但全球经济扩张正在减弱。据IMF预测，全球经济出现更显著的下滑风险。① 在此背景下，减税竞争和循环加征关税所形成的叠加效应遭到美国国内外舆论的一致谴责，国际垄断资本集团所主导的旧的全球产业链分工及其金融规则和贸易规则逐渐失灵，美国已然走入单边主义、零和博弈的死胡同。

通过分析美国减税政策的实质及其影响不难发现，该国政府和企业难以利用公共资源有效调节旧的经济体系，提振民众的经济复苏信心，背后折射的是其综合国力的下降以及西方选举制度的弊端、体制自调节能力的脆弱、公共政策竞争力的缺乏。更根本的是，当前西方发达国家普遍实行以垄断资本私有制为基础的市场经济，生产资料集中在极少数人手中，由此决定资产阶级政府制定和实施再分配政策的历史局限性。只要资本私有制的生产关系仍未改变，资本主义基本矛盾及其具体形式就仍然发生作用，经济危机就必然周期性地爆发，承载社会有机体自我修复功能的减税政策也就必然走向破产的宿命。

参考文献

[1]程恩富、鲁保林、俞使超，2019，论新帝国主义的五大特征和特性，《马克思主义研究》，第5期，第49—65页。

[2]李超民、刘新利，2018，美国国际税制改革及其影响，《当代美国评论》，第4期，第44—60页。

[3]马克思，2018，《资本论》(第三卷)，北京：人民出版社。

[4]马克思、恩格斯，2009，《马克思恩格斯文集》(第4卷)，北京：人民出版社。

[5]青原，2019，认清本质 洞明大势 斗争到底：中美经贸摩擦需要澄清的若干问题，《理论导报》，第6期，第31—35页。

[6]宋鲁郑，2017，欧洲难民危机暴露出西方制度弊端，《红旗文稿》，第10期，第17—19页。

[7]唐芳芳，2017，对美国贫富差距扩大问题的思考，《世界社会主义研究》，第9期，第64—69页。

[8]张新宁，2016，新自由主义的恶果殃及美国自身，《红旗文稿》，第22期，第8—11页。

① 参见《IMF展望2019年世界经济：全球扩张减弱 风险增加》，https://cj.sina.cn/articles/view/1704103183/65928d0f02000vdr7，2019年1月22日。

The Neoliberal Essence of American Tax Cuts and Its Influence

Pang Qingming

Abstract Large-scale tax cuts of American government are based on neoliberal ideas or principles of privatization of public interests, liberalization of capital flows, marketization of people's livelihood, maximization of American interests and realization of short-term benefits. Since tax reform serves the realistic need of maximizing the interests of a few large monopolies of capital and violates the concepts of community of interests, responsibility and destiny, as the short-term effect of tax reduction tends to fade, not only the chronic diseases of capitalist system such as polarization, credit crisis and economic depression are not eliminated, but also the global financial risk is aggravated, the long-term downturn of international trade is induced, the rational allocation of resources in the world and the long-term growth of world productivity are affected, and even the possibility of world war is greatly increased.

Key words American Tax Cuts Neo-liberalism Political Economics Analysis

海派经济学
第 18 卷第 1 期,2020　Journal of Economics of Shanghai School　No. 18,1,2020

美国工人罢工运动：发展历程、特征与新趋势(1776—2018)

钱玉波

内容提要　本文以 1776—2018 年美国工人罢工运动为研究对象,分析了美国建国以来工人罢工运动的发展阶段和发展历程,并对罢工强度与经济周期、实际收入及工会密度的关系展开讨论,最后展望了近年来罢工运动新趋势。1776—2018 年美国工人罢工运动强度呈现出明显的先上升后下降趋势,工人罢工运动经历了孕育、成长、高潮和衰退四个阶段。在孕育阶段,工会密度低,运动呈自发性,运动诉求呈防御性特点;在成长阶段,工会成员逐步增多,运动诉求转为积极型;在高潮阶段,工会密度和罢工强度始终处于高位运行;最后在衰退阶段,工人罢工运动在与资本斗争中落入日益尴尬的困境。纵观整个发展历程,美国工人罢工运动强度大多与经济周期、工会密度呈正向关系,与实际收入生产率差距呈负向关系。工人实际收入与生产率的差距扩大和工会密度下降分别从正、反两个方面揭露了罢工强度持续下降的实质,即劳动所创造的价值本应由工人和资本家共同分享,但生产率提高形成的人口相对过剩伴随着产业转移、经济周期及所谓美式民主制度的出现,使得劳工在与资本的斗争中逐渐落入“权益分成少、抗争成本高”的囹圄境地。无产阶级与资产阶级之间在经济利益上是根本对立的,为了维护自身权利,无产阶级必然要加强团结,与资产阶级继续进行斗争。可喜的是,近年来以美国公立部门为主要力量的工会运动开始回归,公立部门员工争取自身权益的罢工活动亦在增多。

关键词　罢工强度　经济周期　实际收入　工会密度

中图分类号　D411.7

引言

本文罢工数据获取界定取决于纳入统计的罢工规模设定前提,共有两个标准:一是 1947 年之前,将纳入统计的罢工设定为达到或者超过六人参与规模且罢工持续时间达到或者超过一个工作日的罢工;二是 1947 年之后,将纳

收稿日期:2020—01—20

作者简介:钱玉波,贵州财经大学经济学院副教授,主要研究方向为中外社会主义市场经济、综合国力。

基金项目:本文系 2018 年度贵州财经大学引进人才科研启动项目(2018YJ71)的阶段性研究成果。

入统计的罢工设定为达到或者超过1 000人次参与规模且罢工持续时间达到或者超过一个工作日的罢工。罢工分析框架包括某一特定年份内罢工次数、罢工参与人数以及罢工闲暇天数三个变量，三个变量所测度对象各有侧重且各不相同。罢工次数是指一年内纳入统计有效规模罢工发生总次数。罢工参与人数是指一年内参与罢工总人数，辅以其占总工人数量比重。罢工闲暇天数是指参与罢工总人数所失去的总工作时间，不包括公共假日及其他本应闲暇时间，在某些情况下，其反映了罢工严重程度和诉求满足难易程度，具有重要考察意义。另外，罢工发生原因即罢工诉求也是重要考量对象，其对考察工人阶级当时所处工作环境有很高的参考价值。

数据收集。建国以来，美国工人罢工运动数据统计可分为六个时期：(1)1880年以前，没有统计数据，但可从零散历史文献中编制罢工案例；(2)1881—1905年，其间四次定期调查提供了具体罢工数据；(3)1906—1913年，没有进行研究，缺乏相关信息；(4)1914—1946年，美国劳工统计局(U.S. Bureau of Labor Statistics)对罢工次数、参与人数提供了充足报告，但缺乏罢工闲暇天数数据；(5)1946—2018年，在此期间劳工统计局收集并且公布了每月罢工数据，包括罢工次数、参与人数及闲暇天数等相关信息。

数据处理。根据所收集数据特征，本文将数据分为两段处理，分别为1881—1946年和1947—2018年两个阶段。由于本文重在考察工人罢工运动发展趋势而非孤立具体的数据，所以我们对罢工强度包括罢工次数、罢工参与人数以及罢工闲暇天数等变量进行了基准整合处理。具体做法是，1881—1946年罢工强度数据以1927—1929年三年平均数为基准处理这一段罢工强度数据，1947—2018年罢工强度数据则以1982—1984年三年平均数为基准处理，这样就得到了关于罢工强度的相对数据。这样处理的好处主要有两个：其一是极大地简化了数据，降低了比较难度，比如罢工参与人数一般在百万级，整合之后则降至1 500以内；其二，由于是相对数据，则可以将1881—2018年罢工强度所有数据放置于同一张趋势图中(见图1)，极大地方便了做比较研究。

一、发展历程

(一)美国工人罢工运动孕育阶段(1776—1880年)

1776—1880年是工人罢工运动孕育阶段。这一阶段，资本主义生产方式开始形成，从业人员为手工业者居多，产业工人正处于成长阶段，工会作用没有得到工人的重视，加入工会成员较少，罢工呈现出自发性、散漫性以及缺乏纪律性等特点，罢工诉求多为防御性质，包括防止工资减少和防止工时增加，诉求类型较为单一。

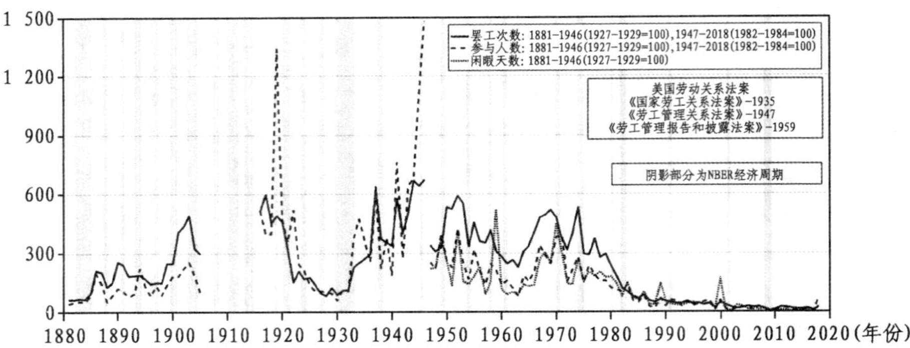

图1 美国工人罢工强度(罢工次数、参与人数及闲暇天数,1880—2018年)①

数据来源:FRASER网站(1880—1946年),中国非公有制经济年鉴(2000—2013年),美国国家经济研究局(1880—2020年)。

由于缺乏具体数据统计,罢工案例被零散地记录在各种文献中,趋势表现不明显,虽然从总体上看,表现出罢工强度逐步增加,但仍处于较弱状态,并且以1830年为界,前后两段时期罢工特点各不相同。1776—1830年之间罢工与之后相比有以下几个特征:第一,早期罢工参与者几乎为手工匠,这反映了当时工业进程本质,工厂生产即便是纺织品行业也刚刚站稳脚跟;第二,除了制鞋工和打印工之外,罢工大多是无组织的,工人或散步式罢工,或在罢工之后解散组织。永久稳定的劳工组织只存在于大城市的打印工和制鞋工中。

1776—1820年,美国爆发了多次罢工,绝大多数罢工诉求是提高工资。建国伊始,美国就有罢工记录在案,1776年纽约印刷工和1786年费城印刷工罢工事件。② 1820年之后,罢工呈现出许多新特点,参与人不仅包括女性,而且女性甚至独立发起罢工活动,罢工的诉求也从单一工资提高扩展到工作时长缩减至10小时。1824年罗德岛波塔基特爆发了首次有女性工人参与的罢工,次年,纽约女性裁缝独立组织了要求更高工资的罢工。1825年波士顿600名木匠第一次召集了以10小时工作日为诉求的大罢工。当时报纸显示布法

① 图1主要包括三部分内容。第一部分1880—2018年是美国工人罢工强度(罢工次数、参与人数及闲暇天数),1906—1913年数据缺失,数据来源分别是1880—1946年来源于FRASER网站,包括Strikes in the United States,1880—1936:Bulletin of the United States Bureau of Labor Statistics,No. 651和Work Stoppages Caused by Labor-Management Disputesin 1946:Bulletin of the United States Bureau of Labor Statistics,No. 918,在此阶段,本文以1927—1929年数据为基准对相关数据进行处理;1947—2018年来源于美国劳工统计局网站(U. S. Bureau of Labor Statistics),https://www.bls.gov/web/wkstp/annual-listing.htm,在此阶段,本文以1982—1984年数据为基准对相关数据进行处理。第二部分是经济周期,阴影部分,阴影部分开始和结束代表着经济危机开始和结束,数据来源于美国国家经济研究局(National Bureau of Economic Research),https://www.nber.org/cycles.html。第三部分是美国相关劳工关系法案。

② 参见U. S. Department of Commerce and Labor. Bureau of Labor. Bull. No. 61,pp. 861—863。

罗、费城、纽约和巴尔的摩等地的裁缝、木匠、房屋画家、石匠、装配工、装卸工人、普通劳工、手工织布工以及橱柜制造商经常罢工。

1830—1840 年期间罢工频率呈现出先增加后减少的特点，由于 1837 年的大萧条，罢工频率减少了。在 1834—1836 年的 3 年之内，费城报纸提及 152 次罢工，数量空前，这引起了雇主和公众的不小的警觉（Commons et al.，1918a）。这一时期罢工的两个主要原因是 10 小时工作日及 1835—1836 年由于通货膨胀和投机而导致生活成本的提升。

1840—1850 年期间，由于经济萧条摧毁了大量工会，只发生了很少几次罢工，诉求是 10 小时工作制及反对工资下降，但均以失败告终。

1850—1860 年期间的前半段，经济情况好转，罢工也有所增加，尤以 1853 年和 1854 年增加速度最快，达到了 400 次。罢工诉求也不尽相同，其中包括要求工资增加、商店关闭、更短工作时间、夜班废除、工资支付频率规律性、现金支付代替商店票据以及限制学徒等。与之前相比，由于工会组织较好，罢工的成功率得以提高（Commons et al.，1918b）。在后半段，由于经济萧条和工会疏于建设，罢工相对较少。

1860—1870 年期间，由于美国内战，尽管物件上涨，该时期罢工频次不高。而 1870—1880 年的十年见证了工会的强劲复兴。这一时期前两年，工会经常要求并成功实现了工资增加及工作时数减少，而后半期，由于 1873 年和 1877 年的商业萧条，罢工运动以防御为主，目的是避免工资下降。①

（二）美国工人罢工运动成长阶段（1881—1930 年）

1881—1930 年为工人罢工运动成长阶段。这一时期资本主义生产方式已经成型，产业工人逐步成长为工人阶级主体，工人斗争自觉意识开始形成，加入工会成员逐步增多，工会密度亦开始攀升，罢工强度逐步增大，尤其在第一次世界大战资产阶级受到重创之后，工人罢工运动达到阶段性高潮，罢工诉求也从防御型转为积极型，主要包括增加工资、减少工时和工会合法性认可等。

1881—1890 年是美国历史上有统计数据的第一个十年，在此期间罢工频次呈现逐步增加态势在 1890 年达到了最高点 1 897 次，参与人数在 1886 年达到最高。罢工主要原因集中在反对工作时间增加和工资下降这两方面，8 小时工作制第一次被工会提出。前五年，罢工频率相对较低，一直保持在 500 次左右，参与人数也在 15 万上下。由于 1884—1885 年经济萧条，为了反对工资下降及争取较少工作时间，1886—1887 年掀起了全国范围内的罢工潮，仅 1886 年全年罢工达到 1 500 次，同比增加 200%，参与人数达 61 万人次，同比

① 参见 Third Annual Report of the Commissioner of Labor，1887. Strikes and Lockouts. Washington：Government Printing Office。

增加约250%。这一阶段,美国工会得到快速发展,其中工人骑士团尤其著名,其主要集中在铁路和电信行业。① 罢工过程中出现了工会间相互合作这一工会发展新特点。1886年,8小时工作制第一次由工会提出,此后几年相当数量罢工爆发的原因亦集中于争取8小时工作制。罢工频次在1888年经过短暂回落后,1889—1890年快速回升,但参与人数并没有达到1886年的程度。

1891—1900年是美国罢工史上比较平稳的十年。在此期间罢工频次一直保持在1 000至2 000次之间,参与人数亦围绕着40万上下波动。罢工主要诉求亦集中在8小时工作制及工资上涨。1897年是具有特殊意义的一年,联合煤矿工人赢得罢工,其关于工资增加和8小时工作制的诉求得到满足。由于工业繁荣和工会组织扩张,1899年和1900年罢工频次和参与人数较前几年有大幅提升,但从更长期数据看,仍然较为稳定。

1901—1905年美国罢工频次和参与人数有了较大跃升,其中罢工频次稳定在2 000至3 000次之间,参与人数在50万至80万之间波动。罢工主要诉求除了工资上涨之外,承认工会合法性的诉求越来越强烈。尽管1900年罢工关于工资上涨及工时缩短的诉求一定程度上得到了满足,但正式承认工会从未被满足。因此,1902年美国联合矿工举行了相关罢工(Perlman,1923)。

由于缺乏统计数据,1906—1913年间并没有准确的罢工数据,但零星材料记录着多次罢工,罢工诉求包括工资上涨、工时缩短及工会承认等。

由于深受"一战"的影响,1914—1920年是美国罢工史上不平凡的几年,无论是罢工频次或是参与人数都达到了历史峰值。由于战争影响,物价上涨及劳工需求上升,罢工频次在1917年达到了历史峰值4 450次,涉及行业包括与战争相关的建筑、运输、金属交易、煤炭、谷物、制衣等。由于不断增长的生活成本及工会扩张和战争影响,罢工参与人数在1919年达到了峰值,超过400万人次。1919年爆发了多次大罢工,包括西雅图大罢工、波士顿警察罢工、新英格兰电话行业罢工、钢铁行业以及烟煤开采行业大罢工。其中,钢铁行业大罢工参加人数为367 000人,诉求是工会承认。② 烟煤开采行业大罢工参与人数为425 000人,占整个行业总人数75%的工人参加了此次罢工,诉求是工资上涨。③

1921—1930年,虽然个别年份有所反复,但总体来讲美国罢工呈现稳步减少趋势,罢工频次从1921年的2 385次降至1930年的637次,参与人数亦从110万降至18万,罢工主要诉求是反对由于生活成本下降所带来的工资下

① 作者注:工人骑士团成立于1869年。

② 这次罢工以失败告终,工人们逐渐回到工作岗位。参见 *Monthly Labor Review*, December 1919, pp. 79—94。

③ 这次罢工历时两个月(1919年10月至12月)。参见 *Monthly Labor Review*, December 1919, pp. 61—78。

降态势。

(三)美国工人罢工运动高潮阶段(1931—1980 年)

1931—1980 年为工人罢工运动高潮阶段。这一时期资产阶级和工人阶级斗争日趋激烈，工人力量日趋壮大，工会组织日趋严密，工会得到越来越多工人的信任和依赖，工会密度不断升高，罢工运动此起彼伏，罢工强度始终高位运行。为了应对汹涌的罢工潮，资产阶级当局不得不连续出台多项旨在限制工会权力的多项劳工关系法案，即便如此，罢工潮一直持续到 20 世纪 70 年代后期。罢工诉求亦呈现多样化，主要包括增加工资、减少工时、工会合法性认可，以及养老金、社会保险和其他附加福利等。

1931—1940 年，美国罢工发展状况与 1921—1930 年正好相反，呈上升趋势，工人罢工频次从 1931 年的 810 次上升至 1940 年的 2 508 次，参与人数从 34 万跃升至 100 万左右，罢工诉求主要是反对经济萧条期间工资下降。在此期间，大萧条重创美国经济，1933 年富兰克林·罗斯福就任美国总统后开始施行一系列经济政策，作为“第二次新政”(1935—1938 年)一部分的《国家劳工关系法案》(National Labor Relations Act of 1935，“The Wagner Act”)于 1935 年颁布实施。该法案第一次提出保障私营部门工人组织工会、集体谈判及罢工等合法权利。[①] 由于该法案施行及经济复苏，奉行不合时势行会主义、自愿主义的美国劳联(American Federation of Labor)被高举产业工会主义和推动政府干预经济两面大旗的产联(Congress of Industrial Organizations)所冲破，开拓了现代劳工运动道路的转折过程。一时间，上百万产业工人等不及工会组织人员到来，纷纷自己建立工会，申请上一级工会特许(蒋劲松，1991)。工会人数大幅增加，罢工行为亦大幅增多，仅 1937 年罢工频次达 4 740 次，参与人数达 186 万。

1941—1946 年，《国家劳工关系法案》影响持续发酵，受经济复苏及第二次世界大战影响，美国罢工运动风起云涌，其中 1944—1946 年尤为严重，三年的罢工频次均接近 5 000 次，参与人数分别为 211 万、346 万及 460 万人次。与 1919 年相似，1946 年是第二次世界大战后的第一年，罢工主要诉求集中在工资上涨和工会承认，该年罢工频次和参与人数均超过 1919 年，但 1946 年参与罢工人数占总劳工数量的比值为 14%，小于 1919 年的 21%。

1947—2018 年美国劳工统计局对罢工统计依据进行了调整，由原先针对 6 人以上罢工进行统计调整为 1 000 人以上进行统计，统计范围与原先相比缩小较多，每年罢工次数和参与人数与 1947 年之前具体数据相比大大降低，但由于 1 000 人以上罢工更具代表性且更易操作，统计数据真实性有了较大

---

① 1935 年《国家劳工关系法案》，参见 National Labor Relations Board：https://www.nlrb.gov/how-we-work/national-labor-relations-act。

提升。由于具体罢工统计数据与罢工数据长期趋势相比对研究整个美国历史罢工运动意义相对较小，本文着重关注于罢工强度趋势，所以虽然时至1980年美国劳工统计局每年出版的罢工分析简报中包含了6人次以上罢工数据统计，本文为了研究标准统一，对1947年后美国罢工数据研究均采用美国劳工统计局新式统计数据。

新式统计数据包括罢工次数、罢工参与人数及罢工闲暇天数，其中增加了罢工闲暇天数这一变量，罢工闲暇天数是指罢工参与总人数所失去的总工作时间，不包括公共假日及其他本应闲暇的时间。在特定情况下，其反映了罢工严重程度和诉求满足难易程度，具有重要的考察意义。

1948年是美国罢工运动第二次世界大战后的第一个低谷，其罢工次数为245次，参与人数为143万人次，闲暇天数为2 600万天。1944—1946年，受战争末期影响，一方面劳工面对着日益上升的生活成本，另一方面战时向和平年代过渡时期，企业失去军事订单而减少劳工工作时间，导致工人得到的报酬相对减少，加上工会地位低、战时劳工委员会没有兑现改善工作环境的承诺等原因，以及1935年通过的《国家劳工关系法案》的支持，美国罢工运动相当剧烈。仅1946年罢工次数达5 000次(6人以上)，参与人数达460万，占工人总人数比例达14%，比值虽然与1919年相比有所下降，但从绝对数来看，在当时是相当严重的，这直接导致了1947年《劳工管理关系法案》(Labor Management Relations Act of 1947, the Taft-Hartley Act)的出台，很大程度上限制了工会的活动和权力。[①] 该法案通过后，工会在由全国劳工关系委员会(NLRB)主持的选举中获胜次数降低了。1935年通过《瓦格纳法案》后的12年间，工会在超过80%的选举中赢得了胜利，但就在1947年《塔夫脱—哈特利法案》通过后的第一年，工会仅赢得了选举的70%左右。[②] 1947—1948年，美国罢工次数和参与人数有所减少。[③]

1948年后，美国罢工运动规模迅速回升，至1952年各项数据达到了1947—2018年期间的最高点。1952年罢工次数为470次，参与人数达274.6万人次，闲暇天数为4 882万天。六人以上罢工次数达5 117次，达历史最高。创历史的罢工规模导致了国家紧急争论(National Emergency Disputes)。罢工的诉求主要包括工资及相关，如养老金、社会保险和其他附加福利。[④]

1952—1963年，美国罢工运动激烈程度下降较多，至1963年，罢工次数

① 1947年《劳工管理关系法案》，参见National Labor Relations Board: https://www.nlrb.gov/about-nlrb/who-we-are/our-history/1947-taft-hartley-substantive-provisions。

② 参见National Labor Relations Board. 1959 Landrum-Griffin Act: https://web.archive.org/web/20110127001825/, http://www.nlrb.gov/75th/1959landrumgriffinact.html。

③ 参见Work Stoppages Caused by Labor-Management Disputesin 1945: Bulletin of the United States Bureau of Labor Statistics, No. 878。

④ 参见Analysis of Work Stoppages During 1952: Bulletin of the United States Bureau of Labor Statistics, No. 1136。

为181次,参与人数为51.2万,闲暇天数为1 002万天,分别是1952年的38.5%、18.6%和20.5%。其间罢工运动也经历几次程度较小的上升,如1955年和1958年。但1959年美国《劳动管理报告和披露法案》(也称为"LMRDA"或"兰德鲁姆—格里芬法案"),规定工会的内部事务及其管理人员与雇主的关系,其实质是1947年《劳工管理关系法案》的强化版(Lee,1990),该法案表面上保护工会成员权利免受工会管理层不公平对待,但实质上大大限制了工会的活动和权力。尤其是极大地限制了工会管理人员的权力,工会运动组织凝聚力及积极性亦受到严重影响,罢工运动强度自此之后进入了下降趋势。此期间罢工诉求主要集中于劳工合同到期和重新签署,其他还包括工资变化、工厂管理及工作安全等。①

1963—1969年美国罢工运动激烈程度有了连续提升,但峰值与1952年相比逊色不少。1969年美国罢工次数为412次,参与人数为157.6万人次,闲暇天数为2 939.7天,与1963年相比分别是其2.27倍、3倍和2.93倍,但与1952年相比,三项数据分别达到其87.6%、57.3%和60.2%。

1969—1980年是美国战后罢工运动比较平稳的几年,罢工次数稳定在200次至400次之间,罢工参与人数及闲暇天数波动相对较大,但依然分别维持在100万至250万之间和1 500万至3 000万之间。

(四)美国工人罢工运动衰退阶段(1981—2018年)

1981—2018年为工人罢工运动衰退阶段。在此期间,资本主义制度奠定基础已然形成。一方面,技术的发展和进步促使资本的有机构成不断提高,造成资本对劳动相对需求减少,造成劳动的相对过剩。另一方面,资本主义带有目的性的鼓励生育及移民等人口政策,造成劳动力的供给日益增多,大批工人找不到工作,形成绝对过剩人口。加上20世纪中叶两次劳工关系法案的限制,工会很难组织起强有力的罢工运动,进而逐步失去工人的信任,工会密度开始下降,工人阶级在与资本的斗争中日益落入比较尴尬的困境,罢工成功率开始降低,罢工机会成本却大幅提升,罢工强度亦持续下降。

1981—2018年美国罢工运动特点包括持续时间长、波动小、速度快和剧烈程度降幅大等。罢工次数、参与人数及闲暇天数分别从1981年的145次、72.9万人次和1 690万天降至2009年的5次、1.2万人次和12.4万天。1982年参与人数历史首次降至100次以下,至2018年期间美国罢工次数一直少于100次,除了2005年,2002—2018年间美国罢工次数一直保持在20次以内。虽然参与人数和闲暇天数波动幅度较大,但总体来说亦为较为明显的下降趋势。

① 参见Analysis of Work Stoppages,1963:Bulletin of the United States Bureau of Labor Statistics,No. 1420。

1947—2018年期间美国罢工次数、参与人数及闲暇天数三者数据关联度较高,基本处于同步状态。罢工运动大体趋势三者基本一致,峰值和谷值在相应年份大体同步,但也有几处特殊情况。例如1969年和1974年,罢工次数和罢工参与人数出现了不一致现象,参与人数往往提前罢工次数2～3年,分别在1967年和1971年达到峰值。罢工强度包括罢工次数、参与人数及闲暇天数这三项数据中闲暇天数波幅最大。其中1949年、1952年、1959年、1970年、1989年及2000年闲暇天数的波幅特别大。

纵观美国建国以来罢工运动统计数据,不难得出其工人罢工强度呈现出明显的先升后降的趋势,虽然1946年前后美国劳工统计局对罢工数据统计标准和统计方式进行了调整,但是经过标准化处理后,所得相对数据和趋势仍清晰地表现出这一特点。

二、特　征

(一)美国工人罢工强度与经济周期呈正向关系

研究1776—2018年美国国内工人罢工运动,我们发现罢工强度一般趋势遵循经济周期规律,与经济活动呈正向关系。虽然存在特殊时间段罢工强度亦与经济活动存在反向关系,但总的来说,当经济活动减少就业机会消失时,罢工往往会减少;反之,工会活动复兴和产业纠纷通常伴随着经济复苏和繁荣。

1880年之前虽然没有确凿的官方数据,但从记录工人运动的零星材料中,我们可以得出罢工运动强度基本遵循伴随经济活动正向运动的特征。

1830—1840年期间,罢工次数呈现出先增加后减少的特点,由于1837年的大萧条,罢工频率减少了。1834—1836年期间,费城报纸提及152次罢工,数量空前。① 这一时期罢工强度提升的原因之一是1835—1836年经济繁荣而导致通货膨胀和生活成本提升,工人们有着强烈的工资提升诉求。1840—1850年期间,由于经济萧条摧毁了大量工会,只发生了很少几次罢工,诉求是10小时工作制及反对工资下降,但均以失败告终。② 1850—1860年期间的前半段,经济情况好转,罢工次数也增加,尤其1853年和1854年增加速度最快,达到了400次。罢工诉求包括工资增加、商店关闭、更短工作时间、夜班废除、工资支付频率规律性、现金支付代替商店票据以及限制学徒等。与之前相比,由于工会组织较好,罢工的成功率得以提高。③ 之后,由于1857年6月至

① 参见 *History of Labourin the United States*, Volume I, p. 390。

② 参见 Third Annual Report of the Commissioner of Labor, 1887. Strikes and Lockouts. Washington: Government Printing Office. pp. 1037—1040。

③ 参见 Commons, J. R., SAPOSSD, J., SUMNERH, L., et al, 1918, *History of Labourin the United States*. Beard Books. Volume 1, pp. 607—614.

1858 年 12 月及 1860 年初美国连续发生经济萧条,罢工即相对减少。1860—1870 年期间,由于美国内战叠加期间间隔较短的三次经济萧条,该时期罢工强度不高。1870—1880 年,唯期间初见证了强劲的工会复兴,但由于 1873—1879 年美国发生了史上历时最长的经济衰退,罢工活动长时间低迷,且主要以避免工资下降为诉求的防御性罢工为主。

1880—2018 年间美国共发生 28 次经济萧条,1906—1913 年缺少官方数据记录,在此期间共发生 3 次经济萧条,则与罢工强度相关的经济萧条共 25 次。其中罢工强度共下降 17 次,上升 5 次,无明显变化 3 次,即正向关系 17 次,占总次数的 68%,负向关系 5 次,占比为 20%,关系不明显 3 次,占比为 12%。其中,1880—1946 年间共发生 17 次经济萧条,与罢工有效相关者仅为 14 次,正向关系 7 次,负向关系 4 次,关系不明显 3 次,占此期间总次数比重分别为 50%、29%、21%;1947—2018 年间共发生与罢工有效相关经济萧条 11 次,正向关系 10 次,负向关系仅为 1 次,占此期间总次数比重分别为 91%、9%、0%。由数据可得,美国罢工运动遵循经济周期关系在 1947—2018 年期间比 1880—1946 年期间表现更加明显。

由于罢工强度受多方影响,除了纯粹经济运行情况及价格和商业条件因素外,其他条件如政治局势、工会密度、工人心态、劳工领导类型及劳工法案等均对罢工强度产生一定影响。所以这种规律性并不是所有年份都吻合,如上文所示,特殊时间段亦有存在可能,罢工强度亦可能与经济活动存在反向关系。例如,1899 年 6 月至 1900 年 12 月美国经济经历了长达 18 个月的衰退,但期间罢工次数和参与人数均超过了萧条之前相对繁荣的几年。1918 年 8 月至 1919 年 3 月是美国历史上衰退历时第二短的时期,但罢工强度尤其是罢工参与人数上涨幅度巨大,达到 1880—1946 年旧时统计方法史上的次高点,1919 年罢工参与人数达 416 万,是 1918 年的 3.36 倍。1929 年 8 月至 1933 年 3 月期间是美国历史上历时最长的经济衰退期,罢工强度虽然在图 1 上看属于低谷,但衰退期间罢工强度经历了缓慢上升的过程,尤其参与人数在 1933 年快速上升。1945 年 2 月至 1945 年 10 月与 1918 年 8 月至 1919 年 3 月期间比较类似,虽然经济衰退历时短,但罢工强度尤其是罢工参与人数在 1946 年上升至 1880—1946 年的最高点。1948 年 11 月至 1949 年 10 月是美国劳工统计局采用新式罢工统计方法后所经历的第一次经济衰退,罢工强度并没有受到经济衰退及《劳工管理关系法案》双重影响,仍然小幅上升。

(二)美国工人罢工强度与实际收入生产率差距呈负向关系

美国罢工强度包括罢工次数、参与人数、闲暇天数与实际收入和生产率之间的差距呈负向关系。1947—2018 年间罢工强度经历了持续高位运行至逐步下降过程,下降趋势较为明显,两阶段分界点在 1973—1975 年间。与此同时,1948—2017 年美国实际收入和生产率之间的差距经历了持续低位运行至逐步扩大过程，扩大趋势亦较为明显，两阶段分界点在1973年。

如图2所示，1947—2018年间罢工强度经过了持续高位运行至逐步下降过程，下降趋势较为明显。以1973—1975年为界，前期罢工强度持续高位波动，尤其是1 000人以上参与规模罢工次数始终保持在300次至600次之间。其后快速进入下降周期，虽然期间有所反复，但下降趋势仍较为明显，甚至1 000人以上参与规模罢工次数在2009年和2017年分别仅达5次和7次，降至历史最低点和次低点。

与此同时，图2所示实际收入和生产率为二者变化积累百分比①，1948—1973年实际收入与生产率积累百分比呈现着齐头并进趋势，二者增长斜率几乎一致，即二者差距持续低位运行，可以说差距微小。1973—2017年实际收入积累变化百分比停滞不前，近似水平线，其间甚至出现下降，但生产率仍按照原有斜率持续增长，最后的结果即二者差距越拉越大。数据显示，1948—1973年美国工人实际收入积累增长率为90.9%，生产率积累增长率为95.7%，差距较小；1973—2017年实际收入积累增长率为12.4%，生产率积累增长率为77%，差距明显。

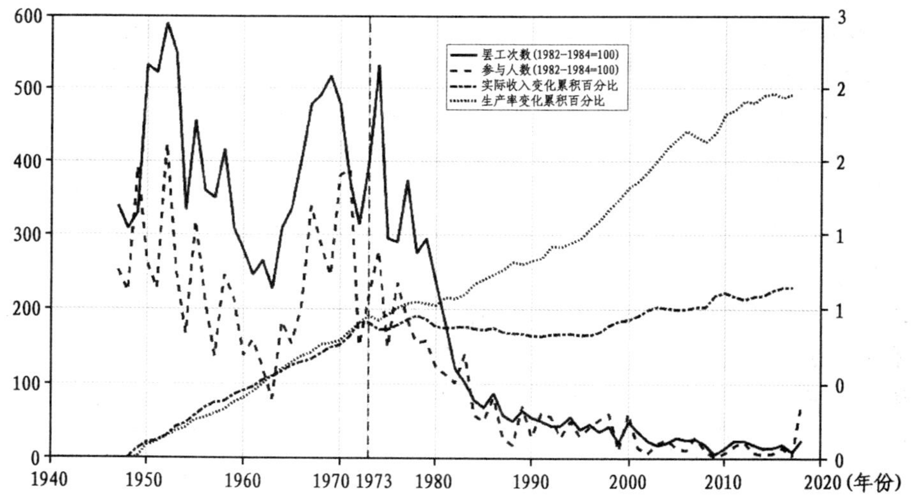

图2　美国罢工强度与实际收入生产率差距变化图(1948—2017年)②

数据来源：美国经济政策研究所(EPI)。

① 用变化率代替增长率主要是因为1973年之后很长一段时间美国工人实际收入处于下降趋势。

② 图2包括两部分，一部分是实际收入和生产率累积变化率，实际收入指私营部门非管理层员工工资和福利，生产率指整个经济净生产率。数据来源于经济政策研究所(EPI，Economic Policy Institute)，https://www.epi.org/productivity-pay-gap/。

表面看,美国罢工强度长周期下降反映了美国工人阶级生活生产状况的改善,但是通过对比研究美国工人实际收入及美国生产率,我们发现二者之间差距拉大了,也就是说,美国工人阶级实际收入近 50 年来几乎没有变化,但生产率却沿着原有轨迹持续增长。自 1948 年以来,美国生产率提高了 246.3%,但实际工资仅增长了 114.7%。半个世纪以来,美国工人阶级实际收入几乎没有变化,美国劳工统计局数据显示,以美国 2018 年为基础通货膨胀调整后平均实际时薪测算,1964 年为 20.27 美元,2018 年为 22.65 美元。基于超长历史视距分析,实际工资增长并未紧跟生产率提高的步伐。也就是说,美国工人阶级长期以来生产生活收入状况并没有改善,相比 1973 年之前反而逐步步入困境。

(三)美国工人罢工强度与工会密度呈正向关系

罢工强度受多维因素综合影响,除了纯粹经济运行情况及价格和商业条件因素外,其他条件如政治局势、工会密度、工人心态、劳工领导类型及劳工法案均对罢工强度产生一定影响,其中工会密度影响因子最为重要。超长历史视距下,美国工人罢工运动数据及走势图(图 1)与工会密度趋势图(图 3)之间呈紧密契合且正向关系,工会密度对罢工运动和罢工强度的影响程度不证自明。

1900—2018 年期间美国工会密度拥有明显先上升再下降趋势,峰值形成于 1945—1955 年间,如图 3 所示,峰值超过 35%,即彼时美国工会会员数占工人总数的 35%,1900 年和 2018 年分别是两端最低点 6.5%和 6.4%。以 1930 年为界,亦可将美国工会密度分为两个完整周期:第一个周期为 1900—1930 年,第二个周期为 1930—2018 年。1900—1930 年期间美国工会密度遵循先上升后下降趋势,由 1900 年的 6.5%上升至 1920 年的 19.2%(峰值),之后逐步下降至 1930 年的 13.3%。1930—2018 年期间工会密度变化亦为完整周期,由 1930 年低谷快速上升至此周期峰值并于 1940—1980 年间持续高位波动,此区间工会密度始终保持在 25%以上。1980—2018 年美国工会密度逐步减小,由 25%降至 2018 年的 6.4%。

1900—2018 年期间美国工人罢工强度亦拥有明显周期,峰值亦形成于 1945—1955 年间,由数据可知,罢工参与人数在 1946 年达到历史峰值 460 万,占全部工人 14%。以 1930 年为界,亦可将美国工人罢工强度分为两个完整周期。第一个周期 1900—1930 年期间罢工强度遵循先上升后下降趋势,虽然 1906—1914 年数据缺失,但对大体趋势判断几无影响,罢工参与人数在 1919 年达到峰值 416 万,仅次于 1946 年。1930—2018 年期间罢工强度变化亦为完整周期,由 1930 年低谷快速上升至此周期峰值,罢工强度持续高位波动的区间亦为 1940—1980 年,此时间段内罢工强度虽有反复,但整体均值仍然较高。1980—2018 年美国工人罢工强度亦逐步减小,罢工次数降至个位数。

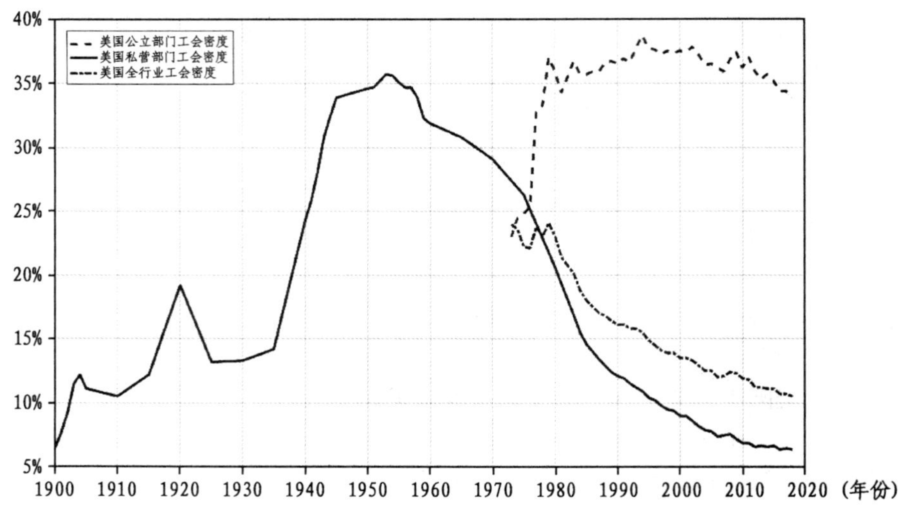

图 3 美国私营部门工会密度趋势图(1900—2018 年),
公立部门和全行业工会密度趋势图(1973—2018 年)①

数据来源:美国劳工部统计局(1900—2018),美国当代人口研究(CPS)。

随着美国工会密度下降,甚至 2018 年工会密度低于 1900 年,工会力量衰败严重,已然无力组织起几场规模较大的罢工,甚至于在个别地区工会组织已经无力发起与雇主的谈判。

什么导致美国工会密度不断衰落呢? 根本原因在于美国资产阶级对代表工人阶级利益的工会剥削和限制,1947 年和 1959 年劳工关系法案的通过即是明证。直接原因是美国工业占经济总量比重大幅萎缩,随着贸易壁垒减少和经济全球化,制造业企业将工作外包出去,私人部门工人主要集中在零售业等服务行业,这些行业就业拥有工资低、工作不稳定、就业人数少、利益多元等突出特点,天然不利于工人阶级团结起来,其结果必然导致美国私人部门工会参与率急剧下降。

(四)小结

工会密度对一国工人运动及罢工强度的影响至关重要,如上文所示,超长视距历史范围内,美国工人罢工强度随工会密度紧密波动。资本主义早期阶段,资本主义制度的一般基础并未完全奠定及稳固,叠加两次世界大战对资本主义的影响,资产阶级无暇他顾,工人阶级在与其斗争中不落下风,彼时工人

① 工会密度指受雇工人加入工会的比重。数据来源:美国私营部门工会密度(1900—2018 年)来源于 US Department of Labor Bureau of Labor Statistics, Leo Troy & Neil Sheflin, Union Source book, US Census Bureau (https://www.bls.gov/opub/mlr/department/home.htm),美国公立部门和全行业密度(1973—2018 年)来源于 Union Membership and Coverage Database from the CPS (http://www.Unionstats.com)。

阶级运动风起云涌,加入工会拥有较高积极性,工会密度处于攀升及高位波动阶段,工人阶级罢工强度亦随着工会密度攀升及高位波动,通过艰苦持续的斗争,工人才能争取到实际收入积累变化率没有被劳动生产率积累变化率拉开的结果。美国工人阶级罢工运动强度遵循经济周期关系,经济低谷时罢工强度弱,经济强劲时罢工强度就强些,而且 1947—2018 年期间比 1880—1946 年期间表现得更加明显。这又从侧面说明了资本主义发展早期工人阶级敢于斗争,在工会密度维持高位的情况下斗争强度受外围经济影响程度相对小一些,斗争的机会成本相对低一些。

资本主义发展中后期阶段,资本主义制度的一般基础已然奠定。“一旦资本主义制度的一般基础奠定下来,在积累过程中就一定会出现一个时刻,那时社会劳动生产率的发展成为积累的最强有力的杠杆”(马克思,2004)。技术的发展和进步促使资本的有机构成不断提高,资本家为了提高劳动生产率,总是力求提高劳动的技术装备,而用于购买劳动力的可变资本相对减少,造成资本对劳动的相对需求以及这种需求的增长和预付资本量的增长比起来,以递增的速度减少。一方面,劳动力的供给却日益增多,在越来越多的工作岗位可以实现自动化的大环境下,劳动力并不稀缺。事实上,如果将机器劳动力计算在内,美国劳动力供应很充足,大批工人找不到工作,形成相对过剩人口。相对过剩人口作为资本主义积累的一般规律发生作用的必然产物,反过来又成为资本主义生产方式存在的一个条件,伴随着资本主义生产的萧条与繁荣而相应膨胀或收缩。由于大量失业人口的存在,资本家借此压低在业工人工资,加重对在业工人的剥削(刘晋,2013)。另一方面,资本主义制度的发展奠定会加速工人阶级组织能力的瓦解。资产阶级政府运用手中政治权力、经济实力大力支持资本,通过所谓民主手段颁布各种表面上具有积极意义的劳工关系法案,如 1947 年《劳工管理关系法案》和 1959 年《劳工管理报告和披露法案》。但需要注意的是,美式民主终归是资产阶级的民主,是富豪的民主,而不是工人阶级的民主和穷人的民主(程恩富、段学慧,2017)。此类法案必然有利于资产阶级而对无产阶级形成打压。法案的颁布使美国工会组织能力受到很大削弱而失去工人的信任,工会密度逐步下降,工人罢工运动陷入长期低迷的境地。

正如马克思所说:“工资不是它表面上呈现的那种东西,不是劳动的价值或价格,而只是劳动力的价值或价格的隐蔽形式。”(马克思、恩格斯,1995)在《资本论》中,马克思指出工资在数量上由劳动力价值决定,同时还受劳动力市场供求关系以及无产阶级和资产阶级斗争状况影响。工人与资本家之间斗争会影响工资水平波动。工人和资本家共同分享雇佣劳动创造的新价值,一方分得的愈多,另一方分得的就愈少。无产阶级与资产阶级之间在经济利益上的根本对立,使得无产阶级为了维护自己生存的权利,必然要加强团结,为争取提高工资而进行斗争。

三、新趋势

美国工人罢工运动及罢工强度有反弹迹象，这一现象主要集中在公立部门。美国工人罢工运动陷入低潮境遇可能得到改善，就业市场正在改善，部分制造业就业正在重返美国，如西海岸港口和炼油厂工人罢工见诸媒体。工人对劳工组织的态度亦在好转，大约51%的美国人对工会有好感，为2007年以来最高支持率。不过，这一比例仍大大低于2001年的63%。① 虽然美国私营部门工会密度并没有实质性提升，但是公立部门工会密度仍维持较高水平，罢工强度似乎正在拐头向上。

1960年之前，美国罢工运动参与人结构主要由私营部门工人组成。1960年之后，美国公立部门工会在私营部门工会显著下降的大背景下增长迅速，且成功地为其工会成员争取到较好工资和较高福利。至2010年政府雇员数量超过2 000万人次，其中840万人次加入工会，占比42%。② 2009年美国公立部门工会会员人数首次超过私营部门，分别为790万人次和740万人次。③

2018年美国共发生20起规模以上罢工事件，这是自2007年以来的频次最高的一年。参与人数为485 000人次，创1986年以来的新高。其中教育服务、医疗卫生、社会救助等公立部门罢工占比达90%。2009—2018年间，教育服务、医疗卫生及社会救助行业罢工数占总罢工数近五成。2018年，最大罢工（以闲暇天数为基础）发生在亚利桑那州教育协会，共81 000名教职人员参加，共闲暇486 000天。规模第二的罢工发生在俄克拉荷马州教育协会，共闲暇405 000天。④ 州范围内教育系统发生大型罢工的州包括西弗吉尼亚州、肯塔基州、科罗拉多州和北卡。历时最长的罢工发生在国家电网和美国钢铁工人联合会，当年罢工闲暇天数为156 000天。国家电网罢工开始于2018年6月25日，一直到当年年末仍在继续。

但来自资本的压力亦随之而来，2011年以来美国政府以日益增长财政危机为借口反对公立部门工会，公立部门工会招致空前压力和打击，尤其来自资产阶级保守派执政的威斯康星州、印第安纳州、新泽西州和俄亥俄州等地，多

---

① 松风，《美国的变迁：罢工为何已成往事？》，参见 http://finance.sina.com.cn/stock/usstock/economics/20150212/141321539064.shtml。

② 参见美国人口调查局"Census Bureau Reports State and Local Government Employment Remains at 16.6 Million"（2010年8月10日出版），美国劳工统计局"Table 3. Union affiliation of employed wage and salary workers by occupation and industry"。

③ 参见 DiSalvo, D., 2010, The Trouble with Public Sector Unions, https://www.nationalaffairs.com/publications/detail/the-trouble-with-public-sector-unions。

④ 参见美国劳工统计局网站工人罢工数据（1993—2019年），https://www.bls.gov/web/wkstp/monthly-listing.htm。

地议会试图通过新劳工法案来大大削弱工会的集体谈判权。

参考文献

[1]Commons, J. R. , SAPOSSD, J. , SUMNERH, L. , et al, 1918a, "History of Labourin the United States", *Beard Books*, Volume 1, pp. 156—159.

[2]Commons, J. R. , SAPOSSD, J. , SUMNERH, L. , et al, 1918b, "History of Labourin the United States", *Beard Books*, Volume 1, pp. 607—614.

[3]Lee, R. A. , 1990, *Eisenhower & Landrum-Griffin: A Study in Labor-management Politics*. Kentucky: University Press of Kentucky, p. 202.

[4]Perlman, S. , 1923, *A History of Trade Unionism in the United States*. New York: Macmillan, p. 177.

[5]程恩富、段学慧,2017,美国式民主制度损害世界经济和民生——兼论特朗普新政,《世界社会主义研究》,第 5 期,第 66—73 页、第 95—96 页。

[6]蒋劲松,1991,论新政至二战时期美国劳工运动的社会化,《世界历史》,第 1 期,第 72—80 页。

[7]刘晋,2013,马克思主义经济学与现代西方经济学工资理论之比较,《学术交流》,第 4 期,第 75—78 页。

[8]马克思,2004,《资本论》,北京:人民出版社,第 717 页。

[9]马克思、恩格斯,1995,《马克思恩格斯全集》,北京:人民出版社,第 310 页。

Labor Movements Amid Strike in the United States: Development History, Characteristics, and New Tendency (1776—2018)

Qian Yubo

Abstract The paper takes the labor movements amid strike from 1776 to 2018 in the United States as the research object, analyzes its development stage and history since the founding of the United States, and discusses the relationship between the strike intensity and the economic cycle, the relationship between the actual income and the density of the labor union, and the new tendency of the strikes in recent years. The strike intensity of the labor strikes in America from 1776—2018 showed an obvious trend of rising at first and then descending. The labor movements amid strike had gone through four stages, namely, gestation stage, growth stage, climax stage, and recession stage. In the gestation stage, the strikes feature low guild density, spontaneity and appeals being defensive. In the growth stage, the strikes feature the guild member increasing, the appeals turning to positive. In the climax stage, the guild density and the strike intensity both remain at high level. And finally, in the recession stage the fight against capital falls into an increasingly awkward predicament. The development history shows, the strike intensity mostly is positively correlated with the economic cycle and guild density, but negatively correlated with the gap between the actual income and the productivity. Expansion of the gap between the actual income and the productivity and the decline of the guild density reveal the essence of the continuous decline of the strike intensity in both positive and negative aspects, that is, the value created by labors should be shared by labors themselves and capitalists, but the relative overpopulation resulted in by the increase of productivity is accompanied by the transfer of industry, economic cycle and the so-called American democratic system, which reduces the labors into the predicament of "less benefits but high struggle cost" when they fight against capital. The proletariat and bourgeoisie are fundamentally antagonistic to each other in light of economic interests. In order to guarantee their own rights, the proletariat should necessarily strengthen solidarity to fight against the bourgeoisie. It is gratifying that in recent years, the labor movement organized by the labor union of the public sector in the US has begun to recover, and the strikes to struggle for their own rights and interests by the public sector employees are also increasing.

Key words Strike Intensity Economic Cycle Actual Income Guild Density

海派经济学
第 18 卷第 1 期,2020 Journal of Economics of Shanghai School No. 18,1,2020

资本主义肮脏的秘密,一个新的前进方向
——关于资本家肮脏秘密的演说

[美]尼克·汉诺尔

[译者按]自称为“骄傲且毫无悔意的资本家”中的一员的汉诺尔是美国现代经济政策的主要批评者之一,其对当前美国社会日益加剧的不平等以及不平等给美国带来的严重后果有着激进的思考。汉诺尔认为,不平等加剧的主要原因在于资本主义肮脏的秘密——旧经济学,具体来讲,指的是新自由主义经济思想,因此,他主张推翻新自由主义经济思想在经济学的统领地位,致力于推动新经济学的创立。除学术思想之外,汉诺尔还是一位积极的活动家。为了参与国家和社会治理,汉诺尔组织并管理着包括 Civic Ventures、Civic Action、教育选民联盟和枪支责任联盟等政治组织,并通过演讲和写作来宣传自己的思想。汉诺尔关于政治和经济学的观点一经提出,便受到了媒体的广泛关注,被美国《纽约时报》《彭博商业周刊》《大西洋和民主杂志》等众多媒体争相报道。另外,汉诺尔还通过“政客”(Politico)、“彭博新闻社”(Bloomberg News)和 TED 等媒体宣传自己的政策主张,获得了数千万民众的关注。同时,汉诺尔还是两本畅销书——《真正爱国者》(*The True Patriot*)和《民主花园》(*Gardens of Democracy*)——的合著作者。值得一提的是,汉诺尔是美国最早提倡 15 美元最低工资标准的倡导者之一。

我是一个资本家,曾先后供职于 30 多家公司,在 30 年资本主义体制下的职业生涯里,创造了数百亿美元的市场价值。现在,我不仅成为所有收入者前 1%中的一员,而且是其前 0.01%中的一员。今天,我来到这里分享我们成功的秘诀。那么,问题是我们是怎么做到的?我们如何做到每年都在经济蛋糕中占据越来越大的份额?是因为有钱人比 30 年前更聪明吗?是因为我们比以前更努力吗?是因为我们更高或是更好看了吗?可惜不是。归根结底,原

收稿日期:2020—01—10

作者简介:尼克·汉诺尔(Nick Hanauer)在制造业、零售业、电子商务、数字媒体和广告、软件、航空航天、医疗保健、金融等众多行业中拥有 30 多年的从业经验,先后管理、创立或资助了 30 多家公司,总市值达数百亿美元,帮助建立或管理了不同行业的公司投资组合,是美国顶尖富豪之一。文章来源:Hanauer,N.,The dirty secret of capitalism—and a new way forward. [EB/OL](2019—07)[2020—01—17]. https://ted2srt.org/talks/nick_hanauer_the_dirty_secret_of_capitalism_and_a_new_way_forward。

因只有一个:经济学。因为,有这样一个肮脏的秘密。

曾经有一段时间,经济学专业是在为公共利益服务,但到了新自由主义时代的今天,他们只为大公司和亿万富翁服务,从而造成了一些问题。我们可以选择实施一些诸如对富人增税、对大企业进行管控,或者提高工人工资的经济政策,这些我们以前都做过,但新自由主义经济学家们警告大家说所有这些政策都将是可怕的错误,因为增税总会扼杀经济增长,任何形式的政府管控都是无效的,并且提高工资总会扼杀工作机会。如此想法的结果是,在过去的30多年里,仅在美国,占总人口1%的最富有人群,他们的财富已经又增加了21万亿美元,变得更为富有,而占总人口50%的底层穷人的财富仅增加了9 000亿美元,变得更加贫穷。一个扩大不平等的发展模式在全世界大部分地区不断上演。可是,当中产阶级家庭依靠过去大约40年里没有丝毫变化的工资艰难度日的时候,新自由主义经济学家们继续警告说,对于财政紧缩和全球化的惨痛混乱局面,唯一合理的回应是进一步推行财政紧缩和全球化。

那么,社会该做些什么呢?我非常清楚我们需要做什么。我们需要一个新的经济学。如今,经济学已经被描述为一门差劲的科学,如此描述有充分的理由,因为,尽管其中的数学令人炫目,但就目前它所教的内容而言,经济学根本不是科学。事实上,越来越多的学者和从业者已经认定,新自由主义经济理论已经错误到了危险的境地。当前日益增大的不平等加剧的风险和恶化的政治动荡正是过去几十年错误经济理论的直接结果。我们现在知道了,促成我这么有钱的经济学不仅错了,而且是学界的倒退。因为事实证明,促使经济增长的不是资本,而是人;促进公共利益的不是私利而是互惠互利;制造了我们繁荣景象的不是竞争,而是合作。我们现在能够看清楚了,一个既不公正又不包容的经济学永远无法维持支撑现代社会繁荣昌盛所必要的高水平的社会合作。

那么,我们错在哪儿了呢?其实,事实已经非常清楚,支撑新自由主义经济理论的基本假设存在着客观错误。所以,今天首先,我想带大家了解一些错误的假设,之后给大家描述一下科学表明的繁荣的真正来源。

新自由主义经济学的第一个假设是,市场是一个有效均衡的系统。基本意思是,假如经济体系里的一个事物,比如工资,上涨了,那么经济体系里的另一个事物,比如就业,就必须下降。所以,在我居住的西雅图,当2014年我们通过国家首个15美元最低工资标准的时候,新自由主义者们对他们珍贵的均衡极度担忧。"如果你提高劳动力价格,"他们警告道,"企业将减少对劳动力的购买,成千上万的低收入工人将会失去工作,餐馆将会关门。"只是……他们并没有。失业率大幅下落,西雅图的餐饮业兴盛起来。为什么?因为没有均衡;因为提高工资并不扼杀就业,反倒创造就业;因为,比如,当餐馆老板突然被要求付给员工足够多的钱,结果工人们现在甚至能够承担得起在餐馆消费时，它并没有减少餐馆生意，很明显，它增加了餐馆生意。

第二个假设是，物品的价格总等于它的价值。它的基本意思是，假如你每年赚 5 万美元，我每年赚 5 000 万美元，这是因为我创造了 1 000 倍于你所创造价值的价值。现在，假如你是一个给自己年薪 5 000 万美元而付给工人贫困工资的 CEO，你肯定已经习以为常于别人说这是一个令人感到欣慰的假设。但请听一个曾经营过几十家公司的人说句话：这是无稽之谈。人们并没有被以他们的价值来支付报酬，他们的报酬是依靠他们的权利通过谈判获得的，工人工资在 GDP 中所占比例下滑并不是因为工人们生产力下降了，而是因为雇主权利更大了。并且，通过掩盖资本和劳动力之间存在极大权利失衡的事实，新自由主义经济理论实质上变成了有钱人的保护伞。

第三个也是截至目前最有害的假设是一个将人类描述为“理性经济人”的行为模式。它的基本意思是我们人类全都是完全自私的、完全理性的，并在无情地进行自我利益最大化。但是，请问问你自己，你一生中每每所做的有利于别人的事情都是在最大化你自己的效用，这样的说辞可信吗？当一个士兵扑向手榴弹，保护战友时，他们仅仅是为了增加他们狭隘的私利，这样的说辞可信吗？如果你觉得这太荒唐了，与一切合理的道德直觉相悖，那是因为它的确如此，并且依据最新科学来说是不正确的。但是，正是这个行为模式构成了新自由主义经济学冷酷残忍的核心，它在道德上是腐化的，在科学上是错误的。因为，假如我们信以为真地接受人类在本质上是自私的这一说法，然后来审视世界上实实在在的繁荣，那么，是数十亿自私的个人行为如魔法般地转变成了繁荣和公共利益这样的说辞也就符合逻辑，也就当然正确了。假如我们人类仅仅是自私的、追求利益最大化的人，那么自私就是我们繁荣的原因。在这种经济逻辑下，贪婪是好的，加剧不平等是有效的，公司的唯一目的就是让股东变得富有，因为做其他的事情只能延缓经济增长，总体上伤害经济。正是这个自私福音构成了新自由主义经济学的思想基石，而正是新自由主义经济学思想所倡导并制定的经济政策使处于收入人群前 1%的我和我的富人朋友们在过去 40 年里几乎攫取了经济增长的所有红利。

但是，相反，假如我们接受最新的实证研究成果和真正科学的理念，将人类正确地描述为高度合作、互惠互利、直觉道德的生物，那么可以很顺利地得出这样的结论：是合作而不是自私创造了繁荣，不是我们的私利而是我们内在的互惠互利性构成了人类的经济超能力。这个新经济学的核心是一个允许做最好自己的关于我们自己的故事，与旧经济学不同，这是一个有关善良美德并真实的故事。现在，我想强调的是这个新经济学不是我个人想象或发明的，它的理论和模型正在世界各个大学里被基于经济学最新研究、复杂性理论、进化理论、心理学、人类学和其他学科等进行发展和完善。尽管这个新经济学目前还没有自己的教科书，甚至没有一个公认的名称，但大体上，它对于繁荣来源的解释是这样子的。

市场资本主义是一个进化系统，在这个系统里，繁荣通过不断增加的创新和不断增长的消费需求之间的正反馈循环出现。创新是我们解决人类问题的过程，消费需求是市场选择有效创新的机制。随着我们解决越来越多的问题，我们变得愈加繁荣，但随着我们变得愈加繁荣，我们的问题和解决办法变得愈加复杂。并且，这个不断增加的技术的复杂性要求更高水平的社会和经济协作，以生产定义现代经济的更加专业化的产品。

现在，旧经济学认为竞争在市场运作中起着至关重要的作用，这一点当然是正确的，但是它没有看到的是，其大部分都是高度合作化组织之间的竞争——公司之间的竞争、公司网络之间的竞争、国家之间的竞争——并且，任何曾成功经营过企业的人都知道，通过吸收每一个人的才能来建立一个合作团队几乎总是比有一群只是自私的混蛋要更好的策略。

那么，我们如何将新自由主义抛诸脑后，创建一个更加可持续、更加繁荣、更加公正的社会呢？新经济学给我们提供了五条经验法则：

原则一，成功经济不是丛林，而是花园。也就是说，市场像花园一样，必须有人照料。市场是人类所发明的用来解决人类问题的最伟大的社会技术，但如果不受社会规范或者民主监管的约束，市场免不了会制造多于它所解决的更多的问题。气候变化和2008年巨大的金融危机就是两个简单的例证。

原则二，包容创造经济增长。新自由主义思想认为假如或者当经济增长，包容是我们要承担的高档奢侈品。这种想法是错误和反动的。经济是人，用更多的方式包容更多的人是市场经济中经济增长的动因。

原则三，企业的目的不仅仅是使股东们富足。当前经济生活中最大的骗术是，企业唯一的目的，以及企业高管们的唯一责任是使他们自己和股东们富足这一新自由主义观念。新经济学必须也能够坚持这样的观点：企业的目的是改善所有利益相关者的福利，其中包括顾客、工人、社区和股东们等。

原则四，贪婪不好。贪婪不能让你成为资本家，只能让你成为一个反社会者。在一个像我们这样高度依靠合作的经济体中，反社会人格对于企业和社会都非常不利。

原则五，同时也是最后一个原则，与物理定律不同，经济学定律是一个选择。现在，新自由主义经济理论已经说服你认同它为不变的自然法则，事实上，它只是一些基于伪科学的社会规范和人为构造的故事。如果我们真想要更公正、更繁荣、更可持续的经济，如果我们想要高效的民主体制和文明的社会，我们必须有一个新的经济学。现在好消息来了，如果我们想要一个新经济学，我们所需要做的就是选择，并拥有它。

[访谈]

主持人：尼克，你肯定经常被问，如果你对这个经济体系如此不满意，你为什么不把你所有的钱都捐出去,加入那 99%的群体呢?

Nick:是的,没错。经常有人这么问我。"假如你如此关心税收,为什么不多缴点呢?假如你如此关心工资,为什么不多付点呢?"我可以这样做。但问题是,这样做了也改变不了什么,并且我发现了一个毫不夸张地说比它好十万倍的策略。

主持人:好吧。

Nick:这个办法就是,用我的钱去构建叙事,并制定一系列要求所有富人缴更多的税、付工人更多工资的法律。比如,我们制定的 15 美元最低工资标准已经影响了 3 000 万工人,这个策略更有用。

主持人:太棒了。如果你改变你的主意,我们会给你找一些受益人。

Nick:好的,谢谢。

主持人:非常感谢你。

(译者:郭志伟,新乡学院马克思主义学院讲师,主要研究方向为马克思主义政治经济学与马克思主义文化理论。)

图书在版编目(CIP)数据

海派经济学. 2020年. 第18卷. 第1期：总第69期/程恩富，顾海良主编. 一上海：上海财经大学出版社，2020. 3

ISBN 978-7-5642-3516-1/F・3516

Ⅰ. ①海… Ⅱ. ①程… ②顾… Ⅲ. ①经济学一丛刊 Ⅳ. ①F0-55

中国版本图书馆CIP数据核字(2020)第071532号

□ 责任编辑 袁 敏
□ 封面设计 张克瑶

海派经济学

程恩富 顾海良 主编

上海财经大学出版社出版发行
(上海市中山北一路369号 邮编200083)
网 址：http://www.sufep.com
电子邮箱：webmaster@sufep.com
全国新华书店经销
上海华教印务有限公司印刷装订
2020年3月第1版 2020年3月第1次印刷

787mm×1092mm 1/16 15.25印张 290千字
定价：24.00元